THÉATRE COMPLET

DE

ALEX. DUMAS

XIV

LA JEUNESSE DES MOUSQUETAIRES
LES MOUSQUETAIRES

NOUVELLE ÉDITION

PARIS

CALMANN LÉVY, ÉDITEUR

ANCIENNE MAISON MICHEL LÉVY FRÈRES

3, RUE AUBER, 3

—

1882

Droits de reproduction et de traduction réservés.

ŒUVRES COMPLÈTES

D'ALEXANDRE DUMAS

THÉATRE

XIV

ŒUVRES COMPLÈTES D'ALEXANDRE DUMAS
PUBLIÉES DANS LA COLLECTION MICHEL LÉVY

Titre	Vol.
Acté	1
Amaury	1
Ange Pitou	2
Ascanio	2
Une Aventure d'amour	1
Aventures de John Davys	2
Les Baleiniers	2
Le Bâtard de Mauléon	3
Black	1
Les Blancs et les Bleus	3
La Bouillie de la comtesse Berthe	1
La Boule de neige	1
Bric-à-Brac	1
Un Cadet de famille	3
Le Capitaine Pamphile	1
Le Capitaine Paul	1
Le Capitaine Rhino	1
Le Capitaine Richard	1
Catherine Blum	1
Causeries	2
Cécile	1
Charles le Téméraire	2
Le Chasseur de Sauvagine	1
Le Château d'Eppstein	2
Le Chevalier d'Harmental	2
Le Chevalier de Maison-Rouge	2
Le Collier de la reine	3
La Colombe. — Maître Adam le Calabrais	1
Les Compagnons de Jéhu	3
Le Comte de Monte-Cristo	6
La Comtesse de Charny	6
La Comtesse de Salisbury	2
Les Confessions de la marquise	2
Conscience l'Innocent	2
Création et Rédemption. — Le Docteur mystérieux	2
—La Fille du Marquis	2
La Dame de Monsoreau	3
La Dame de Volupté	2
Les Deux Diane	3
Les Deux Reines	2
Dieu dispose	2
Le Drame de 93	3
Les Drames de la mer	1
Les Drames galants. — La Marquise d'Escoman	2
Emma Lyonna	5
La Femme au collier de velours	1
Fernande	1
Une Fille du régent	1
Filles, Lorettes et Courtisanes	1
Le Fils du forçat	1
Les Frères corses	1
Gabriel Lambert	1
Les Garibaldiens	1
Gaule et France	1
Georges	1
Un Gil Blas en Californie	1
Les Grands Hommes en robe de chambre : César	2
— Henri IV, Louis XIII, Richelieu	2
La Guerre des femmes	2
Histoire d'un casse-noisette	1
L'Homme aux contes	1
Les Hommes de fer	1
L'Horoscope	1
L'Ile de Feu	2
Impressions de voyage : En Suisse	3
— Une Année à Florence	1
— L'Arabie Heureuse	3
— Les Bords du Rhin	2
— Le Capitaine Arena	1
— Le Caucase	3
— Le Corricolo	2
— Le Midi de la France	2
— De Paris à Cadix	2
— Quinze jours au Sinaï	1
— En Russie	4
— Le Speronare	2
— Le Véloce	2
— La Villa Palmieri	1
Ingénue	2
Isaac Laquedem	2
Isabel de Bavière	2
Italiens et Flamands	2
Ivanhoe de Walter Scott (traduction)	2
Jacques Ortis	1
Jacquot sans Oreilles	1
Jane	1
Jehanne la Pucelle	1
Louis XIV et son Siècle	4
Louis XV et sa Cour	2
Louis XVI et la Révolution	2
Les Louves de Machecoul	3
Madame de Chamblay	2
La Maison de glace	2
Le Maître d'armes	1
Les Mariages du père Olifus	1
Les Médicis	1
Mes Mémoires	10
Mémoires de Garibaldi	2
Mémoires d'une aveugle	2
Mémoires d'un médecin : Balsamo	5
Le Meneur de loups	1
Les Mille et un Fantômes	1
Les Mohicans de Paris	4
Les Morts vont vite	2
Napoléon	1
Une Nuit à Florence	1
Olympe de Clèves	3
Le Page du duc de Savoie	1
Parisiens et Provinciaux	2
Le Pasteur d'Ashbourn	2
Pauline et Pascal Bruno	1
Un Pays inconnu	1
Le Père Gigogne	2
Le Père la Ruine	1
Le Prince des Voleurs	2
Princesse de Monaco	2
La Princesse Flora	1
Propos d'Art et de Cuisine	1
Les Quarante-Cinq	3
La Régence	1
La Reine Margot	2
Robin Hood le Proscrit	2
La Route de Varennes	1
Le Salteador	1
Salvator (suite des Mohicans de Paris)	5
La San-Felice	4
Souvenirs d'Antony	1
Souvenirs d'une Favorite	4
Les Stuarts	1
Sultanetta	1
Sylvandire	1
Terreur prussienne	2
Le Testament de M. Chauvelin	1
Théâtre complet	25
Trois Maîtres	1
Les Trois Mousquetaires	2
Le Trou de l'enfer	1
La Tulipe noire	1
Le Vicomte de Bragelonne	6
La Vie au Désert	2
Une Vie d'artiste	1
Vingt Ans après	3

LA JEUNESSE DES MOUSQUETAIRES

DRAME EN CINQ ACTES, EN DOUZE TABLEAUX

AVEC PROLOGUE ET ÉPILOGUE

EN SOCIÉTÉ AVEC M. AUGUSTE MAQUET

Théâtre-Historique. — 17 février 1849.

DISTRIBUTION

PROLOGUE

LE VICOMTE DE LA FÈRE............ MM.	CLARENCE.
GEORGES............................	GASPARI.
L'INCONNU..........................	GEORGES.
GRIMAUD............................	DÉSIRÉ.
CHARLOTTE BACKSON............... Mmes	PERSON.
CLAUDETTE..........................	LOUISE.

DRAME

D'ARTAGNAN...................... MM.	MÉLINGUE.
ATHOS..............................	CLARENCE.
PORTHOS...........................	CRETTE.
ARAMIS.............................	PEUPIN.
BUCKINGHAM.......................	LAFERRIÈRE.
LOUIS XIII.........................	PIERRON.
LE CARDINAL.......................	MATIS.
ROCHEFORT.........................	DUPUIS.
BONACIEUX.........................	BOUTIN.
LORD DE WINTER...................	BOILEAU.
TRÉVILLE...........................	BEAULIEU.
PLANCHET...........................	BARRÉ.
UN GREFFIER........................	CASTEL.
FELTON.............................	BONNET.
LE BOURREAU.......................	GEORGES.
L'HÔTE du *Colombier rouge*........	ALEXANDRE.

Le Chancelier............................ MM.	Paul.
GRIMAUD................................	Désiré.
BOISTRACY..............................	Henry Armand.
CAHUSAC................................	Morel.
JUSSAC..................................	Videx.
LA PORTE...............................	
BISCARAT...............................	Paul.
Le Patron de la barque.................	
Un Exempt..............................	
BAZIN...................................	
MOUSQUETON.............................	Person. muets.
PATRICK................................	
DAVID...................................	
MILADY DE WINTER....................... Mmes	Person.
ANNE D'AUTRICHE........................	Atala Beauchêne.
MADAME BONACIEUX......................	Rey.
KETTY, suivante de la Reine.............	Betzy.
La Supérieure des Carmélites.............	Deval.

Un Messager, Mousquetaires, Gardes du cardinal, Échevins, Dames et Seigneurs de la cour, Valets, Hommes de police, etc.

PROLOGUE

Le presbytère de Vitray, dans le Berry. Une salle basse, porte au fond, porte à gauche; fenêtre à droite; vaste cheminée; escalier conduisant au premier étage.

SCÈNE PREMIÈRE

GRIMAUD, debout et attendant; CHARLOTTE, descendant l'escalier du fond; puis CLAUDETTE.

CHARLOTTE.

C'est bien, préparez toujours les hardes et le linge, afin que le voiturier puisse tout emporter en un seul voyage. Ne vous a-t-on pas dit que la maison devait être libre aujourd'hui?

CLAUDETTE, de la porte de sa chambre.

Oui, mademoiselle.

CHARLOTTE, apercevant Grimaud.

Ah! c'est vous, monsieur Grimaud.

GRIMAUD.

J'apportais une lettre de M. le vicomte; la porte était ou-

verte, je n'ai point voulu appeler, de peur de déranger mademoiselle; je suis entré et j'ai attendu...
CHARLOTTE.
M. le vicomte a l'habitude de passer par le presbytère en allant à la chasse... D'où vient que je n'ai pas eu l'honneur de le voir ce matin?...
GRIMAUD.
C'est par prudence, sans doute, que M. le vicomte ne sera pas venu...
CHARLOTTE.
Par prudence?...
GRIMAUD.
Oui!... hier, M. le vicomte s'est querellé avec son père...
CHARLOTTE.
Avec son père!... Le vicomte s'est querellé avec son père, lui si respectueux?... Et à quel propos?
GRIMAUD.
Le vieux seigneur voulait présenter M. le vicomte à mademoiselle de la Lussaie...
CHARLOTTE.
Ah! à cette belle orpheline que l'on dit la plus riche héritière du pays...
GRIMAUD.
Justement!...
CHARLOTTE.
Eh bien?...
GRIMAUD.
Eh bien, M. le vicomte s'est refusé net à la présentation... sous le prétexte qu'il ne se sentait aucune vocation pour le mariage... De sorte que, n'allant pas à la Lussaie... et venant ici... vous comprenez?...
CHARLOTTE.
Bien, bien... Merci, Grimaud. Voyons ce que dit le vicomte. (Grimaud se recule. Charlotte lit.) « Mademoiselle, le nouveau curé qui va remplacer votre frère, que sa longue absence a fait regarder comme renonçant à la cure de Vitray, arrive aujourd'hui. » Aujourd'hui! le nouveau curé arrive aujourd'hui?
GRIMAUD.
Dame, mademoiselle, il y a six mois que votre frère est parti... et c'est long pour des chrétiens... six mois sans messe...

CHARLOTTE, continuant de lire.

« Mais, comme vous tenez à cette maison, que vous avez habitée avec votre frère, à partir d'aujourd'hui, cette maison est la vôtre; et j'avise à ce que le nouveau curé soit logé dans un autre presbytère. En conséquence, je l'installerai dans un pavillon du château; demeurez donc chez vous, sans trouble et sans inquiétude. Croyez-moi, bien tendrement, mademoiselle,

» Votre serviteur dévoué.

Vicomte de la Fère. »

GRIMAUD.

Mademoiselle a-t-elle une réponse à me donner?

CHARLOTTE.

La journée ne se passera peut-être pas sans que je voie M. le vicomte...

GRIMAUD.

Oh! bien certainement.

CHARLOTTE.

J'attendrai donc... et lui ferai mes remercîments de vive voix.

(Grimaud sort par le fond.)

SCÈNE II

CHARLOTTE, puis CLAUDETTE.

Il était temps!... s'il m'avait fallu quitter cette maison, payer un nouveau loyer, agrandir ma dépense, j'eusse été, avant un mois, au bout de mes ressources. Ainsi, voilà que cette maison m'appartient. Pauvre domaine!... oui, mais ce n'est qu'un vestibule... le château est là-bas. Le château!... comté et baronnie depuis trois cents ans... Il y a presque de la cruauté à avoir placé la fenêtre de cette pauvre maison en vue de ce magnifique château... Il y a pourtant un proverbe qui dit : « Voir, c'est avoir... » Proverbe menteur! — Claudette, laissez toutes ces hardes; c'est inutile, nous ne partons plus.

CLAUDETTE, sur le palier avec des hardes.

Nous ne partons plus?...

CHARLOTTE.

Non... Il serait possible qu'en revenant de la chasse, le vicomte passât par ici, et eût besoin de se rafraîchir... Mettez du vin et quelques fruits sur la table. (Claudette obéit et pose des fruits et une cruche sur la table.) Ah! il me semble qu'à travers les arbres, je vois venir un cavalier. Oh! comme il se hâte!... comme il se précipite!... Voilà un galop qui rapproche un peu la chaumière du château... le presbytère de la comté... C'est bien! Claudette, je n'ai plus besoin de vous; allez!...

SCÈNE III

CHARLOTTE, LE VICOMTE.

LE VICOMTE.

Je vous ai aperçue de loin à votre fenêtre, Charlotte; pourquoi êtes-vous rentrée à mon approche?...

CHARLOTTE.

Vous le voyez, pour venir au-devant de vous.

LE VICOMTE.

Vrai? Merci...

(Il lui baise la main.)

CHARLOTTE.

Vous avez bien tardé aujourd'hui!...

LE VICOMTE.

Je vous ai écrit... Grimaud ne vous a-t-il pas remis ma lettre?...

CHARLOTTE.

Si fait... Vous êtes bon pour moi, monsieur le vicomte, trop bon...

LE VICOMTE.

Trop bon!... pour vous avoir donné une masure, à vous qui devriez loger dans un palais!

CHARLOTTE.

Oh! je sais ce que je dis, et je réponds à ma pensée en disant que vous êtes trop bon, monsieur le vicomte... Je vous suis reconnaissante de votre offre... mais, excusez-moi, je ne puis l'accepter...

LE VICOMTE.

Vous ne pouvez l'accepter?... vous rougiriez de recevoir quelque chose de moi?...

CHARLOTTE.

Oh!... de vous, si vous étiez votre maître, je recevrais

tout; mais... je quitte le pays, monsieur de la Fère... Il le faut... je le dois...

LE VICOMTE.

Vous devez refuser cette maison!... il faut que vous quittiez le pays!... Je ne vous comprends pas, Charlotte... Expliquez-vous... Pourquoi fuir ce pays?... pourquoi me fuir?...

CHARLOTTE.

Parce qu'il n'appartient pas à une jeune fille obscure, pauvre et sans avenir, de faire obstacle à la gloire, à la fortune d'un gentilhomme de votre nom et de votre mérite...

LE VICOMTE.

Que me dites-vous là, Charlotte?

CHARLOTTE.

Le comte ne veut-il pas vous faire épouser mademoiselle de la Lussaie, qui est jeune, belle, noble... et dont la fortune doublerait vos revenus?

LE VICOMTE.

Si vous savez cela, Charlotte, vous savez aussi que je refuse, n'est-ce pas?

CHARLOTTE.

Oui, et voilà ce que je ne puis souffrir; en me retirant, je vous épargne la douleur de désobéir à votre père; je m'épargne le remords d'entraver votre fortune...

LE VICOMTE.

Écoutez-moi, mademoiselle!

CHARLOTTE.

Vicomte...

LE VICOMTE, s'approchant de Charlotte.

Écoutez-moi, je vous prie... Voici tantôt quatorze mois que vous vîntes vous fixer à Vitray avec votre frère; l'année 1620 commençait lorsque vous arrivâtes; j'étais parti avec la noblesse de ce pays pour grossir l'armée que le roi Louis XIII envoyait au siége d'Angers contre la reine mère; depuis trois mois, vous habitiez cette maison, lorsque je rentrai au château, après la paix signée par M. l'évêque de Luçon. On parlait ici, avec intérêt, de cette union si tendre du frère et de la sœur. (Mouvement de Charlotte.) Union toute de dévouement de votre part; car le curé Georges Backson, votre frère, était d'une humeur sombre et aimait la solitude... Il vous écartait du monde, dans lequel votre jeunesse, votre esprit, votre beauté vous fixaient un rang... Sacrifice fraternel de votre part... car, avouez-le, vous n'étiez pas heureuse!...

CHARLOTTE.

Pas toujours!...

LE VICOMTE.

Je vous vis... je vous aimai!...

CHARLOTTE, se levant.

Vicomte!...

LE VICOMTE.

Laissez-moi continuer; la vierge la plus chaste... la jeune fille la plus pure... peut entendre jusqu'au bout tout ce qui me reste à vous dire... Vous le savez, pendant cinq mois, vous et votre frère, vous essayâtes de vous soustraire aux avances que je vous faisais... Silencieux et sévère, l'abbé fuyait le château, où mon père et moi l'appelions en vain... Farouche et presque invisible, vous sembliez vous reprocher comme un crime le regard que vos yeux me donnaient par hasard... et cependant, vous ne pouviez me haïr... je ne vous avais point dit que je vous aimasse!...

CHARLOTTE.

Monsieur!

LE VICOMTE.

Tout à coup, un changement inattendu s'opéra dans votre existence... Une nuit, cette maison, d'habitude si pleine de calme et de mystère, retentit d'un bruit inaccoutumé... Les habitants du village avaient cru entendre les pas de plusieurs chevaux... Le lendemain, votre frère avait disparu...

CHARLOTTE.

Oh! monsieur le vicomte, croyez...

LE VICOMTE.

Je ne vous interroge pas, Charlotte... J'ai besoin seulement de vous dire ce que je dis... pour en arriver où je veux en venir... Dès lors, vous vous trouvâtes seule... abandonnée... Je me présentai chez vous; car je vous aimais davantage encore depuis votre malheur!... Vous voulûtes bien me recevoir... il y a six mois de cela... Eh bien, dites, depuis six mois... quoique vous m'ayez traité avec bienveillance, et je vous en suis reconnaissant... dites, Charlotte! ai-je une fois serré votre main, sans vous en remercier comme d'une grâce?... vous ai-je une seule fois parlé d'amour, sans avoir cherché en même temps mon pardon dans vos yeux?... enfin, vous ai-je une seule fois questionnée pour vous demander qui vous êtes... d'où vous venez... et pourquoi a disparu votre frère ?...

CHARLOTTE.

Non, monsieur ! et vous avez été pour moi ce que vous êtes pour tous ceux qui vous connaissent... c'est-à-dire le gentilhomme le plus loyal et le plus généreux de ce royaume.

LE VICOMTE.

Merci !...: Vous comprendrez donc que ce n'est point une vaine curiosité qui me fait vous dire : Charlotte Backson, parlez-moi, aujourd'hui, à cœur ouvert... Le pouvez-vous ?...

CHARLOTTE, à part.

Où veut-il en venir ?...

LE VICOMTE.

Quelques mots sur vous... sur votre frère... sur votre famille !... une confidence d'ami, que, si vous le désirez, je garderai au fond de mon cœur, comme un secret personnel... Le voulez-vous ?... et, je le répète, le pouvez-vous ?...

CHARLOTTE, passant du côté gauche, et allant à une armoire prendre des parchemins.

Sur moi et sur ma famille ?... Voici des titres qui répondront pour moi. Lisez, monsieur le vicomte ; ils vous prouveront que Charlotte Backson est d'un sang généreux... sinon illustre... Quant à mon frère, ses secrets ne sont pas les miens...

LE VICOMTE.

C'est bien ! Charlotte, ne parlons plus de votre frère... et, si nous le revoyons...

CHARLOTTE.

Nous ne le reverrons jamais, monsieur !...

LE VICOMTE, lisant.

« William Backson, gentilhomme du pays de Galles... »

CHARLOTTE.

Mon père...

LE VICOMTE, lisant.

« Anne de Breuil... »

CHARLOTTE.

Ma mère... Un frère aîné, d'un premier mariage, dut hériter du peu de fortune que nous avions... Mon frère, celui que vous avez connu, fut voué à l'état de prêtre... et me prit avec lui... J'avais perdu depuis longtemps mon père et ma mère...

LE VICOMTE.

Oui... votre père en 1612... votre mère en 1615... Pauvre enfant !

(Il lui remet les papiers.)

CHARLOTTE.

Maintenant, vous savez tout, monsieur...

LE VICOMTE.

Donc, vous êtes seule, Charlotte ?...

CHARLOTTE.

Seule au monde !...

LE VICOMTE.

Personne, n'a de droits sur vous ?

CHARLOTTE.

Personne !...

LE VICOMTE.

Votre cœur est libre ?...

CHARLOTTE.

Je croyais vous avoir dit que je vous aimais !...

LE VICOMTE.

Me le répéteriez-vous hardiment, franchement, loyalement ?...

CHARLOTTE.

Monsieur le vicomte, je vous aime !...

LE VICOMTE.

Charlotte Backson, voulez-vous être ma femme ?...

CHARLOTTE.

Que dites-vous ?...

LE VICOMTE.

Une chose bien simple, Charlotte, puisque je vous aime et que vous m'aimez...

CHARLOTTE.

Mais votre père ?...

LE VICOMTE.

Écoutez, Charlotte, voilà où est le sacrifice, et je vous le demanderai avec confiance : un mariage public qui ne serait pas selon ses désirs troublerait les derniers jours de mon père... Vous n'exigerez pas cela de moi, n'est-ce pas ?... vous accepterez un mariage secret ?...

CHARLOTTE.

Je suis votre servante, monsieur le vicomte.

LE VICOMTE.

Le jour où je m'appellerai à mon tour le comte de la Fère, vous serez mon honorée comtesse!... Vous savez que mon père est vieux, malade, souffrant; vous n'aurez pas longtemps à attendre, Charlotte!...

CHARLOTTE.

Oh!...

LE VICOMTE.

C'est bien... Jusque-là, nous serons heureux dans le silence et dans l'obscurité... Écoutez : le nouveau pasteur est arrivé au château ce matin; c'est un de mes compagnons d'enfance... Il sait mon amour pour vous; il consent à bénir notre union... Dans une heure, vous vous rendrez à l'église; une chapelle sera éclairée; je vous tendrai la main; vous y appuierez la vôtre; vous me jurerez un amour éternel, et, dans cette modeste église de village, Dieu nous entendra plus favorablement, peut-être, qu'il n'entend les serments des rois dans les splendides cathédrales!...

(Il lui présente la main.)

CHARLOTTE.

Mon seigneur! mon époux!...

(Elle lui donne sa main.)

LE VICOMTE.

Voici les présents de votre fiancé, Charlotte : les diamants de ma mère, qui me bénira de vous avoir choisie pure et noble comme elle... Ne me refusez pas, Charlotte!... Quant à ce saphir, pierre de tristesse! c'est la bague qu'elle ôta de son doigt en me disant l'éternel adieu...

CHARLOTTE, prenant l'écrin.

Votre femme vous rend grâce, Olivier!...

LE VICOMTE.

Dans une heure, je vous attendrai à la chapelle; la cloche vous donnera le signal. Venez-y seule; venez-y comme vous êtes, sans autre parure que celle que vous portez... Et, au retour, après que j'aurai été saluer mon père, comme c'est mon habitude chaque soir, sur le seuil de cette maison... devenue pour moi le véritable palais... l'amant viendra vous supplier de laisser entrer l'époux... Au revoir, Charlotte! au revoir!...

(Il lui baise la main et sort.)

SCÈNE IV

CHARLOTTE, seule.

Elle s'asseoit et ouvre l'écrin.

Comtesse de la Fère! dans une heure! (Elle se lève). Est-ce possible! Charlotte! Charlotte! dans tes rêves d'ambition les plus ardents, osais-tu espérer en arriver là?... Oh! je le disais bien tout à l'heure, que cette maison n'était que le vestibule du château... Claudette! apportez une lampe! (Claudette exécute l'ordre.) Bien, allez... Oh! en vérité, si je ne voyais ces diamants, si je ne sentais le cercle d'or de ce saphir qui presse mon doigt, je ne croirais pas à ce qui vient de se passer... (Elle essaye le bandeau de diamants.) Oh! lumineuses étoiles de la terre, constellations qui brillez au front des reines, astres qui vous levez sur les splendeurs de ce monde, ma main, si longtemps étendue, vous touche donc enfin! (Un Homme paraît sur la porte.) Qui est là? et que me veut-on?

SCÈNE V

CHARLOTTE, un Inconnu.

CHARLOTTE.

Qui êtes-vous monsieur? que demandez-vous?

L'INCONNU.

C'est vous qui êtes mademoiselle Charlotte Backson?

CHARLOTTE.

C'est moi... Après?

L'INCONNU.

Vous êtes seule?

CHARLOTTE.

Vous le voyez.

L'INCONNU.

Un homme qui aurait quelque chose d'important à vous dire pourrait causer un quart d'heure avec vous sans craindre d'être dérangé?

CHARLOTTE.

Sans doute.

L'INCONNU, indiquant la porte à gauche du spectateur.

Cette porte fermée au verrou ne donne-t-elle pas dans la chambre de celui que vous appeliez votre frère?

CHARLOTTE.

Oui, monsieur.

L'INCONNU, passant à la gauche et ouvrant la porte.

Entre, ne crains rien, Georges; je veillerai dehors.

(Il sort par le fond.)

SCÈNE VI

CHARLOTTE, GEORGES, entrant.

GEORGES, se débarrassant de son manteau et de son chapeau.

Charlotte, mon trésor, mon amour, ma vie!

CHARLOTTE, à part.

Lui! lui que je croyais ne jamais revoir!

GEORGES.

Charlotte, mais c'est moi! Charlotte, réponds-moi; ne me reconnais-tu point?

CHARLOTTE.

Vous, ici?

(Elle s'assied.)

GEORGES, à genoux.

Oui, c'est étrange, n'est-ce pas?... c'est inespéré, inouï! Oh! je te retrouve donc plus belle que je ne t'ai quittée!

CHARLOTTE.

Comment êtes-vous revenu?

GEORGES, se levant et la ramenant en scène.

Oh! ne me demande rien... Je ne sais pas... j'ai oublié... Je te vois, je te parle, je te retrouve après t'avoir perdue pendant six mois... Oh! ces six mois... ces six mois de tortures, tu me les feras oublier, n'est-ce pas?

CHARLOTTE.

Pauvre Georges!

GEORGES.

Oh! ne me plains pas: si tu m'aimes toujours, il n'y a pas d'homme plus heureux que moi en ce monde.

CHARLOTTE.

Pauvre Georges!

GEORGES.

Que dis-tu?

CHARLOTTE.

Je dis que vous ne pouvez demeurer ici, que vous êtes perdu si l'on vous voit...

GEORGES.

Oh! je n'y suis pas pour longtemps, j'accours et je repars.

CHARLOTTE, avec joie.

Vous repartez?

GEORGES.

Oui... Écoute et sois heureuse : je suis libre, tu le vois... J'ai de l'argent... cinq cents pistoles... Nous gagnons la mer, nous nous embarquons; dans cinq semaines, nous pouvons être à Québec... Une fois là, nul ne viendra nous demander compte de notre passé; nous ne dissimulerons plus, nous ne craindrons plus, c'est toute une vie à recommencer... Oh! la vie de bonheur, de délices, celle-là! Tu es forte, tu es courageuse, nous allons partir. Viens, mon amour! viens! viens!

CHARLOTTE.

Impossible, Georges.

GEORGES.

Comment, impossible?

CHARLOTTE.

Cinq cents pistoles, c'est la misère; Québec, c'est l'exil.

GEORGES.

Cinq cents pistoles, c'est plus qu'il ne nous en faut pour fonder une fortune; et, quant à l'exil, l'exil n'existe pas quand on s'aime.

CHARLOTTE.

Oui, quand on s'aime.

GEORGES.

Mon Dieu! Charlotte, ne m'aimez-vous plus?... Ces serments que nous échangeâmes...?

CHARLOTTE.

Bien des malheurs ont passé sur ces serments, Georges, qui nous ont prouvé que ces serments étaient impies.

GEORGES.

Mais, rappelez-vous donc, Charlotte, tout nous lie l'un à l'autre : notre amour, nos douleurs,... notre crime.

CHARLOTTE.

Georges, vous vous trompez, tout nous sépare, au contraire;

nous sommes l'un pour l'autre un remords vivant, nous ne devons plus nous revoir.

GEORGES.

Charlotte, au nom de notre amour !

CHARLOTTE, passant près de la table où sont ses diamants ; elle s'assied.

Amour insensé de deux enfants isolés... perdus... abandonnés de Dieu et des hommes ! ce serait tenter le ciel que de songer encore à cet amour...

GEORGES.

Charlotte ! Charlotte ! (Montrant l'écrin.) Qu'est-ce que ces diamants ?

CHARLOTTE.

Partez, Georges... Vous êtes libre, je suis heureuse de vous voir libre. N'en demandez pas davantage.

GEORGES.

Vous en aimez un autre, Charlotte ?

CHARLOTTE.

Dans une demi-heure, je me marie.

GEORGES.

Alors, ces diamants... ?

CHARLOTTE.

C'est le cadeau de mes fiançailles.

GEORGES.

Celui que vous allez épouser est donc riche ?

CHARLOTTE.

Riche et noble.

GEORGES.

Oh ! malheur sur moi ! mais aussi malheur sur lui ! Nomme-le-moi, Charlotte !

CHARLOTTE, se levant et indiquant de la main le château.

Il s'appelle le comte de la Fère, il habite ce château... Vous pouvez aller le trouver et tout lui dire ; mais vous aurez fait l'action d'un lâche...

GEORGES.

Est-ce bien Charlotte qui parle ? ce sang-froid terrible qui me glace jusqu'au fond du cœur, est-ce bien celui de la jeune fille qui a aimé ?...

CHARLOTTE.

Non ! c'est celui de la femme qui a souffert.

GEORGES, prenant Charlotte dans ses bras.

Charlotte, veux-tu me suivre dans ce coin du monde où

j'offre de t'emmener... où je pourrai librement t'appeler ma femme au lieu de mentir comme ici, où je t'appelais ma sœur?...

CHARLOTTE.

Si vous élevez la voix ainsi, on vous entendra, Georges, et ce sera comme si vous m'aviez dénoncée.

GEORGES, lui prenant la main et lui tâtant le cœur.

Oh! sa main est glacée... son cœur sans battements! Vous n'êtes pas une femme, Charlotte; vous êtes une statue de marbre... et vous avez raison... c'était une folie à moi d'aimer une statue.

CHARLOTTE.

Abrégeons, Georges... A quoi vous décidez-vous?

GEORGES.

Oui, l'heure passe, n'est-ce pas?

CHARLOTTE.

Pour vous comme pour moi.

GEORGES.

Oh! pour moi, ma résolution est prise, mon avenir fixé... Ne vous inquiétez pas de moi, Charlotte!... Oh! cependant (à genoux), mon Dieu, s'il était resté dans votre cœur une étincelle de votre ancien amour, si j'avais pu la ranimer sous mon souffle, nous sommes jeunes, nous pouvions être heureux...

CHARLOTTE.

Oui, heureux de votre côté, heureux du mien... pas heureux ensemble.

(La cloche tinte.)

GEORGES.

Qu'est-ce que cela?

CHARLOTTE.

La cloche qui m'appelle; décidez de ma destinée, Georges, je suis entre vos mains.

GEORGES.

Allez, Charlotte! vous êtes libre.

CHARLOTTE.

Merci!

GEORGES.

A votre retour, vous ne me trouverez plus ici.

(Il va tomber sur une chaise.)

CHARLOTTE.

Merci et adieu !

(Elle lui présente la main; il recule.)

GEORGES.

Adieu, madame la comtesse.

SCÈNE VII

GEORGES, L'INCONNU.

GEORGES.

Oh! mon Dieu! mon Dieu!

L'INCONNU, entrant par le fond.

Eh bien, frère ?

GEORGES.

C'est vrai !... tu me l'avais dit !

L'INCONNU.

Et, maintenant, tu vois que cette femme n'a pas d'âme, n'est-ce pas ?

GEORGES.

Je le vois !

L'INCONNU.

Et tu la méprises comme la plus vile des créatures...

GEORGES.

Je la méprise !

L'INCONNU.

Bien ; prends ton manteau ; nous avons toute la nuit pour marcher ; demain, au point du jour, tu seras hors de toute atteinte.

GEORGES.

J'y serai avant demain, frère !

L'INCONNU.

Que veux-tu dire ?

GEORGES.

Je la méprise, mais je l'aime !

L'INCONNU.

Georges !

GEORGES.

Je la méprise, mais je ne puis vivre sans elle !

L'INCONNU.

Mon Dieu !

GEORGES.

Je la méprise, mais je mourrai.

L'INCONNU.

Mourir! c'est une idée grave et sérieuse, songes-y!

GEORGES.

Oh! depuis que je suis séparé d'elle, j'y songe là-bas! Prisonnier, je me disais : « Si je me sauve, ce sera pour revenir auprès d'elle! » Libre, grâce à toi, mon frère, je t'ai dit: « La vie ne m'est rien sans elle! » Sur le seuil de sa porte, avant d'entrer chez elle, je t'ai dit : « Si elle ne m'aime plus... je mourrai! »

L'INCONNU.

L'amour d'une femme est chose bien frivole dans la vie d'un homme, Georges!

GEORGES.

L'amour d'une femme est chose frivole pour celui qui, à côté de cet amour, a bonheur, richesses, avenir... Mais, pour celui qui n'avait que cet amour, l'amour d'une femme est tout! Frère, tu me connais, je suis las de la vie (il s'assied près de la table), de la vie qui pèse sur moi et sur les autres... Au moment où le jugement qui me condamnait fut prononcé, tu me fis passer dans mon cachot un de ces pistolets... Je ne m'en suis pas servi, rends-le moi... et, cette fois, je m'en servirai!

L'INCONNU.

C'est une résolution arrêtée?

GEORGES.

Immuable!

L'INCONNU, lui donnant un pistolet.

Tiens, frère!... et... embrasse-moi!...

GEORGES; les deux frères se jettent dans les bras l'un de l'autre; puis, après quelques sanglots étouffés, Georges s'élance hors de la chambre en criant.

Adieu, frère!... Adieu!...

(Il sort par la porte à gauche.)

L'INCONNU.

C'est bien, et maintenant, Georges, la femme sans cœur mourra comme toi... ou sera flétrie comme toi.

(Il met un fer dans le feu et éteint la lampe; puis il va attendre le long du mur, et, quand Charlotte rentre, il referme la porte.)

SCÈNE VIII

CHARLOTTE, L'INCONNU.

CHARLOTTE, *rentrant par le fond, regarde autour d'elle.*
Il est parti!
L'INCONNU.
Oui... Mais je suis resté, moi!
CHARLOTTE.
Qui êtes-vous?
L'INCONNU.
Tout à l'heure, vous le saurez.
CHARLOTTE.
Oh! ne m'approchez pas... ou j'appelle!...
L'INCONNU.
Silence!
CHARLOTTE.
Georges! Georges, à moi!
L'INCONNU.
Ah! vous l'appelez maintenant?
CHARLOTTE.
Où est-il allé?
L'INCONNU.
Je vais vous le dire... mais, auparavant, il faut que vous sachiez d'où il vient.
CHARLOTTE.
Mon Dieu!
L'INCONNU.
Georges était un bon et noble cœur; voué à l'état ecclésiastique, il eût vécu pour son salut et pour celui des autres, si le démon, sous les traits d'une jeune fille, ne fût venu le tenter.
CHARLOTTE.
Ah!
L'INCONNU.
Une première faute commise, il fallut en subir les conséquences... Leur liaison ne pouvait durer longtemps sans les perdre tous deux... La jeune fille obtint de Georges qu'ils quitteraient le pays... Mais, pour quitter le pays, pour fuir, pour gagner une autre partie de la France, où ils pussent

vivre tranquilles, il fallait de l'argent, et ni l'un ni l'autre n'en avaient... Le prêtre vola les vases sacrés et les vendit.

CHARLOTTE.

Dieu !

L'INCONNU.

Avec l'argent, ils s'enfuirent, gagnèrent le Berry, s'ensevelirent dans un village... Mais Dieu offensé veillait, et sa justice les atteignit, ou plutôt atteignit le moins coupable des deux,.. Georges fut reconnu, arrêté, conduit dans les prisons de Béthune ; et, là, comme il prit toute la faute sur lui, comme il ne prononça point le nom de sa complice, il fut condamné... condamné seul... aux galères et à la flétrissure.

CHARLOTTE.

Condamné !

L'INCONNU.

Il y avait une chose terrible dans tout cela, une chose que vous ignorez, une chose que Georges ne vous a jamais dite : c'est que son frère était bourreau, bourreau de Béthune, c'est-à-dire de la ville dans laquelle Georges venait d'être condamné... et que, par conséquent, c'était le frère qui devait marquer le frère... Oh ! n'est-ce pas, vous ignoriez cette circonstance ?... Le bourreau fit passer à Georges des pistolets, pour qu'il se brûlât la cervelle ; mais le pauvre insensé aima mieux vivre ; il espérait... Il vécut donc, fut exposé, flétri et envoyé sur les galères.

CHARLOTTE.

Horreur !

L'INCONNU.

Dès lors, le frère du pauvre Georges n'eut plus qu'une pensée : celle de rendre la liberté au condamné ; mais, une fois libre, au lieu de fuir, il voulut revoir celle qu'il aimait, celle qui l'avait perdu... Il venait lui offrir toute sa vie, comme il lui avait déjà donné tout son honneur... Elle refusa ; elle allait se marier.

CHARLOTTE.

Eh bien, après ?

L'INCONNU.

Insensé, fou, désespéré, Georges prit à la ceinture de son frère un des pistolets qu'il reconnaissait pour les avoir reçus dans sa prison... et s'enfuit ; mais le frère resta, lui... Il avait fait un serment.

CHARLOTTE.

Lequel?

L'INCONNU.

C'est que le crime aurait son expiation, c'est que le vrai coupable serait puni, c'est que la complice de Georges, la femme sans cœur mourrait comme lui, ou serait flétrie comme lui!

CHARLOTTE.

Mais il n'est pas mort?

(On entend un coup de pistolet.)

L'INCONNU.

Avez-vous entendu?

(Il tire un poignard.)

CHARLOTTE, à genoux.

Oh! grâce! grâce! la vie!

L'INCONNU.

Tu aimes mieux vivre? Soit!

(Il prend vivement le fer dans le feu et le lui applique sur l'épaule.)

CHARLOTTE.

Ah!

L'INCONNU.

Et maintenant, veux-tu savoir qui je suis? Je suis le frère de Georges, le bourreau de Béthune.

(On frappe à la porte; l'Inconnu s'élance par la fenêtre.)

CHARLOTTE, le dos appuyé à la muraille.

Ah!

LE VICOMTE, à la porte.

Ouvrez! c'est moi.

CHARLOTTE.

Ah!

LE VICOMTE.

Ouvrez! c'est moi! c'est votre époux!

CHARLOTTE, allant à la porte après avoir jeté sur ses épaules une mante qu'elle avait posée sur une chaise en entrant.

Entrez, monsieur le vicomte, votre femme vous attend!

ACTE PREMIER

PREMIER TABLEAU

Chez M. de Tréville. L'antichambre à droite. Le cabinet de Tréville à gauche ; porte à droite, dans l'antichambre, donnant chez le Cardinal. Un Mousquetaire en faction devant la porte de Tréville. Un Garde du Cardinal devant la porte du Cardinal. Le jour vient.

SCÈNE PREMIÈRE

JUSSAC, parlant à un Factionnaire à la porte du Cardinal ; ARAMIS, en face.

JUSSAC.

Biscarat, vous avez la consigne... Maintenant, rappelez-vous que Son Éminence aime la paix.

BISCARAT.

Bien, lieutenant.

JUSSAC, regardant Aramis.

Ce qui veut dire qu'il faut que les gardes de M. le cardinal vivent en bonne intelligence, même avec les mousquetaires du roi.

BISCARAT.

Bien, lieutenant.

JUSSAC.

Bonne garde !... M. de Rochefort va venir vous relever.

(Il sort.)

ARAMIS.

Vous n'êtes pas lieutenant, vous, monsieur de Biscarat, et on peut vous parler sous les armes.

BISCARAT.

Parlez, monsieur Aramis, parlez.

ARAMIS.

Je trouve impertinent ce membre de phrase : *même les mousquetaires* du roi ; et vous, monsieur de Biscarat ?

BISCARAT

Moi, monsieur Aramis, je suis un garde du cardinal, et le mot ne m'a pas choqué.

ARAMIS.

Est-ce que l'on ne pourrait pas s'en expliquer un peu après la garde, monsieur de Biscarat?

BISCARAT.

Mais cela peut se faire, monsieur Aramis.

ARAMIS.

Voilà tout ce que j'avais à vous dire, monsieur le garde.

BISCARAT.

Je suis bien votre serviteur, monsieur le mousquetaire.

(Ils recommencent à se promener en long et en large.)

SCÈNE II

Les Mêmes, MADAME BONACIEUX, entrant par le cabinet de M. de Tréville.

Madame Bonacieux lève la portière et frappe sur l'épaule d'Aramis.

MADAME BONACIEUX.

Chut! *Aunis* et *Anjou*. Restez comme vous êtes, devant moi : que le garde ne me voie point.

ARAMIS.

Comme cela?

MADAME BONACIEUX.

Oui; prenez ce mouchoir; remarquez-en le chiffre, et, si quelque personne vous en présentait un pareil, ayez confiance en cette personne.

ARAMIS.

Mais à quel moment, dans quel endroit me présenterait-on ce mouchoir?

MADAME BONACIEUX.

Chez vous, rue de Vaugirard... On frapperait au volet; prévenez-en la personne qui se cache dans votre maison.

ARAMIS.

Comment savez-vous...?

MADAME BONACIEUX.

Il suffit, puisque je le sais... Mais c'est tout pour le moment; le reste viendra plus tard; reprenez votre faction... Adieu!

(Elle rentre dans le cabinet et disparaît.)

SCÈNE III

ARAMIS, BISCARAT ; MILADY et ROCHEFORT, sortant de chez le Cardinal.

ROCHEFORT.

Rien n'est plus simple, milady ; vous prendrez ce mouchoir ; remarquez-en le chiffre.

MILADY.

Je le vois : un C et un B.

ROCHEFORT.

Vous irez, tantôt, rue de Vaugirard, en face du carré de peupliers ; vous frapperez au volet d'une maison garnie de feuillage... vous montrerez ce mouchoir à la personne qui ouvrira le volet, puis vous demanderez l'adresse, et, comme ce mouchoir est le signe de reconnaissance convenu entre eux, on vous donnera l'adresse.

MILADY.

Rien que cela ? l'adresse ?

ROCHEFORT.

Et vous ne l'oublierez pas, et vous me la ferez parvenir tout de suite.

MILADY.

Un dernier renseignement : si l'on me demandait le nom du maître de cette maison ?

ROCHEFORT.

C'est un mousquetaire qui s'appelle Aramis.

MILADY.

Aramis ! Bien.

ROCHEFORT.

Maintenant, pas d'affectation ; je vais relever les factionnaires.

MILADY.

Moi, je retourne chez moi.

(Ils se séparent.)

ROCHEFORT.

Messieurs, sept heures sonnent ; vous êtes libres.

(Sept heures ont sonné. Milady sort, après avoir mis un masque sur sa figure. On relève Aramis.)

SCÈNE IV

D'ARTAGNAN, ARAMIS, PORTHOS, BOISTRACY, Mousquetaires.

Une fanfare sonne. Les portes s'ouvrent. Les Mousquetaires commencent à entrer dans l'antichambre.

PORTHOS.

Eh! oui, messieurs, j'ai gagné du froid cette nuit, et, comme j'ai peur des rhumes, ma foi, j'ai pris le manteau.

BOISTRACY.

Oh! mais ce n'est pas un baudrier que vous avez là sur la poitrine, Porthos, c'est un soleil!

(Tous se récrient avec admiration.)

PORTHOS, négligemment.

C'est assez bien, n'est-ce pas?

ARAMIS.

Bonjour, Porthos.

PORTHOS.

Eh! bonjour, Aramis.

ARAMIS.

En honneur, vous éblouissez... Venez à l'ombre... Comment va notre malade?

PORTHOS.

Il souffre... Le coup était rude : l'épée a traversé l'épaule jusqu'à la poitrine.

ARAMIS.

Pauvre Athos!... Il est au lit?

PORTHOS, très-haut.

Avec une fièvre de cheval... Heureusement, personne n'en sait rien... et ce n'est pas moi qui l'irai dire à M. de Tréville.

(D'Artagnan paraît derrière le groupe des Mousquetaires.)

ARAMIS.

Chut! pour Dieu, Porthos, prenez garde, vous avez une voix... comme votre baudrier.

PORTHOS.

C'est juste, il y a des étrangers ici.

(D'Artagnan se faufile dans les groupes, le chapeau à la main.)

ARAMIS.

Qu'est-ce que c'est que celui-là? Voyez donc, Boistracy.

BOISTRACY.

Ce doit être un Gascon fraîchement débarqué... Attendez. (Il va près de d'Artagnan.) Monsieur! pardon...

D'ARTAGNAN.

Monsieur...

BOISTRACY.

Qu'y a-t-il pour votre service?

D'ARTAGNAN.

S'il vous plaît, M. de Tréville, lieutenant-capitaine des mousquetaires?

BOISTRACY.

Monsieur, son valet de chambre est là.

D'ARTAGNAN.

Monsieur, je vous remercie humblement. (Au Valet.) Voudriez-vous bien, s'il vous plaît, prévenir M. de Tréville que le chevalier d'Artagnan lui demande un moment d'audience.

LE VALET.

Tout à l'heure! M. de Tréville n'est pas arrivé.

UN MOUSQUETAIRE.

Messieurs! messieurs! voici le capitaine.

TOUS.

Ah!

LE MOUSQUETAIRE.

Il est d'une humeur féroce!

BOISTRACY.

Est-ce qu'il saurait déjà l'aventure d'hier?

SCÈNE V

LES MÊMES, TRÉVILLE.

Tous les Mousquetaires le saluent.

TRÉVILLE.

Bonjour, messieurs, bonjour... Eh bien, qu'y a-t-il de nouveau?

BOISTRACY.

Mais rien, capitaine, rien.

TRÉVILLE, entrant chez lui.

Les rapports!... le procès-verbal!

D'ARTAGNAN.

Ce ne sont pas des regards qu'il lance, ce sont des coups de pistolet.

PORTHOS.

Cela va mal.

ARAMIS.

Mal !

(Porthos va causer dans un groupe. Aramis reste avec un autre sur le devant.)

D'ARTAGNAN.

Que c'est beau, les mousquetaires ! Tous ces gens-là ont des figures qui me reviennent ; je me sens une sympathie... Tiens, en voilà un qui perd son mouchoir. (A Aramis, qui s'en est aperçu, et a mis le pied dessus.) Monsieur ! (Aramis ne répond pas.) Monsieur, je crois que voici un mouchoir que vous seriez fâché de perdre.

ARAMIS, brutalement.

Merci !

D'ARTAGNAN.

Il n'est guère aimable !

BOISTRACY, lui prenant le mouchoir des mains.

Ah ! ah ! discret Aramis, diras-tu encore que tu es mal avec ma cousine de Boistracy ? Elle te prête ses mouchoirs... Voyez, messieurs, le chiffre C. B.

D'ARTAGNAN.

Allons, bon ! j'ai fait un beau coup.

ARAMIS, regardant d'Artagnan d'un air furieux.

Vous vous trompez, monsieur, ce mouchoir n'est pas à moi, et je ne sais pourquoi monsieur a eu la fantaisie de me le remettre, plutôt qu'à l'un de vous ; et la preuve de ce que je dis, c'est que voici mon mouchoir dans ma poche.

BOISTRACY.

Tu nies ? A la bonne heure ! sans quoi, pour la réputation de mon cousin Boistracy, j'eusse été forcé...

TRÉVILLE, frappant du poing sur la table.

C'est une indignité, morbleu !

BOISTRACY.

Voilà le capitaine qui se fâche.

D'ARTAGNAN, à Aramis.

Monsieur, je suis au désespoir.

ARAMIS.

Monsieur, nous réglerons ce compte-là.

D'ARTAGNAN.

Eh! si vous le prenez ainsi, au diable!

TRÉVILLE.

Un beau rapport! un beau bruit qui va courir!... Maugrebleu!

PORTHOS.

Ça chauffe!

TRÉVILLE.

Nous allons voir tout à l'heure... Expédions d'abord les étrangers pour traiter l'affaire en famille. (Au Valet.) Qui est là?

LE VALET.

Les intendants.

TRÉVILLE.

Plus tard!

LE VALET.

Un secrétaire de M. de la Trémouille.

TRÉVILLE.

Demain...

LE VALET.

Et puis les signatures.

TRÉVILLE.

Donne vite.

(Il se met à signer.)

BOISTRACY.

Dieu soit loué! le capitaine se calme. Otez donc votre manteau, Porthos, que nous admirions votre baudrier; le roi n'en a pas un pareil.

ARAMIS.

Je parie que cette broderie vaut dix pistoles l'aune.

PORTHOS.

Douze... Et il y en a une aune trois quarts.

BOISTRACY.

C'est somptueux! La broderie est-elle aussi fine derrière que devant?

PORTHOS, environné de curieux, s'enveloppe dans son manteau.

Plus fine!

TRÉVILLE.

Après?... Est-ce tout?

LE VALET.

Ah! monsieur, j'oubliais... Un gentilhomme de Gascogne... M. d'Artagnan.

TRÉVILLE.

D'Artagnan... le père ? mon vieil ami d'Artagnan ?

LE VALET.

Non, monsieur, un jeune homme.

TRÉVILLE.

Le fils, alors... Appelle ! appelle !

PORTHOS.

Vous allez me faire éternuer... brrr !

LE VALET.

M. d'Artagnan.

D'ARTAGNAN.

Voilà !

(Il se précipite et vient se heurter contre Porthos; ils se balancent l'un l'autre; d'Artagnan s'empêtre dans le manteau de Porthos et le lui arrache. On voit que le baudrier n'a qu'un devant.)

PORTHOS.

Imbécile !

BOISTRACY.

Ah ! ah ! ah ! le baudrier n'a qu'un devant.

(Éclats de rire.)

D'ARTAGNAN.

Bon ! encore une bêtise.

(Il veut passer, Porthos le retient.)

PORTHOS.

Vous me payerez cela, monsieur le Gascon.

D'ARTAGNAN.

Soit; mais laissez-moi passer.

PORTHOS.

Oh ! je vous attendrai là.

TRÉVILLE.

Eh bien, ce M. d'Artagnan ?

D'ARTAGNAN.

Voilà ! voilà !

(Il entre; les rires continuent autour de Porthos.)

SCÈNE VI

LES MÊMES, D'ARTAGNAN.

D'ARTAGNAN.

Monsieur le capitaine, excusez moi, j'ai eu bien du mal à

pénétrer jusqu'à vous, mais je n'en ai que plus de joie à vous voir.

TRÉVILLE.

Merci... Un moment, jeune homme.

(Il parle bas à son Valet.)

PORTHOS, aux Mousquetaires qui se moquent de lui.

C'était une plaisanterie, une gageure.

ARAMIS.

Tout se passe en plaisanterie, aujourd'hui.

TRÉVILLE, continuant de lire les procès-verbaux.

Je n'y puis tenir. Athos! Porthos! Aramis!

D'ARTAGNAN.

Qu'est-ce que c'est que ces noms-là?

PORTHOS.

Aïe!

TOUS.

Aïe!

TRÉVILLE.

Athos! Porthos! Aramis!

PORTHOS et ARAMIS, entrant chez M. de Tréville.

Nous voici, capitaine.

LES AUTRES MOUSQUETAIRES, en dehors.

Écoutons!

TRÉVILLE.

Savez-vous ce que m'a dit le roi, messieurs, ce qu'il m'a dit hier au soir?

PORTHOS.

Non, monsieur.

ARAMIS.

Mais j'espère que vous nous ferez l'honneur de nous le dire.

TRÉVILLE.

Le roi m'a dit qu'il recruterait désormais ses mousquetaires parmi les gardes du cardinal.

TOUS.

Oh! oh!

PORTHOS.

Et pourquoi cela, monsieur?

TRÉVILLE.

Parce que sa piquette a besoin d'être ragaillardie par du bon vin... Oui, Sa Majesté a raison!... les mousquetaires font

2.

triste mine à la cour, et M. le cardinal, le grand cardinal, racontait hier, devant moi, que ces damnés mousquetaires, ces pourfendeurs, ces diables à quatre, s'étant attardés, rue Férou, dans un cabaret, une ronde de ses gardes, à lui, Richelieu, avait été forcée d'arrêter les perturbateurs... Mordieu! arrêter des mousquetaires!... Parlez donc! vous en étiez, vous? On vous a reconnus! on vous a nommés!

PORTHOS et ARAMIS.

Monsieur!

TRÉVILLE.

Oh! c'est bien ma faute! cela m'apprendra à mieux choisir mes hommes... Voyons! vous, monsieur Aramis, pourquoi m'avez-vous demandé la casaque de mousquetaire, quand vous seriez si bien sous une soutane? Et vous, monsieur Porthos, à quoi vous sert un baudrier d'or comme celui-là? A pendre une épée de paille! Mordieu! et Athos, je ne le vois pas; où est-il?

ARAMIS.

Monsieur, Athos est malade.

TRÉVILLE.

Malade... De quelle maladie?

PORTHOS.

On craint que ce ne soit de la petite vérole.

TRÉVILLE.

Voilà un beau conte que vous me faites! Il n'est pas malade, il aura été blessé, tué peut-être... Si je le savais, ventrebleu!

LES MOUSQUETAIRES, dehors.

Diable! diable!

(Ils se consultent; deux d'entre eux se détachent et sortent.)

TRÉVILLE.

Sang-Dieu!... messieurs les mousquetaires, je n'entends pas qu'on hante les mauvais lieux, qu'on joue de l'épée dans les carrefours; je ne veux pas qu'on prête à rire aux gardes de M. le cardinal, qui sont de braves gens (murmures), des gens adroits (murmures), des gens qui ne se mettent pas dans le cas d'être arrêtés, et qui, s'ils s'y mettaient, ne se laisseraient pas arrêter, j'en suis sûr... Ils aimeraient mieux mourir sur la place, que de reculer! Se sauver, fuir, c'est bon pour des mousquetaires. (Trépignements, rage au dehors. Porthos et Aramis se rongent les doigts.) Ah! six gardes de Son Excellence arrêtent six mousquetaires du roi ! Morbleu ! j'ai pris mon parti ; je m'en vais de ce pas au Louvre, et je donne ma démission de capitaine de mousquetaires pour une lieutenance dans les gardes du cardinal. Et, si on me refuse, je me fais abbé, j'aime mieux cela ! Vous serez mon suisse, Porthos ; vous serez mon bedeau, Aramis.

(Explosion de murmures au dehors; d'Artagnan se cache derrière la table.)

PORTHOS.

Eh bien, mon capitaine, c'est vrai, que nous étions six contre six ; mais on nous a pris en traître, et nous n'avions pas mis l'épée à la main, que deux de nous étaient morts et qu'Athos était blessé grièvement.

TRÉVILLE.

Ah ! blessé ?...

PORTHOS.

Vous le connaissez, Athos ! eh bien, il a essayé de se relever deux fois... Et deux fois il est retombé ; nous ne nous sommes pas rendus, on nous a emportés.

ARAMIS.

Et moi, j'ai l'honneur de vous assurer, monsieur, que j'ai tué un garde avec sa propre épée, car on m'avait volé la mienne au fourreau. Tué ou poignardé, monsieur, comme il vous sera agréable.

TRÉVILLE.

On ne m'avait pas dit cela, messieurs... Et Athos ?

ARAMIS.

De grâce, capitaine, ne dites pas qu'Athos est blessé ; il serait au désespoir que cela parvînt aux oreilles du roi... Et, comme la blessure est des plus graves, comme il garde le lit.. je craindrais... (On voit Athos entrer, soutenu par deux Mousquetaires. Il est pâle comme la mort ; il soulève la portière et paraît.) Athos !

TRÉVILLE.

Athos ! imprudent !

ATHOS.

Vous m'avez mandé, à ce qu'on m'a dit, et je m'empresse de me rendre à vos ordres ; que me voulez-vous ?

TRÉVILLE.

J'étais en train de dire à ces messieurs que je défends à mes mousquetaires d'exposer leur vie sans nécessité... Les braves gens sont chers au roi, et les mousquetaires sont les plus braves gens du monde... Votre main, Athos.

(Bravos. Joie universelle.)

ATHOS, défaillant.

Pardon, monsieur.

TRÉVILLE.

Qu'avez-vous?

ARAMIS.

Pardon, monsieur.

TRÉVILLE.

Qu'avez-vous?

ARAMIS.

Il perd connaissance... La douleur, monsieur; vous lui avez serré la main.

TRÉVILLE.

Un chirurgien! le mien ou celui du roi, le meilleur! un chirurgien! ou, sang-Dieu! mon brave Athos est mort! (Tout le monde se bouscule et court en criant : « Un chirurgien! ») Portez-le dans cette chambre-là... Prenez garde!

ARAMIS.

Ce ne sera rien, il est fort!

BOISTRACY.

Éminence du diable!

PORTHOS.

Oh! les gardes de Son Éminence, il n'ont qu'à se bien tenir.

TRÉVILLE.

Allons, allons, messieurs, un peu de place chez moi, s'il vous plaît.

(Ils sortent et vont se grouper dans l'antichambre.)

SCÈNE VII

TRÉVILLE, D'ARTAGNAN.

TRÉVILLE.

Voyons, où en étais-je?

D'ARTAGNAN, sortant timidement de son coin.

Monsieur ..

TRÉVILLE.

Ah! c'est vrai, monsieur d'Artagnan... Eh bien, que désirez-vous de moi? Je serais heureux de faire quelque chose pour vous, en souvenir de votre père...

D'ARTAGNAN.

Monsieur, tout à l'heure, je venais vous demander une casaque de mousquetaire; mais, d'après ce que je viens de voir ici, je comprends qu'une telle faveur serait énorme, et je ne la mérite pas.

TRÉVILLE.

C'est bien d'être modeste, surtout quand on est Gascon... Non, je ne pourrais vous donner une casaque: on n'entre dans les mousquetaires qu'après deux ans de campagne ou des services signalés; mais il y a autre chose pour commencer... Nos cadets de Béarn ne sont pas riches et vous ne roulez probablement pas sur l'or.

D'ARTAGNAN, piqué.

Monsieur...

TRÉVILLE.

Oui, oui, je connais ces airs-là... Je suis du pays... Quand j'arrivai à Paris, j'avais quatre écus dans ma poche et je me battis deux fois avec des gens qui prétendaient que je n'étais pas en état d'acheter le Louvre.

D'ARTAGNAN.

Quatre écus! J'en ai huit.

TRÉVILLE.

Décidez-vous... Je puis vous donner une lettre pour le directeur de l'Académie; vous y serez admis sans rétribution... Les gentilshommes apprennent, là, le manége du cheval, l'escrime et la danse.

D'ARTAGNAN.

Oh! monsieur, je sais monter à cheval, j'ai l'épée assez bien dans la main, et, quant à la danse...

TRÉVILLE.

Eh bien, vous êtes un garçon accompli, vous n'avez besoin de rien; venez de temps en temps me voir, pour me dire vos affaires.

D'ARTAGNAN, bas.

Je me fais congédier!... (Haut.) Ah! monsieur, je ne sais pas vous parler; vous me troublez, je perds la tête... Pourquoi n'ai-je pas la lettre de mon père? Sa recommandation me fait bien faute aujourd'hui.

TRÉVILLE.

En effet, comment se fait-il que vous veniez ici sans lettre de recommandation?

D'ARTAGNAN.

Eh! j'en avais une, monsieur, une parfaite; on me l'a perfidement volée.

TRÉVILLE.

Volée?

D'ARTAGNAN.

Oui, monsieur, à Meung, dans une hôtellerie; je montais un cheval jaune.

TRÉVILLE.

Vous montiez un cheval...?

D'ARTAGNAN.

Bouton d'or... Un gentilhomme se trouve là, prétend que la nuance appartient plutôt au règne végétal qu'au règne animal; nous mettons l'épée à la main... Mais l'hôte survient et ses aides tombent lâchement sur moi à coups de bâton; ils m'ont blessé, blessé, monsieur! malgré les menaces que je faisais en invoquant votre nom.

TRÉVILLE.

Mon nom! vous parliez tout haut de moi?

D'ARTAGNAN.

Que voulez-vous! un nom comme le vôtre devait me servir de bouclier; partout sur ma route, je m'annonçais comme protégé de M. de Tréville; mais le sort s'est déclaré contre moi; mon adversaire me laissa aux prises avec la valetaille.

TRÉVILLE.

Un gentilhomme? C'est mal.

D'ARTAGNAN.

Il avait une sorte d'excuse : il attendait une femme... une bien belle femme! qui arriva, en effet, et avec laquelle il a eu un long entretien... Mais ce n'était pas une raison pour questionner l'hôte à mon sujet, fouiller dans ma poche après qu'on m'eut déshabillé, en apparence, pour me panser, mais au fond pour me voler la lettre de mon père... car, sans nul doute, c'est lui qui me l'a dérobée.

TRÉVILLE.

Pour quel motif?

D'ARTAGNAN.

Eh! la jalousie, donc.

(Rentrée d'Aramis et de Porthos.)

TRÉVILLE.

Hum! vous dites que cela se passait à Meung?

D'ARTAGNAN.

Oui, monsieur.

TRÉVILLE.

Quand cela?

D'ARTAGNAN.

Il y a huit jours.

TRÉVILLE.

Et que ce gentilhomme attendait une femme!

D'ARTAGNAN.

Une très-belle femme.

TRÉVILLE

Est-ce un homme de haute taille?

D'ARTAGNAN.

Oui.

TRÉVILLE.

Le teint basané, cheveux, moustaches noires.

D'ARTAGNAN.

Oui, c'est cela.

TRÉVILLE.

Une cicatrice au front?

D'ARTAGNAN.

Précisément... Mais comment se fait-il que vous connaissiez cet homme?... Ah! si je le retrouve jamais!... Ah! monsieur, retouvez-le-moi, je vous prie.

TRÉVILLE.

Que lui a dit cette femme?... savez-vous?

D'ARTAGNAN.

Elle lui a dit: « Courez annoncer là-bas qu'il sera dans huit jours à Paris. »

TRÉVILLE.

Et il a répondu?...

D'ARTAGNAN.

Il a répondu : « Bien, milady! »

TRÉVILLE.

C'est cela, c'est cela! ce sont eux... Ah! monsieur le cardinal!... Voyons, jeune homme, pensons à vous.

D'ARTAGNAN.

Monsieur, vous venez de dire que vous connaissiez cet homme; eh bien, je vous tiens quitte de toutes vos promesses, quitte de toute votre bienveillance; dites-moi seulement son nom... son nom! je veux me venger, j'en brûle!

TRÉVILLE.

Gardez-vous-en bien!... Si vous le voyez venir d'un côté de la rue, passez de l'autre! ne vous heurtez pas à ce rocher, vous seriez brisé comme verre! Voyons, tenez-vous tranquille, Gascon que vous êtes, pendant que je vais écrire au directeur de l'Académie?

D'ARTAGNAN.

C'est bon, c'est bon; que je le retrouve! (Tréville écrit.) Rocher ou éponge, s'il me tombe sous la main... (Il regarde par la porte.) Ah!

TRÉVILLE.

Eh bien, quoi?...

D'ARTAGNAN.

Eh! mais c'est lui!

TRÉVILLE.

Qui, lui?

(Rochefort, sortant de chez le Cardinal, traverse le théâtre.)

D'ARTAGNAN.

Mon traître!... mon voleur!...

TRÉVILLE.

Arrêtez!... Ah! ma foi, au diable!

D'ARTAGNAN, s'élançant.

Attends! attends!

SCÈNE VIII

Les Mêmes, ATHOS.

D'Artagnan sort de chez Tréville et se heurte à Athos.

ATHOS.

Sang-Dieu!

(Il pose la main à son épaule.)

D'ARTAGNAN.

Pardon! je suis pressé.

ATHOS, l'arrêtant.

Vous êtes pressé!... Et ce prétexte vous suffit?

D'ARTAGNAN.

Le mousquetaire blessé... Encore une bêtise ! Excusez-moi, monsieur !... je...

ATHOS.

Un moment... Vous n'êtes pas M. de Tréville, pour traiter cavalièrement les mousquetaires.

D'ARTAGNAN.

Ma foi, monsieur, je n'ai pas fait exprès de vous heurter, et je vous ai dit : « Excusez; » je trouve que cela suffit... Lâchez-moi ; je suis pressé, parole d'honneur !

ATHOS.

Je conçois que vous soyez pressé.

D'ARTAGNAN.

Ah! ce n'est pas de me sauver, toujours ; je cours après quelqu'un.

ATHOS.

Eh bien, monsieur l'homme pressé, vous me trouverez sans courir, moi, entendez-vous ?

D'ARTAGNAN.

Où cela, s'il vous plaît ?

ATHOS.

Près des Carmes déchaux.

D'ARTAGNAN.

A quelle heure ?

ATHOS.

A midi, et tâchez de ne pas me faire attendre ; car, à midi un quart, c'est moi qui courrais après vous et qui vous couperais les oreilles.

D'ARTAGNAN.

J'y serai à midi moins dix minutes.

(Athos le lâche ; il se met à courir.)

PORTHOS, dans un groupe.

Monsieur le Gascon !

D'ARTAGNAN.

L'homme au baudrier... Mordious !

PORTHOS.

Connaissez-vous le Luxembourg ?

D'ARTAGNAN.

Je ferai sa connaissance.

PORTHOS.

A midi.

D'ARTAGNAN.

Non pas; à une heure, s'il vous plaît.

PORTHOS.

Soit!

D'ARTAGNAN.

Et de deux! En courant bien, j'ai encore le temps de rattraper mon voleur.

(Il se remet à courir.)

ARAMIS, près de la porte.

Monsieur!

D'ARTAGNAN.

Ah! bon, l'homme au mouchoir!

ARAMIS.

Vous savez que je vous attendrai, rue du Chasse-Midi, à midi.

D'ARTAGNAN.

Non, monsieur, à deux heures, si cela vous est égal.

ARAMIS.

Deux heures, soit!

D'ARTAGNAN.

Eh bien, me voilà sûr de mon affaire! trois chances pour être tué aujourd'hui; oui, mais je serai tué par un mousquetaire... Ce serait joli si je pouvais tuer mon larron avant midi. Bah!... essayons.

(Il prend sa course à toutes jambes et disparaît.)

UN HUISSIER, chez Tréville.

Le roi!

LE ROI, entrant chez Tréville.

Bonjour, Tréville; êtes-vous raccommodé avec le cardinal?... Je m'en vais chez lui.

TRÉVILLE.

Raccommodé avec Son Éminence, moi?

LE ROI.

Certainement, vous devez l'être... Ses gardes battent nos mousquetaires.

TRÉVILLE.

Oh!

LE ROI.

Adieu, Tréville!

TRÉVILLE.

Le roi, messieurs.

(Tambours. — Les Factionnaires présentent les armes; les autres se mettent sur deux files; le Roi sort.)

DEUXIÈME TABLEAU

L'entrée des Carmes déchaux. Un pré aride; vieux bâtiments sans fenêtres; sur le côté, fond vague de maisons.

SCÈNE PREMIÈRE

ATHOS, D'ARTAGNAN.

ATHOS, assis sur une borne.

Personne! Mon gascon ne viendrait-il pas?... Attendons.

D'ARTAGNAN, arrivant tout essoufflé.

Ah! monsieur, vous êtes le premier au rendez-vous. Excusez-moi; c'est que j'ai tant couru, et pour ne rien trouver... Ouf!...

ATHOS.

Il n'est pas midi, monsieur, vous n'êtes donc pas en retard...

D'ARTAGNAN.

Voilà midi qui sonne!...

ATHOS.

Monsieur, j'ai fait prévenir deux de mes amis qui me serviront de seconds; mais ces deux amis ne sont pas encore venus; du reste, je ne vois pas non plus les vôtres!...

D'ARTAGNAN.

Je n'en ai pas, monsieur; arrivé seulement d'hier à Paris, je n'y connais personne, que M. de Tréville... et encore...

ATHOS.

Vous ne connaissez personne?... Ah çà! mais, si je vous tuais, par malheur, j'aurais l'air d'un mangeur d'enfants... moi!...

D'ARTAGNAN.

Pas trop, monsieur; puis vous avez du désavantage, puisque

vous me faites l'honneur de tirer l'épée contre moi avec une blessure dont vous devez être fort incommodé....

ATHOS.

Très-incommodé, sur ma parole! vous m'avez fait un mal du diable!... mais, si je suis trop fatigué de la main droite, je prendrai la main gauche; c'est mon habitude en pareille occasion... Oh! je ne vous fais pas de grâce, je tire aussi bien d'une main que de l'autre... et l'avantage est même pour moi : un gaucher, c'est très-gênant pour les gens qui n'en ont pas l'habitude.

D'ARTAGNAN.

Oh! monsieur, ne vous occupez pas de moi, je vous prie!... je n'en vaux pas la peine... Causons de vous.

ATHOS.

Vous me rendez confus... Mais ces messieurs ne viennent pas... Ah! sang-Dieu, que vous m'avez fait mal!... L'épaule me brûle.

D'ARTAGNAN.

Si vous vouliez permettre, monsieur, j'ai un baume miraculeux pour les blessures... un baume qui vient de ma mère : je vous en ferais part, et je suis sûr qu'en trois jours, ce baume vous guérirait.

ATHOS.

Eh bien?

D'ARTAGNAN.

Eh bien, au bout de trois jours, quand vous seriez guéri, ce me serait toujours un grand honneur d'être votre homme.

ATHOS.

Parbleu! voilà une proposition qui me plaît, elle sent son homme de cœur... Merci! Mais, d'ici à trois jours, voyez-vous, monsieur, le cardinal ou ses gens sauraient que nous devons nous battre, et l'on s'opposerait à notre combat... Ah! mais ces flâneurs n'arrivent pas...

D'ARTAGNAN.

Si vous êtes pressé, monsieur, et qu'il vous plaise de m'expédier tout de suite, je vous en prie, ne vous gênez pas.

ATHOS.

Voilà encore un mot qui m'est agréable; il est bien dit, il n'est pas d'un homme sans cervelle. Monsieur, j'aime les gens de votre trempe; et, si nous ne nous entre-tuons pas aujourd'hui, je crois que, plus tard, j'aurai un véritable plaisir dans votre conversation... Ah! voici un de mes hommes.

D'ARTAGNAN.

Quoi! M. Porthos?...

ATHOS.

Cela vous contrarie?...

D'ARTAGNAN.

Nullement.

SCÈNE II

Les Mêmes, PORTHOS, ARAMIS.

PORTHOS.

Ah! qu'est-ce que je vois?...

ATHOS.

C'est avec monsieur que je me bats.

PORTHOS.

Et moi aussi!...

ATHOS.

Vous aussi?...

D'ARTAGNAN.

A une heure!...

ARAMIS, arrivant.

Et moi aussi!... je me bats avec monsieur...

D'ARTAGNAN.

A deux heures!...

ARAMIS.

C'est vrai... Mais pourquoi vous battez-vous, Athos?...

ATHOS.

Ma foi, je ne sais pas... Il m'a fait mal à l'épaule. Et vous, Porthos! pourquoi vous battez-vous contre ce jeune homme?

PORTHOS.

Je me bats, parce que... je me bats.

D'ARTAGNAN.

Une discussion sur la toilette.

ATHOS.

Mais vous, Aramis, qu'avez-vous eu avec lui?...

ARAMIS.

Un point de controverse. (A d'Artagnan.) Monsieur?...

D'ARTAGNAN.

A propos de saint Augustin, oui...

ATHOS, à part.

C'est un garçon d'esprit, décidément!...

PORTHOS.

Ça, prenons notre tour.

D'ARTAGNAN.

Un moment, messieurs; à présent que vous êtes réunis, permettez-moi de vous faire mes excuses...

TOUS.

Oh! oh!

D'ARTAGNAN.

Vous ne me comprenez pas... Je m'excuse d'une seule chose, c'est de ne pouvoir vous payer ma dette à tous trois. En effet, M. Athos a le droit de me tuer le premier; ce qui ôte beaucoup de valeur à votre créance, monsieur Porthos, et rend la vôtre à peu près nulle, monsieur Aramis... Je ferai donc banqueroute à l'un de vous, à deux peut-être... Voilà de quoi je m'excusais, rien que de cela... Maintenant, messieurs, quand vous voudrez!...

ATHOS.

A la bonne heure!...

D'ARTAGNAN.

J'y crèverai!... mais, les cent mousquetaires y fussent-ils ensemble, je ne romprai pas d'une semelle.

(Ils dégaînent.)

ATHOS.

Vous avez pris la mauvaise place; vous avez le soleil dans les yeux.

D'ARTAGNAN.

Bah! je le connais... Je suis du Midi.

(Ils engagent le fer.)

SCÈNE III

Les Mêmes, JUSSAC, BISCARAT, DE WINTER, CAHUSAC, Gardes.

JUSSAC.

Oh! oh! mousquetaires! on se bat donc par ici? Et les édits, qu'en faisons-nous?...

ATHOS.

Jussac!...

PORTHOS.

Les gens du cardinal!...

ARAMIS.

L'épée au fourreau!...

JUSSAC.

Il est trop tard!

ATHOS.

Eh! messieurs, de quoi vous mêlez-vous?... Si nous vous voyions vous battre, vous tuer, je vous réponds que nous ne vous en empêcherions pas...

BISCARAT.

Toujours aimables... Les leçons ne vous profitent pas, il paraît?

ARAMIS.

Ah! monsieur de Biscarat, vous vous rappelez que nous avons une partie liée.

JUSSAC.

Encore des provocations!... Nous sommes en service, messieurs; rengaînez, mille diables! et suivez-nous!...

ARAMIS.

Impossible d'obéir à votre gracieuse invitation... M. de Tréville nous l'a défendu...

JUSSAC.

C'est comme cela?...

ATHOS.

Mais oui! c'est comme cela...

JUSSAC.

Eh bien, si vous n'obéissez pas...

ATHOS.

Quoi?

JUSSAC.

Vous allez voir! Attention, vous autres! Monsieur de Winter, vous n'êtes pas à M. le cardinal, vous... vous êtes Anglais. Si vous voulez vous abstenir...

DE WINTER.

Non, messieurs, je ne suis pas à M. le cardinal; mais ma sœur, lady de Winter, est des amies de Son Éminence... Je suis Anglais, c'est vrai, mais raison de plus pour que je montre à des Français qu'on se bat bien en Angleterre comme en

France, et, comme ma promenade m'a conduit ici, ce que vous y ferez, je le ferai.

ATHOS, à ses amis.

Ils sont cinq, nous sommes trois, nous serons encore battus et il nous faudra mourir ici. Çà, je vous déclare que je ne reparais pas vaincu devant le capitaine...

PORTHOS.

Ni moi!...

ARAMIS.

Ni moi!...

D'ARTAGNAN, dans un coin.

Voici le moment de prendre son parti ; si je ne me trompe, c'est là un de ces événements qui décident de la vie d'un homme... Il s'agit de choisir entre le roi et le cardinal... C'est un triste ami que le roi, c'est un rude ennemi que le cardinal... Ah! bah! j'ai le cœur mousquetaire... tant pis!... Pardon, messieurs...

ATHOS.

Quoi?...

D'ARTAGNAN.

Vous venez de vous tromper, tout à l'heure, en disant que vous n'étiez que trois...

ARAMIS.

Mais non...

PORTHOS.

Nous sommes trois...

JUSSAC.

Diantre! est-ce qu'ils prennent du renfort? Allons, vous autres! l'épée à la main sur une ligne... Vous, beau Gascon, déguerpissez!... nous vous donnons la clef des champs... Sauvez votre peau!

BISCARAT.

Vous ferez sagement, car il va pleuvoir des coups d'épée...

D'ARTAGNAN.

Eh bien, il en pleuvra pour tout le monde : je reste...

ATHOS.

Vous vous mettez avec nous contre eux!... vous, notre ennemi? C'est beau!... mais...

D'ARTAGNAN.

Oui... je vois, vous vous demandez si je vaux mon homme.

Essayez, essayez toujours; j'en ferai bien assez pour me faire tuer proprement.

ATHOS.

Allons, vous êtes un joli garçon... Comment vous appelle-t-on?

D'ARTAGNAN.

D'Artagnan.

ATHOS.

Eh bien, Athos, Porthos, Aramis et d'Artagnan, en avant!

JUSSAC.

Ah! c'est cela que vous décidez? Eh bien, nous autres, en avant, en avant!

TOUS.

En avant!

(Combat général.)

D'ARTAGNAN, après avoir engagé le fer avec Jussac, à de Winter.

Si vous voulez, il y a place pour tout le monde.

DE WINTER.

Non... Je remplacerai le premier qui sera blessé.

PORTHOS, à Cahusac.

Est-ce que je n'entends pas sonner midi et demie, monsieur de Cahusac?

CAHUSAC.

Fanfaron!

PORTHOS.

Vous avez là une jolie lame, mon cher!

ARAMIS, à Biscarat.

Biscarat, je vous devais celle-là. (Il le tue.) A un autre.

JUSSAC.

C'est un jeu de province que vous avez là.

D'ARTAGNAN.

Un jeu de Gascon, oui, monsieur.

(Il le blesse.)

ATHOS, à Aramis.

Il va bien, le d'Artagnan!

ARAMIS.

Et vous, Athos?

ATHOS.

Moi... moi... je souffre! mais je m'échauffe.

D'ARTAGNAN.

Attendez-moi un peu.

JUSSAC.

Il est charmant, lui...

3.

D'ARTAGNAN.

N'est-ce pas?... Allez! (Il renverse Jussac.) C'est une botte de M. d'Artagnan père... Monsieur de Winter, je suis à vos ordres.

ATHOS.

Laissez-moi celui-là, c'est celui qui m'a blessé hier!
(Il désarme un des Gardes.)

PORTHOS, touchant son homme.

Trois à quatre.

ATHOS, au Garde qu'il vient de désarmer.

Rendez-vous!

D'ARTAGNAN, à de Winter.

Je vous tue!

DE WINTER.

Tuez!

D'ARTAGNAN.

Ma foi, non... Vous me faites l'effet d'un brave Anglais, vous vivrez.

DE WINTER.

Merci! Votre nom, monsieur? votre adresse?

D'ARTAGNAN.

Si c'est pour recommencer, je suis là, recommençons tout de suite.

DE WINTER.

Non, monsieur, c'est pour vous remercier; c'est pour présenter à ma sœur un galant homme à qui je dois la vie; ainsi, votre nom, votre adresse?

D'ARTAGNAN.

M. le chevalier d'Artagnan, rue des Fossoyeurs.

DE WINTER.

Monsieur, recevez tous mes compliments. Au revoir.

PORTHOS.

Ah! ah! voilà une revanche!

D'ARTAGNAN, voyant que les Mousquetaires partent sans lui.

Et moi?

ATHOS.

Vous?... toi? Embrasse-moi, et ne me fais pas mal à l'épaule.
(Aramis et Porthos embrassent d'Artagnan.)

D'ARTAGNAN.

Nous sommes donc amis?

ATHOS.

A la vie! à la mort!

TOUS.

A la vie! à la mort!

ATHOS.

Seulement, te voilà brouillé avec M. le cardinal.

D'ARTAGNAN.

Ah! bah! si je suis reçu apprenti mousquetaire, M. le cardinal n'est pas mon oncle.

TROISIÈME TABLEAU

Chez Milady.

SCÈNE PREMIÈRE

KETTY, ROCHEFORT, entrant le premier.

KETTY.

Non, monsieur, vous n'entrerez pas; on n'entre pas chez madame.

ROCHEFORT, descendant la scène.

Alors, ma belle enfant, vous qui pouvez entrer, annoncez M. de Rochefort; allez vite.

KETTY.

Moi? Je ne peux pas entrer plus que vous, chez madame, quand elle s'habille.

ROCHEFORT.

Ah! c'est juste, une Anglaise... Cependant, on leur parle, aux Anglaises, quand on est pressé.

KETTY.

Je vais sonner madame.

(Elle sonne.)

ROCHEFORT.

C'est le contraire en France...

KETTY.

Eh! mais, ici, c'est comme cela.

ROCHEFORT.

Oh! qu'à cela ne tienne.

KETTY.

Monsieur est pressé?...

ROCHEFORT.

Très-pressé.

(Ketty sonne encore et sort par le fond.)

SCÈNE II

Les Mêmes, MILADY.

MILADY.

Ah! c'est vous, monsieur de Rochefort... Eh bien, est-ce que vous m'apportez des nouvelles de lord de Winter?

ROCHEFORT.

De lord de Winter? Non, pourquoi?

MILADY.

Il paraît qu'il y a eu bataille entre des gardes du cardinal et des mousquetaires.

ROCHEFORT.

Eh bien, que voyez-vous là de si effrayant? Il y en a tous les jours.

MILADY.

Sans doute; mais mon frère, lord de Winter, n'est pas tous les jours mêlé à ces combats.

ROCHEFORT.

Et il s'est battu aujourd'hui?

MILADY.

Voici ce qui s'est passé : lord de Winter se promenait avec ces gardes; ceux-ci ont rencontré des mousquetaires de Tréville, et, à l'heure qu'il est, le sang a coulé! mon frère est tué, peut-être!

ROCHEFORT.

Ah! mon Dieu! mais comment savez-vous cela, milady?

MILADY.

Le valet de chambre de mon frère a vu de loin s'engager le combat; il est accouru ici tout effaré... pauvre garçon!

ROCHEFORT.

Vous l'avez envoyé prévenir le cardinal?

MILADY.

Non ; j'avais la tête perdue; je ne sais ce que j'ai fait.

ROCHEFORT.

Oh! vous auriez tort de vous désespérer; le baron n'est pas votre frère...

MILADY.

C'est seulement le frère de feu lord de Winter, mon mari... Mais, n'importe, je l'aime tant!

ROCHEFORT.

Ce pauvre baron ! je ne sais pourquoi, mais quelque chose me dit qu'il lui est arrivé malheur...

MILADY.

Vous croyez?

ROCHEFORT.

Ces diables de mousquetaires ont la main si heureuse ou si malheureuse... Après cela, il y a une consolation.

MILADY.

Laquelle ?

ROCHEFORT.

Si le baron est tué, son bien ne sera pas perdu.

MILADY.

Comment?

ROCHEFORT.

Il a cent mille écus de revenu, n'est-ce pas ?

MILADY.

A peu près...

ROCHEFORT.

Eh bien, est-ce que votre fils, son neveu, n'hérite pas de lui ?

MILADY.

Oh! comte, ce n'est pas cela que vous veniez me dire, je suppose?

ROCHEFORT.

Pardon... vous savez que je suis positif... Mais laissons là l'héritage de lord de Winter; non, ce n'est pas de cela que je venais vous parler.

MILADY.

Dites, alors !

ROCHEFORT.

Je venais vous expliquer tout notre plan, pour l'enlèvement de lord Buckingham !

MILADY.

Voyons.

ROCHEFORT.

Une fois le mouchoir montré rue de Vaugirard, l'adresse vous est donnée, n'est-ce pas?

MILADY.

Oui; après?

ROCHEFORT.

Une fois l'adresse découverte, vous indiquez un rendez-vous au duc.

MILADY.

Fort bien; à quel endroit?

ROCHEFORT.

Chez cette petite Bonacieux, la confidente de la reine; le duc s'y rendra sans défiance.

MILADY.

Évidemment.

ROCHEFORT.

Et, comme nous aurons établi une souricière chez cette petite Bonacieux...

MILADY.

Une souricière?

ROCHEFORT.

Oui; nous appelons souricière, à Paris, l'endroit où la souris entre toujours, mais d'où elle ne sort jamais.

MILADY.

Je comprends.

ROCHEFORT.

Vous voyez que le duc est pris, et pris chez la Bonacieux, la confidente de la reine... Voilà ce qu'il fallait démontrer, comme on dit en géométrie.

MILADY.

C'est entendu... A ce soir... Maintenant, laissez-moi m'informer.

ROCHEFORT.

Ah! oui, de la succession... pardon, de la situation de lord Winter.

KETTY, entrant.

Lord de Winter, milady.

MILADY.

Ah!... blessé?...

ROCHEFORT.

Mortellement?

SCÈNE III

Les Mêmes, DE WINTER.

DE WINTER.

Bonjour, milady; bonjour, ma sœur.

MILADY.

Ah! monsieur, j'étais dans une anxiété!

ROCHEFORT.

J'en suis témoin, cher comte; madame vous croyait mort.

DE WINTER.

Je l'étais, monsieur de Rochefort, sans la générosité de mon adversaire, qui m'a noblement donné la vie.

ROCHEFORT.

Un beau trait, n'est-ce pas, madame? un beau trait!

MILADY.

Oh! magnifique!

DE WINTER.

Si beau, que j'ai supplié ce cavalier de vouloir bien m'accompagner ici, pour vous être présenté, ma sœur.

MILADY.

Et il est venu?

DE WINTER.

Il est en bas; permettez-vous que je le fasse monter?

MILADY.

Sans doute, je serai charmée... Quel est ce cavalier?

DE WINTER.

Un gentilhomme du Béarn, M. le chevalier d'Artagnan.

MILADY.

Mon Gascon!

ROCHEFORT.

Mon Gascon! Il ne faut pas qu'il me trouve ici! Milady, milady... Pardon, comte... Milady, est-ce que vous n'avez pas quelque part une porte dérobée?

MILADY, montrant une porte latérale.

Celle-ci.

ROCHEFORT.

Très-bien; permettez que je disparaisse. (A part, en sortant.) J'étais sûr qu'il y avait une porte dérobée.

MILADY.

Qu'y a-t-il donc? Eh bien, j'attends votre vainqueur, mon frère.

DE WINTER.

Chevalier! chevalier! entrez, je vous prie.

SCÈNE IV

LES MÊMES, D'ARTAGNAN.

Il entre tout défiant et regardant sans cesse derrière lui.

D'ARTAGNAN, à part.

Je viens de voir un homme qui traversait la cour... un homme!... C'est singulier, je sens mon voleur!

(Après avoir regardé à la fenêtre, il retourne au corridor.)

DE WINTER.

Vous voyez, madame, le gentilhomme qui vous a conservé un frère; remerciez-le donc, si vous avez quelque amitié pour moi.

MILADY, à part.

Gascon maudit!... (Haut.) Soyez le bienvenu, monsieur; vous avez acquis aujourd'hui des droits éternels à ma reconnaissance; mais qu'avez vous donc?

D'ARTAGNAN.

Pardon, madame... c'est que je crois toujours... Ah!... milady.

DE WINTER.

Eh bien, quoi?

MILADY.

Singulière façon de se présenter!

D'ARTAGNAN.

Excusez mes distractions, madame, et vous aussi, milord... Mais madame est si belle...

MILADY.

On excuse tout, même sans compliment, de la part d'un homme aussi brave et aussi généreux que vous l'êtes, monsieur d'Artagnan; j'aime fort les prouesses guerrières, et, si vous tenez à me satisfaire entièrement, vous me raconterez votre combat.

D'ARTAGNAN.

Ah! madame... et la modestie?...

DE WINTER.

Je parlerai donc, puisque vous êtes modeste... Mais, d'abord, voici du vin de Chypre et des verres, vous allez me faire raison... N'est-ce pas, milady?

MILADY.

Certainement...

(De Winter verse du vin.)

D'ARTAGNAN.

C'est singulier, j'aurais cru que cette sœur si tendre me sauterait au cou, me mangerait de caresses, et pas du tout, on dirait maintenant qu'elle me regarde de travers... Oh! quels yeux!

DE WINTER.

A votre santé, monsieur le chevalier... Ma sœur...

D'ARTAGNAN.

Quel dommage que de si beaux yeux soient si méchants!

(Il boit.)

DE WINTER.

Asseyez-vous, chevalier, asseyez-vous, je vous en prie... Maintenant, ma sœur, je suis tout à mon récit. Ah! c'était un rude combat! neuf lames bien affilées qui s'entrelaçaient, qui se tordaient comme des couleuvres au soleil!

KETTY, entrant.

Milord, un petit laquais attend sous le vestibule; sa maîtresse, dit-il, est bien inquiète de Votre Honneur.

DE WINTER.

Ah! c'est vrai; pauvre femme! Permettez, ma sœur; permettez, monsieur d'Artagnan; je vous laisse en bonne compagnie l'un et l'autre... Sans adieu, chevalier. Viens Ketty.

SCÈNE V

MILADY, D'ARTAGNAN.

D'ARTAGNAN.

Diable d'Anglais! me laisser seul avec cette dame! Rendez donc service aux gens!

MILADY.

Eh bien, monsieur, vous ne dites plus rien?

D'ARTAGNAN.

Mais, madame, en vérité, j'ai si grand'peur d'être indiscret...

MILADY.

Pourquoi donc, monsieur d'Artagnan? Vous êtes timide?

D'ARTAGNAN.

Ma foi, madame, plus que timide, je suis embarrassé.

MILADY.

Et vous l'avouez?

D'ARTAGNAN.

Oh! si je ne vous l'avouais pas, vous vous en apercevriez bien... J'aime autant l'avouer... cela me fait parler... et cela m'enhardit peu à peu.

MILADY.

Monsieur d'Artagnan, vous avez tort d'être timide, cela vous nuira beaucoup.

D'ARTAGNAN.

En quoi, madame?

MILADY.

Vaillant, jeune, brave, vous allez avoir bientôt de la réputation ; avec de la réputation, des succès.

D'ARTAGNAN.

Vous croyez?

MILADY.

C'est inévitable... à moins que vous ne soyez pas d'humeur amoureuse.

D'ARTAGNAN.

Oh! madame, bien au contraire!

MILADY.

Ah! vous êtes...?

D'ARTAGNAN.

Oui, milady, oui... et, si je trouvais...

MILADY.

Quoi?

D'ARTAGNAN, essayant de lui prendre la main.

Si je trouvais un peu d'indulgence...

MILADY.

Pardon, monsieur d'Artagnan, est-ce que vous ne cherchez pas à prendre du service à Paris?

D'ARTAGNAN, à part.

Elle change la conversation : c'est dommage, j'étais lancé. (Haut.) Du service à Paris ?

MILADY.

Sans doute ; vous avez des amis ?

D'ARTAGNAN.

J'en ai trois... Trois mousquetaires !

MILADY.

Mais vous ne pouvez pas entrer aux mousquetaires... C'est très-difficile... Est-ce que vous n'avez pas un peu d'ambition ?

D'ARTAGNAN.

Ça se pourrait.

MILADY.

Est-ce qu'un service très-relevé... très-brillant... le service de Son Éminence, par exemple...?

D'ARTAGNAN.

Ah ! je ne peux pas, madame : mes trois amis sont brouillés avec le cardinal, et moi-même, à cause de ce combat...

MILADY.

Je comprends... Oh ! Son Éminence n'a qu'à bien se tenir... oui-da ! Mais je ne vous proposais pas le service du cardinal, monsieur d'Artagnan ; je faisais une question toute officieuse.

D'ARTAGNAN.

Oh ! ce n'est pas, madame, que je dédaigne le service de M. le cardinal, j'ai trop d'admiration pour Son Éminence !... mais il m'est revenu que le cabinet du Louvre et le Palais-Cardinal ont souvent maille à partir, et, dans ma position et dans celle de mes amis, qui peut prévoir si, un jour, Sa Majesté et même M. de Tréville... Allons, je m'embrouille en politique... J'aime mieux la première conversation, milady !

MILADY.

Monsieur d'Artagnan !

D'ARTAGNAN.

Milady, j'étais en train de dire tout à l'heure que, si je trouvais une âme indulgente... je m'efforcerais de n'être ni trop indiscret, ni trop timide.

MILADY, à part.

C'est lui qui change la conversation cette fois... Pas mal, en vérité ; je parlerai de ce drôle au cardinal.

D'ARTAGNAN.

Vous ne répondez pas, madame ?

MILADY.

En vérité, monsieur, que vous répondrai-je? vous me faites une déclaration à brûle-pourpoint... L'attaque est vive.

D'ARTAGNAN.

Une déclaration?... Eh bien. madame, défendez-vous.

MILADY.

Vous êtes trop dangereux, chevalier... (A part.) Il vient de me faire perdre cent mille livres de rente, et il me fait la cour... Oh! je le surveillerai... (Haut.) Monsieur d'Artagnan, une garnison si vigoureusement sommée de se rendre n'a qu'une ressource.

D'ARTAGNAN.

Laquelle?

MILADY.

Celle de faire une sortie.

D'ARTAGNAN.

Oh! madame! vous me quittez? vous m'en voulez?

MILADY.

Je ne vous en veux pas, mais je m'enferme. Adieu, monsieur le chevalier.

SCÈNE VI

D'ARTAGNAN, seul.

Eh bien, j'espère que voilà une arrivée à Paris qui promet! Là-bas, victoire l'épée à la main; ici, il me semble que, pour une première entrevue, j'ai poussé l'affaire assez vigoureusement; et j'ai bien vu dans les yeux de milady qu'il était temps pour elle de commencer la retraite... Elle s'est enfermée... Ce n'est pas votre porte qui m'empêcherait d'entrer, madame; mais lord de Winter pourrait revenir; mes amis m'attendent à la *Pomme de pin* pour fêter notre victoire, je ne dois pas, je ne veux pas les faire attendre.

SCÈNE VII

D'ARTAGNAN, KETTY.

Ketty est entrée doucement sur les derniers mots de d'Artagnan. Elle pousse un soupir.

KETTY.

Oh!

D'ARTAGNAN.

Qu'y a-t-il ?

(Il se retourne.)

KETTY.

Ah ! quel dommage !

D'ARTAGNAN.

Comment, quel dommage ?

KETTY.

Un si joli garçon !

D'ARTAGNAN.

Eh bien ?

KETTY.

Une si bonne figure !

D'ARTAGNAN.

C'est moi que tu plains ainsi, ma belle enfant ?

KETTY.

Oui.

D'ARTAGNAN.

Pourquoi me plains-tu ?

KETTY.

Je veux dire que vous mériteriez...

D'ARTAGNAN.

Mais parle donc !... parle donc !...

KETTY.

Non ! non ! laissez-moi !

D'ARTAGNAN.

Je veux que tu t'expliques, je veux que tu me dises pourquoi tu me plains, et ce que je mériterais...

KETTY.

Si milady m'entendait, mon Dieu !... Ah ! laissez-moi !

D'ARTAGNAN.

Tu as peur de milady ?

KETTY.

Oh !

D'ARTAGNAN.

Elle est méchante, n'est-ce pas ?

KETTY.

Taisez-vous !... taisez-vous !...

D'ARTAGNAN.

Je ne te quitterai pas que tu ne m'aies dit...

KETTY.

Jamais!

D'ARTAGNAN.

Oh! c'est mal.

KETTY.

Oui, ce serait mal de vous laisser ainsi vous perdre!

D'ARTAGNAN.

Me perdre?

KETTY.

Assez! assez! j'en ai trop dit... Adieu, monsieur le chevalier.

D'ARTAGNAN.

Voyons, un seul mot!

KETTY.

Eh bien, eh bien, tâchez de ne plus aimer ma maîtresse.

D'ARTAGNAN, la retenant.

Mais pourquoi?

(On sonne.)

KETTY.

Parce qu'elle ne vous aimera pas.

D'ARTAGNAN.

Elle ne m'aimera pas?

KETTY.

Elle en aime un autre... Tenez...

(Elle lui montre une lettre.)

D'ARTAGNAN, lisant.

« A monsieur le baron de Vardes... » Un rival!

(Il prend la lettre.)

KETTY.

Ah! mon Dieu! rendez-moi cette lettre! rendez-la-moi!

D'ARTAGNAN.

Adieu, Ketty!

KETTY.

Ma lettre!

D'ARTAGNAN.

Si tu la veux, viens la chercher chez moi!

KETTY.

Où cela?

D'ARTAGNAN.

Rue des Fossoyeurs, chez M. Bonacieux, épicier-mercier.

ACTE DEUXIÈME

QUATRIÈME TABLEAU

Chez d'Artagnan.

SCÈNE PREMIÈRE

D'ARTAGNAN, puis PLANCHET.

D'ARTAGNAN, fouillant dans les armoires.
Des bouteilles vides et des assiettes propres, voilà ce qui s'appelle un ménage bien tenu!... Planchet!

PLANCHET, entrant.
Monsieur?

D'ARTAGNAN.
Je voudrais déjeuner.

PLANCHET.
Monsieur voudrait déjeuner?

D'ARTAGNAN.
Oui; qu'as-tu à me donner?

PLANCHET.
Moi? Rien!

D'ARTAGNAN.
Comment, rien?... Drôle!

PLANCHET.
Rien absolument.

D'ARTAGNAN.
Ah çà! mais oubliez-vous, monsieur Planchet, que j'ai fort mal dîné hier?

PLANCHET.
C'est vrai, M. le chevalier a fort mal dîné.

D'ARTAGNAN.
Et que j'ai déjeuné à peine?

PLANCHET.
Monsieur a déjeuné à peine, c'est vrai.

D'ARTAGNAN.
Et vous croyez que je me contenterai de cet ordinaire-là?

PLANCHET.

Le fait est que, depuis quelque temps, l'ordinaire est triste.

D'ARTAGNAN.

C'est bien; donnez-moi mon épée.

PLANCHET, à part.

Son épée!... Est-ce que...?

D'ARTAGNAN.

Je vais déjeuner chez Aramis... Je suis sûr que son laquais est plus soigneux que vous, monsieur Planchet... Ah! si j'avais Bazin à mon service au lieu de vous avoir!... (Voyant Planchet qui lui présente une lettre.) Eh bien, qu'est cela?

PLANCHET.

Une lettre de M. Aramis.

D'ARTAGNAN.

Ah! ah!... que dit-il? (Lisant.) « Mon cher chevalier, mon coquin de libraire ne m'ayant point apporté hier, comme il me l'avait promis, le prix de mon poëme, et ce misérable Bazin n'ayant pas su se créer un crédit dans le quartier, j'irai vous demander à déjeuner ce matin. Vous savez combien je suis sobre : une tasse de chocolat, des confitures et quelques pâtisseries suffiront. ARAMIS. »

PLANCHET.

Le fait est qu'on ne peut pas être moins exigeant.

D'ARTAGNAN.

Tu diras à Aramis que j'étais sorti quand sa lettre est arrivée; je vais déjeuner chez Porthos... Qu'est-ce encore?

PLANCHET.

Une lettre de M. Porthos.

D'ARTAGNAN.

Donne! (Lisant.) « Mon cher d'Artagnan, j'ai perdu cette nuit, dans un infâme tripot, mon quartier de rente... » (A part.) Que diable va-t-il faire là?... (Il lit.) « Hier, toute la journée, j'ai vécu de croûtes fort dures... » (A part.) Tant mieux! (Il lit.) « J'irai partager ce matin votre déjeuner; tâchez qu'il soit copieux, car j'ai faim... »

D'ARTAGNAN.

C'est absolument comme moi... Ah! j'ai une dernière ressource.

PLANCHET.

Quoi, monsieur ?

D'ARTAGNAN.

Mon chapeau ! je n'ai pas de temps à perdre.

PLANCHET.

Pour quoi faire ?

D'ARTAGNAN.

Pour me sauver... Tu diras à Porthos que sa lettre est arrivée trop tard, et que je déjeune chez Athos...

PLANCHET, lui présentant une troisième lettre.

Monsieur !... Une lettre de M. Athos.

D'ARTAGNAN.

C'est peut-être une invitation. (Lisant.) « Mon cher chevalier, j'ai vidé hier ma dernière bouteille de vin d'Espagne... » (Parlé.) Vraiment, monsieur Planchet, votre conduite envers moi, je ne veux pas la qualifier... Enfin, M. Bonacieux, notre propriétaire, a une foule de bonnes choses dans sa boutique... en liqueurs, confitures, petites salaisons ?...

PLANCHET.

Oui, monsieur ; mais nous avions promis de payer la première quinzaine d'avance.

D'ARTAGNAN.

Et ?...

PLANCHET.

Nous l'avons oublié.

D'ARTAGNAN, lisant.

« Or, vous savez que je puis me passer de manger... » (Parlé.) Il est bien heureux ! (Lisant.) « Mais non de boire... Faites donc tirer de votre cave ce que vous avez de mieux en madère, en porto ou en xérès. » (Parlé.) C'est comme cette petite fruitière à qui je vous avais ordonné de faire la cour...

PLANCHET.

Monsieur, elle m'a donné mon congé avant-hier, et, hier, elle m'a remplacé par un laquais de M. de la Trémouille.

D'ARTAGNAN.

Vous vous êtes laissé supplanter ? Lâcheté ! (Continuant la lecture de sa lettre.) « Et, si votre cave, par hasard, se trouve vide, envoyez-en chercher à l'hôtellerie de la *Pomme de pin*; c'est là qu'on trouve le meilleur. »

PLANCHET.

S'il n'y avait que l'hôtelière ! Mais l'hôtelier a déclaré qu'il ne fournirait plus rien que contre pistoles.

D'ARTAGNAN, regardant Planchet.

Monsieur Planchet, j'ai remarqué que, dans nos moments de détresse, et ces moments se représentent plusieurs fois dans le mois, monsieur Planchet ! j'ai remarqué que votre humeur ne souffrait aucune altération.

PLANCHET.

C'est vrai, monsieur; j'ai un charmant caractère.

D'ARTAGNAN.

Monsieur Planchet, j'ai remarqué, en outre, que vous supportiez la faim sans que votre physique en souffrît...

PLANCHET.

C'est que j'ai un bon estomac, monsieur.

D'ARTAGNAN.

Monsieur Planchet, vous avez des ressources inconnues.

PLANCHET.

Moi, monsieur?...

D'ARTAGNAN.

Tenez, dans ce moment, à l'heure où je vous parle, vous n'avez pas faim.

PLANCHET.

Oh ! monsieur, si l'on peut dire ! Tenez, regardez mes dents.

D'ARTAGNAN, avec doute.

Hum !

PLANCHET, vivement.

Monsieur sort?

D'ARTAGNAN.

Oui.

PLANCHET.

Et si les amis de monsieur viennent ?...

D'ARTAGNAN.

Qu'ils attendent.

PLANCHET.

Monsieur n'a pas d'autres ordres à me donner ?

D'ARTAGNAN, marchant sur Planchet.

Avec cela que vous les exécutez bien, les ordres qu'on vous donne, butor ! drôle ! maraud !

(Il serre le ceinturon de son épée et sort.)

SCÈNE II

PLANCHET, seul.

Il a faim !... Aussi, c'est inouï, ces mousquetaires! au lieu d'avoir de l'ordre, de l'économie, de penser aux temps de disette pendant les jours d'abondance, cela joue, cela boit, cela mange ; et puis, quand l'argent est dépensé, il faut se serrer le ventre. Je n'ai pas faim !... comme c'est injuste, les maîtres ! C'est-à-dire, au contraire, que je meurs de faim et que je n'attendais que le moment de sa sortie pour déjeuner. (Il tire d'une de ses poches une cuisse de poulet entourée de papier, et, de l'autre poche, une bouteille de vin.) Ah! voilà les seuls bons moments que j'aie dans la journée !

SCÈNE III

PLANCHET, D'ARTAGNAN.

D'ARTAGNAN, qui a fait une fausse sortie et qui a vu Planchet faire ses arrangements.

Psitt ! (Planchet se retourne effaré.) A votre santé, monsieur Planchet !

PLANCHET.

Ouf!

(Il cache la bouteille et la cuisse de poulet avec son corps.)

D'ARTAGNAN.

Eh bien, mais que faisiez-vous donc là ?

PLANCHET.

Monsieur, je buvais un verre d'eau, tout en cassant une croûte..

D'ARTAGNAN.

Un verre d'eau ?

(Il prend le verre des mains de Planchet, le regarde, verse une goutte de vin sur son ongle.)

PLANCHET.

D'eau rougie, monsieur.

D'ARTAGNAN.

Monsieur Planchet, vous sentez la volaille.

PLANCHET.

C'est vrai ; j'ai un peu mordu dans une cuisse de dinde.

D'ARTAGNAN, tirant Planchet, qui est obligé de démasquer la table.

Ah! ah! maître Planchet, nous faisons nopces et festins, à ce qu'il paraît; çà, voyons, comment le laquais mange-t-il de la volaille et boit-il du vin, tandis que le maître en est réduit à se serrer le ventre?... (Planchet s'éloigne et gagne la porte.) Halte! et répondez-moi!

PLANCHET.

Eh bien, M. le chevalier avait deviné juste : j'ai des ressources inconnues.

D'ARTAGNAN.

Ah! ah!

PLANCHET.

Une industrie particulière.

D'ARTAGNAN.

Voyons votre industrie, monsieur Planchet; je ne serai pas fâché de la connaître.

PLANCHET.

Monsieur sait que cette chambre est située juste au-dessus du magasin d'épiceries de M. Bonacieux.

D'ARTAGNAN.

Oui, je sais cela. Après?

PLANCHET.

Eh bien, j'ai découvert un ancien judas.

D'ARTAGNAN.

Comment, un ancien judas?

PLANCHET.

Il paraît que cette chambre était celle de M. Bonacieux, et, pour voir d'ici ce qui se passait dans son magasin, il avait pratiqué une trappe.

D'ARTAGNAN.

Malheureux! j'espère bien que vous ne descendez pas par cette trappe pour faire vos provisions?

PLANCHET.

Fi donc, monsieur! descendre, moi? Ce serait voler! Non, monsieur, ce sont les provisions qui montent.

D'ARTAGNAN

Ah! elles montent?

PLANCHET.

Oui, monsieur.

D'ARTAGNAN.

Et comment montent-elles? Expliquez-moi cela.

PLANCHET.

Vous voulez le savoir?

D'ARTAGNAN.

Oui.

PLANCHET, ouvrant le judas.

Monsieur veut-il me faire l'honneur de se pencher et de regarder?

D'ARTAGNAN.

Mais... s'il y a quelqu'un dans le magasin?

PLANCHET.

Oh! non, monsieur, à cette heure-ci, il n'y a jamais personne.

D'ARTAGNAN, penché.

Oui, je vois.

PLANCHET.

Et que voit monsieur?

D'ARTAGNAN.

Je vois du pain sur une huche, des bouteilles de liqueur, des jambons fumés.

PLANCHET.

Monsieur voit bien tout cela?

D'ARTAGNAN.

Oui! oui!

PLANCHET.

Eh bien, attendez un peu, monsieur. (Prenant une hallebarde dans un coin.) Je vais avoir l'honneur d'offrir à monsieur un pain tendre et un jambon fumé.

(Il enfonce la hallebarde par le judas.)

D'ARTAGNAN.

Ah! ah! celui-ci, celui-ci!... Diable! est-ce que, jusqu'à présent, on se serait trompé sur la destination des hallebardes?

PLANCHET, qui a piqué un pain et un jambon.

Vous avez vu, monsieur, la seule manière de s'en servir.

D'ARTAGNAN.

Bon! voilà le pain et le jambon; mais le vin, monsieur Planchet, le vin?

PLANCHET.

Monsieur, le hasard a fait que j'ai beaucoup connu un Espagnol qui avait voyagé dans le nouveau monde.

D'ARTAGNAN.

Quel rapport le nouveau monde peut-il avoir avec le vin que vous buviez à votre santé quand je suis entré, monsieur Planchet?

PLANCHET.

Au Mexique, les naturels du pays chassent le tigre et le taureau avec de simples nœuds coulants qu'ils lancent au cou de ces terribles animaux.

D'ARTAGNAN.

Monsieur Planchet, je ne vois pas jusqu'à présent...

PLANCHET.

Monsieur va voir... D'abord, je ne voulais pas croire que l'on pût en arriver à ce degré d'adresse, de jeter à vingt ou trente pas l'extrémité d'une corde où l'on veut; mais, comme mon ami plaçait une bouteille à trente pas, et, à chaque coup, lui prenait le goulot dans un nœud coulant, je me livrai à cet exercice, et, aujourd'hui, je lance le lasso presque aussi bien qu'un homme du nouveau monde. Si M. le chevalier veut en juger?

(Il tire une corde de sa poche.)

D'ARTAGNAN.

Mais oui, je serais curieux d'assister à cet exercice.

PLANCHET.

Eh bien (jetant la corde), tenez...

(Une bouteille remonte prise par le goulot.)

D'ARTAGNAN.

Mais c'est de la liqueur, et non pas du vin.

PLANCHET.

Monsieur le chevalier, avec une bouteille de liqueur que je vends deux livres, j'achète quatre bouteilles de vin de Bourgogne à dix sous la pièce. Maintenant, monsieur, permettez-moi de vous offrir le rôti.

(Il va prendre une ligne.)

D'ARTAGNAN.

La friture, tu veux dire?

PLANCHET.

Non, monsieur, le rôti.

D'ARTAGNAN.

La friture?

PLANCHET.

Si la fenêtre de M. le chevalier donnait sur un étang, sur un lac, sur une rivière, je pêcherais des brochets, des carpes, des truites; mais la fenêtre donne sur un poulailler, je pêche des poulets. Monsieur va voir comme cela mord. (Il jette une ligne et tire une poule.) On n'a que le temps de jeter la ligne... Voilà !

D'ARTAGNAN.

Monsieur Planchet, vous êtes un drôle !

PLANCHET.

Monsieur...

D'ARTAGNAN.

Mais, vu l'urgence de la situation, je vous pardonne. Allez plumer cette poule et la faire rôtir... Tenez, on a frappé; ce sont probablement nos amis.

PLANCHET.

Oui, ce sont eux, probablement.

D'ARTAGNAN, à-part.

Le drôle est plein d'inventions ingénieuses; c'est un trésor qu'un pareil laquais.

PLANCHET, reculant tout effarouché.

Monsieur! monsieur!

D'ARTAGNAN.

Eh bien, qu'as-tu?

PLANCHET.

C'est M. Bonacieux, notre propriétaire.

D'ARTAGNAN.

Oh! oh! vous aurait-il vu jeter le lasso ou pêcher à la ligne, monsieur Planchet?

PLANCHET.

Je ne sais pas, monsieur; mais, à tout hasard, fourrez-moi cette poule dans ma poche.

BONACIEUX, dans l'antichambre.

Hum! hum!

D'ARTAGNAN.

Ma foi, tant pis, arrive qu'arrive!... Entrez, monsieur Bonacieux, entrez.

(Bonacieux entre. Planchet sort furtivement.)

SCÈNE IV

D'ARTAGNAN, BONACIEUX.

BONACIEUX.
Monsieur le chevalier, je suis bien votre serviteur.

D'ARTAGNAN.
C'est moi qui suis le vôtre, monsieur... Planchet, un fauteuil!... Eh bien, où est-il donc? Excusez-moi, monsieur, mais je suis servi par un drôle qui mérite les galères.

(Il approche un fauteuil.)

BONACIEUX.
Ne vous donnez pas la peine, monsieur. J'ai entendu parler de vous comme d'un chevalier très-honnête et surtout très-brave.

D'ARTAGNAN.
Monsieur...

BONACIEUX.
Et cette dernière qualité m'a décidé à m'adresser à vous.

D'ARTAGNAN.
Pour quoi faire?

BONACIEUX.
Pour vous confier un secret.

D'ARTAGNAN.
Un secret? Parlez, monsieur, parlez.

BONACIEUX.
Il s'agit de ma femme.

D'ARTAGNAN.
Monsieur a une femme?

BONACIEUX.
Qui est lingère chez la reine, oui, monsieur, et qui même ne manque ni de jeunesse, ni de beauté. On me l'a fait épouser voilà bientôt trois ans, quoiqu'elle n'ait qu'un petit avoir, parce que M. de la Porte, le portemanteau de la reine, est son parrain et la protége.

D'ARTAGNAN.
Eh bien, monsieur?

BONACIEUX.
Eh bien, ma femme a été enlevée hier comme elle sortait de sa chambre de travail.

D'ARTAGNAN.

Ah! votre femme a été enlevée! et par qui?

BONACIEUX.

Je ne pourrais le dire sûrement, monsieur; mais, en tout cas, je suis convaincu qu'il y a dans cet enlèvement moins d'amour que de politique.

D'ARTAGNAN.

Moins d'amour que de politique... Mais que soupçonnez-vous?

BONACIEUX.

Je ne sais pas si je dois vous dire ce que je soupçonne.

D'ARTAGNAN.

Monsieur, je vous ferai observer que je ne vous demande absolument rien, moi; c'est vous qui êtes venu, c'est vous qui m'avez dit que vous aviez un secret à me confier; faites donc à votre guise. (Se levant.) Il est temps encore de vous retirer.

BONACIEUX.

Non, monsieur, j'aurai confiance en vous... Je crois donc que ce n'est pas à cause de ses amours que ma femme a été arrêtée.

D'ARTAGNAN.

Tant mieux pour vous.

BONACIEUX.

Mais à cause d'une plus grande dame qu'elle.

D'ARTAGNAN.

Ah bah! serait-ce à cause des amours de mademoiselle de Combalet?

BONACIEUX.

Plus haut, monsieur, plus haut.

D'ARTAGNAN.

De madame de Chevreuse?

BONACIEUX.

Plus haut, monsieur, beaucoup plus haut.

D'ARTAGNAN.

De la...?

BONACIEUX.

Oui, monsieur.

D'ARTAGNAN.

Et avec qui?

BONACIEUX.

Avec qui, si ce n'est avec le duc de...?

D'ARTAGNAN.

Avec le duc de...?

BONACIEUX.

Justement.

D'ARTAGNAN.

Mais comment savez-vous cela, vous?

BONACIEUX.

Ah! comment je le sais, voilà...

D'ARTAGNAN.

Pas de demi-confidence (se levant), ou, vous comprenez...

BONACIEUX.

Je le sais par ma femme, monsieur; par ma femme elle-même.

D'ARTAGNAN.

Comment cela?

BONACIEUX.

Ma femme est venue, il y a quatre jours; elle m'a confié que la reine, en ce moment-ci, avait de grandes craintes, attendu que la reine croit...

D'ARTAGNAN.

Qu'est-ce qu'elle croit...?

BONACIEUX.

Elle croit que l'on a écrit à M. de Buckingham en son nom.

D'ARTAGNAN.

Bah!

BONACIEUX.

Oui, pour le faire venir à Paris, et, une fois venu à Paris, pour l'attirer dans quelque piége.

D'ARTAGNAN.

Mais votre femme, qu'a-t-elle à faire dans tout cela?

BONACIEUX.

On connaît son dévouement pour la reine et l'on veut l'éloigner de sa maîtresse, ou avoir les secrets de Sa Majesté; ou la séduire pour se servir d'elle comme d'un espion.

D'ARTAGNAN.

C'est probable; mais l'homme qui l'a enlevée, le connaissez-vous?

BONACIEUX.

Je ne sais pas son nom; mais ma femme me l'a montré un

jour ; c'est un seigneur de haute mine, dents blanches, une cicatrice à la tempe.

D'ARTAGNAN.

Mais c'est mon homme !

BONACIEUX.

Votre homme ?

D'ARTAGNAN.

Oui, probablement ; et, si c'est mon homme à moi, je ferai d'un coup deux vengeances ; mais où rejoindre cet homme ?

BONACIEUX.

Je n'en sais rien.

D'ARTAGNAN.

Vous n'avez aucun renseignement ?

BONACIEUX.

Si fait, cette lettre.

D'ARTAGNAN.

Donnez. (Il lit.) « Ne cherchez pas votre femme ; elle vous sera rendue quand on n'aura plus besoin d'elle ; si vous faites une seule démarche pour la retrouver, vous êtes perdu... » Voilà qui est positif ; mais, après tout, ce n'est qu'une menace.

BONACIEUX.

Oui, monsieur, mais cette menace m'épouvante ; je ne suis pas homme d'épée du tout, et j'ai peur de la Bastille.

D'ARTAGNAN.

Hum ! c'est que je ne me soucie pas de la Bastille, non plus, moi ; s'il ne s'agissait que d'un coup d'épée, passe encore.

BONACIEUX.

Cependant, monsieur, j'avais bien compté sur vous en cette occasion.

D'ARTAGNAN.

Vrai ?

BONACIEUX.

Vous voyant sans cesse entouré de mousquetaires à l'air fort superbe, et reconnaissant que ces mousquetaires étaient ceux de M. de Tréville, et, par conséquent, ennemis du cardinal, j'avais pensé que vous et vos amis, tout en rendant service à notre pauvre reine, seriez enchantés de jouer un mauvais tour à M. le cardinal.

D'ARTAGNAN.

C'est bien tentant, je le sais.

BONACIEUX.

Et puis j'avais pensé encore... comme, depuis que vous êtes chez moi, distrait sans doute par vos grandes occupations, vous aviez oublié de me payer mon loyer...

D'ARTAGNAN.

Ah ! c'est là...

BONACIEUX.

Retard pour lequel je ne vous ai pas tourmenté un seul instant... j'avais pensé, dis-je, que vous auriez égard à ma délicatesse.

D'ARTAGNAN.

Comment donc ! cher monsieur, croyez bien que je suis plein de reconnaissance pour un pareil procédé.

BONACIEUX.

Comptant, de plus, tant que vous me ferez l'honneur de demeurer mon locataire, ne jamais vous parler de votre loyer à venir... (D'Artagnan fait un geste.) Et ajoutez à cela, comptant encore, si, contre toute probabilité, vous étiez gêné en ce moment, vous offrir une cinquantaine de pistoles.

D'ARTAGNAN.

Oh! jamais, monsieur, je ne puis accepter... (Bonacieux lui fourre l'argent dans sa poche.) Mais, pour me faire une pareille offre, vous êtes donc riche?

BONACIEUX.

Sans être riche, je suis à mon aise ; j'ai amassé quelque chose comme deux ou trois mille écus de rente.

D'ARTAGNAN.

Cher monsieur Bonacieux, je suis tout à votre service.

BONACIEUX.

Je crois que l'on frappe chez vous, monsieur le chevalier.

D'ARTAGNAN.

Ah! pardieu! vous tombez à merveille! mes amis viennent me demander à déjeuner; votre affaire sera délibérée en conseil.

BONACIEUX, à Planchet, qui entre.

Mon cher monsieur Planchet, entretenez votre maître dans ses bonnes dispositions à mon égard, et nous nous reverrons monsieur Planchet; je ne vous dis que cela. Messieurs, votre humble serviteur.

(Entre Porthos.)

D'ARTAGNAN.

Mon cher Porthos, je vous présente la perle des propriétaires... M. Porthos, un de mes meilleurs amis.

PORTHOS, bas.

Il est bien mal mis, votre propriétaire...

D'ARTAGNAN, de même.

Pour un épicier-mercier, je ne trouve pas.

BONACIEUX.

Monsieur, je n'ai pas besoin de vous dire que ma maison tout entière est à votre service.

(Il sort.)

PORTHOS.

Mousqueton, prenez mon manteau.

D'ARTAGNAN, revenant après avoir accompagné Bonacieux.

Ah! ah! vous n'êtes donc plus enrhumé, Porthos?

PORTHOS.

Où étiez-vous donc hier au soir, que l'on vous a cherché partout : ici, au cabaret et chez M. de Tréville, sans vous trouver?

ARAMIS, entrant, et ayant entendu la question de Porthos.

Porthos, mon ami, vous êtes d'une indiscrétion incroyable! Où il était? A ses affaires, sans doute; quand vous prenez le chemin de la rue aux Ours, vous, aimeriez-vous que l'on demandât à Mousqueton où vous allez?

PORTHOS.

Rue aux Ours... Quand je vais rue aux Ours...

ARAMIS.

Vous allez où vous voulez, et cela ne regarde personne. (A Athos, qui entre.) N'est-ce pas, Athos?

ATHOS.

A moins qu'il n'ait découvert de ce côté-là quelque cave bien garnie, auquel cas ce serait un crime de n'en point faire part à ses amis. Avons-nous du vin, Planchet?

PLANCHET.

Oui, monsieur, et digne de vous, je l'espère...

ATHOS.

Alors, tout va bien.

PORTHOS.

Vous aimez donc bien le vin, Athos?

ATHOS.

Ce n'est pas le vin que j'aime, c'est l'ivresse.

PORTHOS.

Je ne comprends pas... A table!

ATHOS.

Grimaud, je vous donne congé.

PORTHOS.

Allez, Mousqueton!

ARAMIS.

Partez, Bazin!

D'ARTAGNAN.

Maintenant, causons.

ATHOS.

C'est *buvons* que vous voulez dire?

D'ARTAGNAN.

Planchet, descendez chez mon propriétaire, M. Bonacieux, et priez-le de nous envoyer cinq ou six bouteilles de vins étrangers, et particulièrement du vin d'Espagne.

PORTHOS.

Ah çà! vous avez donc crédit ouvert chez votre propriétaire?

D'ARTAGNAN.

Oui, à compter d'aujourd'hui, et soyez tranquilles, si le vin est mauvais, nous en enverrons querir d'autre.

ARAMIS.

Il faut user et non abuser, d'Artagnan.

ATHOS.

J'ai toujours dit, moi, que d'Artagnan était la forte tête de nous quatre.

PORTHOS.

Mais, enfin, qu'y a-t-il?

D'ARTAGNAN.

Il y a que Buckingham est arrivé à Paris, sur une fausse lettre de la reine; que M. le cardinal est en train de faire un mauvais parti à Sa Majesté, et que la femme de notre propriétaire, filleule de M. de la Porte et confidente de la reine, a été enlevée.

ATHOS.

Eh bien?

D'ARTAGNAN.

Eh bien, M. Bonacieux voudrait retrouver sa femme.

ATHOS.

L'imbécile!

ARAMIS.

Moi, il me semble que l'affaire n'est pas mauvaise et que l'on pourrait tirer de ce brave homme une centaine de pistoles.

PORTHOS.

Une centaine de pistoles! corbœuf! c'est un joli denier!

ATHOS.

Oui; maintenant, il s'agit de savoir si une centaine de pistoles valent la peine de risquer quatre têtes.

D'ARTAGNAN.

Chut!

PORTHOS.

Quoi?

ARAMIS.

Silence!

BONACIEUX, dans l'escalier.

Messieurs! messieurs!

D'ARTAGNAN.

Eh! c'est mon digne propriétaire.

SCÈNE V

Les Mêmes, BONACIEUX.

BONACIEUX, ouvrant la porte.

Messieurs! à moi! à l'aide! au secours!

(Tous se lèvent, excepté Athos.)

PORTHOS.

Qu'y a-t-il?

BONACIEUX.

Il y a, messieurs, qu'on veut m'arrêter... quatre hommes, là, en bas; sauvez-moi! sauvez-moi!

PORTHOS.

Corbœuf! arrêter un propriétaire qui a de si bon vin!

D'ARTAGNAN.

Un moment, messieurs, ce n'est point du courage qu'il nous faut ici, c'est de la prudence.

PORTHOS.

Cependant nous ne laisserons pas arrêter ce brave homme

ATHOS.

Vous laisserez faire d'Artagnan, Porthos.

D'ARTAGNAN, faisant entrer les Gardes qui venaient pour arrêter Bonacieux.

Entrez, messieurs, entrez; vous êtes ici chez moi, c'est-à-dire chez un fidèle serviteur du roi et de M. le cardinal.

SCÈNE VI

LES MÊMES, UN EXEMPT, GARDES.

L'EXEMPT.

Alors, messieurs, vous ne vous opposerez pas à ce que nous exécutions l'ordre que nous avons reçu.

D'ARTAGNAN.

Tout au contraire, messieurs, et nous vous prêterons main-forte, si besoin est.

PORTHOS.

Mais que dit-il donc là?

ATHOS.

Tu es un niais, Porthos; tais-toi.

BONACIEUX, bas, à d'Artagnan.

Mais vous m'aviez cependant promis...

D'ARTAGNAN.

Silence! nous ne pouvons vous sauver qu'en restant libres, et, si nous faisons mine de vous défendre, on nous arrête avec vous.

BONACIEUX.

Mais il me semble cependant qu'après...

D'ARTAGNAN.

Messieurs, je n'ai aucun motif de défendre l'homme que vous réclamez; je l'ai vu aujourd'hui pour la première fois, et encore à quelle occasion... Il vous le dira lui-même; il est venu toucher le prix de mon loyer... Est-ce vrai, monsieur Bonacieux? Répondez! (Bas.) Répondez donc!

BONACIEUX.

Oui, messieurs, c'est la vérité pure... Mais monsieur ne vous dit pas...

D'ARTAGNAN, bas.

Silence! silence sur moi et sur mes amis! silence sur la reine surtout! ou vous perdrez tout le monde sans vous sauver. (Haut.) Hein! qu'est-ce que vous dites?... Parlez donc haut... Vous m'offrez de l'argent?... Vous voulez me corrompre? Moi, vous défendre? moi, m'opposer à l'exécution des ordres de Son Éminence? Vous êtes encore un étrange maraud! Tentative de corruption sur des gardes de Sa Majesté! Oh! emmenez-le, messieurs, emmenez-le! car, en vérité, cet homme a perdu la cervelle.

L'EXEMPT.

Allons, allons, l'ami, venez avec nous et pas de résistance.

D'ARTAGNAN.

Monsieur l'exempt, ne boirai-je pas à votre santé, et ne boirez-vous point à la mienne?

(Il remplit deux verres.)

L'EXEMPT.

Ce sera bien de l'honneur pour moi, monsieur le garde.

D'ARTAGNAN.

Donc, à la vôtre, monsieur!

L'EXEMPT.

A la vôtre et à celle de vos amis!

D'ARTAGNAN.

Et par-dessus tout... à celle du roi et du cardinal.

BONACIEUX.

Et quand on pense que c'est avec mon vin!

L'EXEMPT.

Allons, en route! (Se retournant.) Messieurs, votre très-humble serviteur.

(Les Gardes sortent, emmenant Bonacieux.)

SCÈNE VII

D'ARTAGNAN, ATHOS, PORTHOS, ARAMIS.

PORTHOS.

Mais quelle diable de vilenie avez-vous donc faite là, d'Artagnan? Fi! quatre mousquetaires laisser arrêter au milieu d'eux un malheureux qui crie à l'aide! un gentilhomme trinquer avec un recors! Je m'y perds, ma parole d'honneur! Comment! vous approuvez ce qu'il vient de faire?

ATHOS.

Je le crois parbleu bien! non-seulement je t'approuve, d'Artagnan, mais encore je te félicite.

D'ARTAGNAN.

Et maintenant, messieurs, que nous voilà lancés dans une aventure qui peut faire notre perte ou notre fortune... plus que jamais, jurons fidélité à notre devise : « Tous pour un, un pour tous. »

PORTHOS.

Cependant je voudrais bien comprendre...

ATHOS.

C'est inutile.

ARAMIS.

Voyons, étendez la main, et jurez, Porthos.

D'ARTAGNAN.

Tous pour un !

TOUS ENSEMBLE.

Un pour tous !

D'ARTAGNAN.

Maintenant, messieurs, vous le savez, liberté entière.

PORTHOS.

J'ai rendez-vous chez une certaine grande dame... Planchet, accommodez-moi mon collet... mon manteau.

ARAMIS.

Moi, j'ai affaire chez un célèbre théologien.

PORTHOS.

Et vous, Athos ?

ATHOS.

Moi, comme je ne m'occupe ni d'amour ni de théologie... je reste.

ARAMIS et PORTHOS, à d'Artagnan et à Athos.

Eh bien, au revoir !

D'ARTAGNAN et ATHOS.

Au revoir !

SCÈNE VIII

D'ARTAGNAN, ATHOS.

D'ARTAGNAN.

Bravo ! restez Athos ; d'ailleurs, il y a encore du vin dans les bouteilles, et ce serait de l'ingratitude que de vous en aller.

ATHOS.

Allons, d'Artagnan, mettez-vous bien là en face de moi... à moins que, comme Aramis, vous n'ayez quelque thèse à soutenir, ou, comme Porthos, quelque grande dame à promener.

D'ARTAGNAN, tristement.

Ah! mon cher Athos!

ATHOS.

Un soupir?... Buvez, d'Artagnan, et prenez garde à ces soupirs-là.

D'ARTAGNAN.

Pourquoi?

ATHOS.

D'Artagnan, prends garde!

(Il boit.)

D'ARTAGNAN.

Vous dites?

ATHOS.

Je dis que tu es amoureux.

D'ARTAGNAN.

Imaginez-vous, Athos, une femme...

ATHOS.

Un ange, n'est-ce pas?

D'ARTAGNAN.

Non, un démon.

ATHOS.

C'est moins à craindre.

D'ARTAGNAN.

Oh! mais c'est inutile.

ATHOS.

Qu'est-ce qui est inutile?

D'ARTAGNAN.

Je voulais vous demander un conseil.

ATHOS.

Eh bien?

D'ARTAGNAN.

Ce sera pour plus tard.

ATHOS.

Parce que tu crois que je suis ivre, d'Artagnan; mais je n'ai jamais les idées plus nettes que dans le vin. Parle donc, je suis tout oreilles.

D'ARTAGNAN.

Non, ce n'est point parce que vous êtes ivre, mon cher Athos; c'est que, n'ayant jamais aimé...

ATHOS.

Ah! ça, c'est vrai, je n'ai jamais aimé.

(Il boit.)

D'ARTAGNAN.

Vous voyez bien, cœur de pierre!

ATHOS.

Cœur tendre, cœur percé!

D'ARTAGNAN.

Que dites-vous?

ATHOS.

Je dis que l'amour est une loterie où celui qui gagne, gagne la mort... Avez-vous gagné ou perdu, d'Artagnan?

D'ARTAGNAN.

Je crois que j'ai perdu.

ATHOS.

Alors vous êtes bien heureux; croyez-moi, d'Artagnan, perdez toujours.

D'ARTAGNAN.

Un instant, j'avais cru qu'elle pouvait m'aimer.

ATHOS.

Et elle en aime un autre, n'est-ce pas? Retiens bien ceci : il n'y a pas un homme qui ne se soit cru aimé par sa maîtresse et qui n'ait été trompé par sa maîtresse.

D'ARTAGNAN.

Oh! elle n'était pas ma maîtresse.

ATHOS.

Elle n'était pas ta maîtresse, et tu te plains? elle n'était pas ta femme, et tu te plains? Buvons.

D'ARTAGNAN.

Mais alors, philosophe que vous êtes, instruisez-moi, soutenez-moi; j'ai besoin de savoir et d'être consolé.

ATHOS.

Consolé de quoi?

D'ARTAGNAN.

De mon malheur, pardieu! j'aime et l'on ne m'aime pas.

ATHOS.

Votre malheur fait rire, d'Artagnan, et je suis curieux de savoir ce que vous diriez, si je vous racontais une histoire d'amour.

(Il boit.)

D'ARTAGNAN.

Arrivée à vous ?

ATHOS.

Ou à un de mes amis, qu'importe !

D'ARTAGNAN.

Dites, Athos, dites.

ATHOS.

Buvons, nous ferons mieux.

D'ARTAGNAN.

Buvez et racontez.

ATHOS.

Au fait, cela se peut, les deux choses vont à merveille ensemble... Un de mes amis... un de mes amis, entendez-vous bien ? pas moi, mais un comte de ma province, c'est-à-dire un comte du Berry, noble comme un Rohan ou un Montmorency, devint amoureux, à vingt-cinq ans, d'une jolie fille de seize ans, belle comme les amours ; elle ne plaisait pas, elle enivrait.

D'ARTAGNAN.

C'est comme elle.

ATHOS.

Ah ! voilà que vous m'interrompez.

D'ARTAGNAN.

Non, non, continuez, Athos !

ATHOS.

Elle vivait dans une maison isolée, entre le village et le château, avec son frère, qui était curé ; tous deux étaient étrangers ; ils venaient on ne sait d'où ; mais, en la voyant si belle, en voyant son frère si pieux, on ne songeait pas à leur demander d'où ils venaient. Au reste, on les disait de bonne naissance. Un jour, le frère disparut, ou fit semblant de disparaître. Mon ami, qui était le seigneur du pays, aurait pu la séduire ou la prendre de force... Qui serait venu à l'aide d'une jeune fille ignorée, inconnue? Malheureusement, il était honnête homme ; il l'épousa, le niais, le sot, l'imbécile !

D'ARTAGNAN.

Puisqu'il l'aimait, il me semble...

ATHOS.

Attends donc !... A la mort de son père, qui arriva six mois après, il l'emmena dans son château, et en fit la première dame de sa province ; il faut lui rendre cette justice, elle tenait parfaitement son rang... Buvons !

D'ARTAGNAN.

Eh bien?

ATHOS.

Eh bien, un jour qu'elle courait la chasse avec son mari, elle tomba de cheval et s'évanouit; le comte s'élança à son secours, et, comme elle étouffait dans ses habits, il les fendit avec son poignard et lui découvrit l'épaule. (Éclatant de rire.) Devine ce qu'elle avait sur l'épaule, d'Artagnan!

D'ARTAGNAN.

Dame, puis-je savoir...?

ATHOS.

Une fleur de lis!... L'ange était un démon, la pauvre fille avait volé les vases sacrés dans une église.

D'ARTAGNAN.

Horreur! Et que fit votre ami?

ATHOS.

Le comte était un grand seigneur, il avait sur ses terres droit de justice basse et haute, il acheva de déchirer les habits de la comtesse, il lui lia les mains derrière le dos et la pendit à un arbre.

D'ARTAGNAN.

Ciel! un meurtre, Athos?

ATHOS.

Pas davantage; mais nous manquons de vin, ce me semble?

D'ARTAGNAN.

Non, voilà encore une bouteille pleine.

ATHOS, buvant.

Bien!... Cela m'a guéri des femmes belles, poétiques et amoureuses... Dieu vous en accorde autant!

D'ARTAGNAN.

C'était donc vous?

ATHOS.

Ai-je dit que c'était moi?... Alors au diable le secret!

D'ARTAGNAN.

Et elle est morte?

ATHOS.

Parbleu!

D'ARTAGNAN.

Et son frère?

ATHOS.

Son frère, je m'en informai pour le faire pendre à son tour;

mais on ne put jamais le retrouver. C'était sans doute le premier amant et le complice de la belle; un digne homme! qui avait fait semblant d'être curé... pour marier sa maîtresse et lui faire un sort... Il aura été écartelé, je l'espère.

D'ARTAGNAN, tombant sur la table.

Oh! mon Dieu! mon Dieu!

ATHOS, regardant d'Artagnan.

Du vin, Planchet!... Ah! les hommes ne savent plus boire, et cependant celui-ci est un des meilleurs.

(Planchet entre avec deux bouteilles de vin.)

CINQUIÈME TABLEAU

L'intérieur du magasin de M. Bonacieux. — Quatre Hommes noirs et un Exempt verbalisent; tout est sens dessus dessous dans la maison.

SCÈNE PREMIÈRE

L'EXEMPT, QUATRE HOMMES NOIRS.

L'EXEMPT, lisant.

« Et, perquisition faite dans toute la maison, déclarons que nous n'avons trouvé aucun papier autre que ceux réunis dans la liasse C. En foi de quoi, avons signé. »

(Il signe.)

UN DES HOMMES NOIRS.

Est-ce tout?

L'EXEMPT.

Relativement aux écritures... oui... Maintenant, il s'agit de procéder au véritable objet de notre mission.

UN DES HOMMES NOIRS, se levant devant la table.

Quel est-il?

L'EXEMPT.

Le voici... Comme le susdit Bonacieux peut et doit avoir des complices... qu'il est neuf heures de relevée... qu'il fait nuit close et que c'est surtout pendant la nuit que les complices se réunissent, l'objet de notre mission est de demeurer en permanence dans la maison du susdit Bonacieux, d'y laisser entrer tous ceux qui viendront frapper à la porte, et de n'en laisser sortir personne, qu'après interrogation et confrontation.

UN DES HOMMES NOIRS.

Les femmes en sont-elles?

L'EXEMPT.

Les femmes surtout, attendu que le grand coupable, dans tout cela, c'est la femme, et non le mari.

UN DES HOMMES NOIRS.

Il me semble que l'on frappe à la porte.

L'EXEMPT.

Éteignons tout... et chacun à son poste.

(Ils éteignent la lampe. Obscurité complète.)

SCÈNE II

LES MÊMES, MADAME BONACIEUX.

MADAME BONACIEUX, après avoir frappé du dehors, poussant doucement la porte.

Tiens, c'est singulier, la porte ouverte, et personne dans la maison.

L'EXEMPT.

Psitt!...

(Un des Hommes se glisse derrière madame Bonacieux et va fermer la porte.)

MADAME BONACIEUX.

Hein!... Je croyais avoir entendu!... Monsieur Bonacieux! monsieur Bonacieux! (Elle se retourne, l'Exempt se cache dans l'angle.) Il sera sorti. Allumons quelque chose; heureusement, il y a du feu. (Elle allume une bougie à la cheminée et aperçoit l'Exempt.) Qui êtes-vous? que me voulez-vous?

L'EXEMPT.

Silence!

MADAME BONACIEUX.

Que faites-vous ici?... A l'aide! au secours!

L'EXEMPT.

A moi, mes amis! Je crois que nous tenons ce que tout le monde cherche.

MADAME BONACIEUX.

Que me voulez-vous? Je suis la maîtresse de la maison.

L'EXEMPT.

Justement.

MADAME BONACIEUX.

Je suis madame Bonacieux.

L'EXEMPT.

A merveille.

MADAME BONACIEUX.

Pardon, messieurs!... A l'aide! au secours!... Ah!
(A ce moment, la trappe du plafond se lève; on voit descendre d'Artagnan, dont on aperçoit d'abord les jambes, puis le corps, puis la tête.)

D'ARTAGNAN.

Tenez ferme !... me voilà !

PLANCHET, dans la chambre.

Mais vous allez vous tuer!

D'ARTAGNAN.

Tais-toi, imbécile !

SCÈNE III

Les Mêmes, D'ARTAGNAN, sautant au milieu de la chambre.

L'EXEMPT.

Qu'est-ce que c'est que cela ?

D'ARTAGNAN.

Ce que c'est? Je m'en vais vous le dire : c'est un gentilhomme qui ne laissera pas maltraiter une femme devant lui. Allons, allons, lâchez cette femme.

L'EXEMPT.

Monsieur, c'est au nom du roi.

D'ARTAGNAN.

Lâchez cette femme!

L'EXEMPT, à ses Hommes.

Emmenez-la ! emportez-la !
(Il met l'épée à la main.)

D'ARTAGNAN.

Ah ! il y a des épées? Tant mieux ! je joue encore mieux de l'épée que du bâton... Messieurs les corbeaux, gare à vos plumes !... (Combat, tumulte. Les cinq Hommes finissent par prendre la fuite, les uns par les fenêtres, les autres par la porte ; d'Artagnan ferme la porte derrière eux et revient à madame Bonacieux.) Allons, allons, madame, rassurez-vous... Mon Dieu ! est-ce qu'elle est évanouie? Ce ne sera rien... Ils sont partis, madame... Le diable m'emporte, elle est charmante!

MADAME BONACIEUX.

Ah!

D'ARTAGNAN.

Tiens, cela l'a fait revenir.

MADAME BONACIEUX.

Ah! monsieur, c'est vous qui m'avez sauvée; permettez que je vous remercie.

D'ARTAGNAN.

Madame, je n'ai fait que ce que tout autre gentilhomme eût fait à ma place; vous ne me devez donc aucun remerciment.

MADAME BONACIEUX.

Oh! pardonnez-moi, je tâcherai de vous prouver que je ne suis pas une ingrate... Mais, dites-moi, que me voulaient donc ces hommes, que j'ai pris d'abord pour des voleurs, et pourquoi M. Bonacieux n'est-il point ici?

D'ARTAGNAN.

Ces hommes, c'étaient des agens du cardinal. Quant à M. Bonacieux, il est à la Bastille.

MADAME BONACIEUX.

Mon mari à la Bastille?... Oh! mon Dieu, pauvre cher homme, l'innocence même! Qu'a-t-il donc fait?

D'ARTAGNAN.

Son plus grand crime, madame, est, je crois, d'avoir tout à la fois le bonheur et le malheur d'être votre époux.

MADAME BONACIEUX.

Mais, monsieur, vous savez donc...?

D'ARTAGNAN.

Je sais que vous avez été enlevée, madame.

MADAME BONACIEUX.

Et par qui?... le savez-vous?

D'ARTAGNAN.

N'est-ce point par un homme de quarante à quarante-cinq ans, aux cheveux noirs, au teint basané, avec une cicatrice à la tempe gauche?

MADAME BONACIEUX.

Chut! ne dites pas son nom.

D'ARTAGNAN.

Je n'ai garde de le dire, son nom : je ne le sais pas ; le sauriez-vous, par hasard ?

MADAME BONACIEUX.

Silence !

D'ARTAGNAN.

Mais enfin ?

MADAME BONACIEUX.

Silence, au nom du ciel ! Mais, dites-moi, M. Bonacieux a-t-il deviné la cause de mon enlèvement ?

D'ARTAGNAN.

Il l'attribue à un motif politique.

MADAME BONACIEUX.

Ainsi, il ne m'a pas soupçonnée un seul instant ?

D'ARTAGNAN.

Oh ! loin de là, madame ! il était trop fier de votre sagesse, et surtout de votre amour. Mais comment vous êtes-vous enfuie, vous, prisonnière ?...

MADAME BONACIEUX.

J'ai profité d'un moment où l'on m'a laissée seule, et je suis descendue par la fenêtre, à l'aide de mes draps.

D'ARTAGNAN.

Mais vous risquiez votre existence ?

MADAME BONACIEUX.

J'aurais eu dix existences, que je les eusse risquées.

D'ARTAGNAN.

Comment vous êtes-vous exposée à venir ici, une fois libre ?

MADAME BONACIEUX.

Selon toute probabilité, on ne s'apercevra de ma fuite que demain...

D'ARTAGNAN.

Ah ! c'est vrai.

MADAME BONACIEUX.

Et il était important que je visse mon mari ce soir.

D'ARTAGNAN.

Pour vous mettre sous sa protection ?

MADAME BONACIEUX.

Oh ! pauvre homme ! vous avez dû voir qu'il était incapable de me défendre... Non, mais il pouvait me servir à autre chose.

D'ARTAGNAN.

A quoi?

MADAME BONACIEUX.

Oh! ceci n'est point mon secret, je ne puis donc pas vous le dire.

D'ARTAGNAN.

Mais ce que devait faire votre mari?...

MADAME BONACIEUX, s'apprêtant à sortir.

Je le ferai, moi.

D'ARTAGNAN.

Vous me quittez?

MADAME BONACIEUX.

Il le faut.

D'ARTAGNAN.

Et vous allez ainsi, seule, par les rues! Et les voleurs?

MADAME BONACIEUX.

Je n'ai pas un denier sur moi.

D'ARTAGNAN.

Vous oubliez ce beau mouchoir brodé et armorié qui était tombé à vos pieds, et que j'ai remis dans votre poche.

MADAME BONACIEUX.

Taisez-vous! taisez-vous, malheureux! voulez-vous me perdre?

D'ARTAGNAN.

Vous voyez bien qu'il y a encore du danger pour vous, puisqu'un seul mot vous fait trembler... Tenez, chassez toute défiance, reposez-vous sur moi, lisez dans mes yeux tout ce qu'il y a de dévouement, dans mon cœur tout ce qu'il y a de sympathie.

MADAME BONACIEUX.

Oh! je serais bien ingrate, si je doutais de vous, après le service que vous m'avez rendu; demandez-moi donc mes secrets, je vous les dirai... Mais ceux des autres, jamais.

D'ARTAGNAN.

Eh bien, soit! libre à vous de chercher à me les cacher; mais libre à moi de chercher à les découvrir.

MADAME BONACIEUX.

Oh! par la reconnaissance que je vous dois, gardez-vous-en bien, monsieur!... ne vous mêlez en rien de ce qui me regarde, ne cherchez point à m'aider dans ce que j'accomplis, je vous le demande au nom de l'intérêt que je vous inspire, au nom du service que vous m'avez rendu, et que je n'oublierai de ma vie. Non, non, croyez à ce que je vous dis, ne vous occupez plus de moi, que je n'existe plus pour vous, que ce soit comme si vous ne m'aviez jamais vue.

D'ARTAGNAN.

Mais il y a donc danger ?

MADAME BONACIEUX.

Oui, il y a danger de la prison, il y a danger de la vie à me connaître.

D'ARTAGNAN.

Alors, je ne vous quitte plus.

MADAME BONACIEUX.

Monsieur, au nom du ciel, au nom de l'honneur d'un militaire, au nom de la courtoisie d'un gentilhomme, laissez-moi ; voilà dix heures et demie qui sonnent... c'est l'heure où l'on m'attend, ou plutôt je suis déjà d'une demi-heure en retard.

D'ARTAGNAN.

Madame, je ne sais pas résister à qui me demande ainsi ; soyez libre, je me retire.

MADAME BONACIEUX.

Non, laissez-moi sortir, vous sortirez plus tard, vous... Et votre parole ?...

D'ARTAGNAN.

Eh bien ?

MADAME BONACIEUX.

Que vous ne m'épierez pas, que vous ne me suivrez pas.

D'ARTAGNAN.

Foi de gentilhomme, madame.

MADAME BONACIEUX.

Ah ! je savais bien que vous étiez un brave cœur.

(Elle lui tend la main.)

D'ARTAGNAN, lui baisant la main.

Quand vous reverrai-je ?

MADAME BONACIEUX.

Y tenez-vous beaucoup, à me revoir ?

D'ARTAGNAN.

Oh ! si j'y tiens !

MADAME BONACIEUX.

Eh bien, rapportez-vous-en à moi.

D'ARTAGNAN.

Je compte sur votre parole.

MADAME BONACIEUX.

Comptez-y.

(Elle sort.)

SCÈNE IV

D'ARTAGNAN, puis PLANCHET.

Eh bien, je déclare que celui qui verra clair dans tout ce qui m'arrive aura de bons yeux : Aramis, madame de Boistracy, la reine, le duc de Buckingham, le cardinal, madame Bonacieux. Comment diable tous ces gens-là se trouvent-ils mêlés ensemble? C'est qu'elle est charmante, cette petite madame Bonacieux : un air de princesse, un cœur! un courage! un esprit!... et la femme de cet affreux mercier!... En vérité, il faut venir à Paris pour voir cela, il ne s'est jamais rien fait de pareil à Tarbes.

PLANCHET, à travers le plafond.

Monsieur!... monsieur!... êtes-vous encore là?

D'ARTAGNAN.

Oui.

PLANCHET.

Monsieur, on frappe à la porte.

D'ARTAGNAN.

Qui?

PLANCHET.

Je crois que c'est la garde.

D'ARTAGNAN.

Bah!

PLANCHET.

J'entends les crosses de mousquet. Faut-il ouvrir?

D'ARTAGNAN.

Sans doute, puisque je n'y suis point.

PLANCHET.

C'est bien, ne bougez pas.

(La trappe se referme.)

D'ARTAGNAN.

Ah! jette-moi mon manteau et mon chapeau. Peste! il n'y a pas de danger que je bouge! Seulement, il me semble que pour surcroît de précaution, je devrais fermer la porte. (Il s'approche de la porte du fond après avoir soufflé la bougie ; mais, comme il s'approche, la porte s'ouvre, et Milady, exactement vêtue comme madame Bonacieux, apparaît.) Oh! oh! qu'est-ce que je vois?

SCÈNE V

D'ARTAGNAN, MILADY, ROCHEFORT.

MILADY.

N'est-ce donc point ici, et me serais-je trompée? Cependant, voilà bien la boutique, puis l'arrière-boutique ; je suis bien chez M. Bonacieux, mercier-épicier, j'ai vu le nom au-dessus de la porte. (Allant à la fenêtre.) Comte!... comte!

(Rochefort paraît.)

ROCHEFORT.

Eh bien?

MILADY.

Eh bien, je croyais la maison occupée par nos gens, et je ne vois personne.

(D'Artagnan, dans la boutique, se heurte contre un tonneau.)

MILADY, repoussant la fenêtre.

Je me trompais, il y a quelqu'un.

D'ARTAGNAN.

Déjà de retour?

MILADY.

De retour, et d'où?

D'ARTAGNAN.

Ce n'est pas sa voix.

MILADY.

Qui êtes-vous?

D'ARTAGNAN.

Mais je vous ferai la même question, madame ; seulement, si vous refusez d'y répondre...

(Il va à la cheminée et allume la bougie.)

ROCHEFORT, à la fenêtre.

Vous avez besoin de moi?

MILADY.

Je ne sais ; mais tenez-vous prêt à tout... (Reconnaissant d'Artagnan.) Mon Gascon!... (A Rochefort.) Ne vous inquiétez de rien.

D'ARTAGNAN.

Milady !

MILADY.

Eh bien, on ne m'avait donc pas trompée ?

D'ARTAGNAN.

On ne vous avait pas trompée, madame ? Et que vous avait-on dit ?

MILADY.

On m'avait dit qu'un certain chevalier d'Artagnan, qui fait la cour à milady de Winter, était en même temps amoureux d'une petite mercière nommée madame Bonacieux.

D'ARTAGNAN.

Amoureux, moi, milady ? Je l'ai vue ce soir pour la première fois.

MILADY.

Vous l'avez vue ce soir ?

D'ARTAGNAN.

Oh ! mordious ! qu'est-ce que j'ai dit ?

MILADY.

Je croyais cependant qu'elle était en lieu de sûreté.

D'ARTAGNAN, à part.

Elle savait son arrestation ! (Haut.) C'est-à-dire... non... madame, et je vais être franc... Je la connais depuis longtemps, elle est de mon pays, et, ce soir, voyant que, depuis trois jours, elle n'était pas rentrée, je suis descendu pour demander de ses nouvelles à M. Bonacieux, et, ayant trouvé la maison vide, j'étais là, j'attendais, je trouvais singulier... Enfin, vous êtes venue et je suis heureux.

MILADY.

Vous avez trouvé la maison vide ?

D'ARTAGNAN.

Dame, voyez !

MILADY.

Que veut dire ceci ?

D'ARTAGNAN.

Et, comme je vous le disais, madame, je suis heureux, très-heureux.

MILADY.

C'est bien, chevalier, je sais ce que je voulais savoir.

D'ARTAGNAN.

Et que vouliez-vous savoir ?

MILADY.

Je voulais savoir quel fonds on pouvait faire sur les serments d'amour du chevalier d'Artagnan.

D'ARTAGNAN.

Madame, au nom du ciel!

MILADY.

J'espère que vous me ferez la grâce de croire que milady de Winter se respecte trop pour entrer en lice avec madame Bonacieux. Attendez son retour, chevalier. Ah! je n'ai pas besoin de vous dire qu'il serait inutile que vous vous présentassiez désormais à l'hôtel de la place Royale.

D'ARTAGNAN.

Madame, de grâce, écoutez-moi.

(Il lui barre le passage.)

MILADY.

Ah! j'espère qu'entrée ici librement, j'en sortirai librement.

ROCHEFORT, ouvrant la fenêtre.

Milady! milady!

D'ARTAGNAN, se retournant.

Mon homme de Meung!... Ah! cette fois, tu ne m'échapperas point, je l'espère. (Il saute par la fenêtre; on entend sa voix qui s'éloigne.) Ah! lâche! ah! misérable! ah! faux gentilhomme!

ROCHEFORT, se relevant et enjambant la fenêtre.

Il vous a reconnue?

MILADY.

Oui; mais j'ai donné une raison à ma présence...

ROCHEFORT.

Il n'y a donc pas de crainte qu'il se doute du motif qui nous amène?

MILADY.

Pas la moindre. Et vous?

ROCHEFORT.

N'avez-vous pas vu? il a sauté par-dessus ma tête, et il est capable de courir droit devant lui jusqu'à la rivière; il est enragé!

MILADY.

Mais...

ROCHEFORT.

Mais... partons!... Il paraît que le coup est manqué, n'est-ce pas?

MILADY.

C'est encore ce damné Gascon qui sera venu donner dans notre toile.

ROCHEFORT.

Soyez tranquille, il payera tout ensemble! Venez! venez!

(Au moment où ils quittent l'arrière-boutique, on voit passer les jambes de Planchet.)

SCÈNE VI

PLANCHET, D'ARTAGNAN.

PLANCHET, tout en passant à travers le plafond.

Monsieur d'Artagnan! monsieur d'Artagnan! Eh bien, où êtes-vous, monsieur d'Artagnan? Ah! mon Dieu! mon Dieu! pourvu qu'il n'aille pas se livrer lui-même!

D'ARTAGNAN, rentrant.

Tu ne l'as pas vu, Planchet?

PLANCHET.

Qui, monsieur?

D'ARTAGNAN.

Lui, ce démon incarné, qui m'apparaît sans cesse et que jamais je ne puis rejoindre.

PLANCHET.

Écoutez-moi. La garde est venue... elle a trouvé M. Athos, qui était dans votre chambre, et elle l'a emmené.

D'ARTAGNAN.

Mordious! et il s'est laissé faire?

PLANCHET.

Elle l'a pris pour vous.

D'ARTAGNAN.

Et il ne s'est pas fait reconnaître?

PLANCHET.

Bien au contraire; j'allais parler, il a mis son doigt sur sa bouche; alors j'ai compris.

D'ARTAGNAN.

Oh! brave Athos! je te reconnais bien là!

(La porte du fond s'ouvre.)

SCÈNE VII

Les Mêmes, MADAME BONACIEUX.

MADAME BONACIEUX.

Chevalier! chevalier! êtes-vous encore ici?

D'ARTAGNAN.

Madame Bonacieux!

MADAME BONACIEUX.

Oui...

D'ARTAGNAN.

Mon Dieu, qu'avez-vous? Planchet! Planchet!

MADAME BONACIEUX.

Non, non, ne vous occupez pas de moi.

D'ARTAGNAN.

Qu'est-il arrivé?

MADAME BONACIEUX.

J'ai perdu une demi-heure.

D'ARTAGNAN.

Eh bien?

MADAME BONACIEUX.

Je suis arrivée trop tard : une femme vêtue comme moi, avec un mouchoir pareil à celui-ci, s'était présentée à la maison de la rue de Vaugirard, et on lui avait donné l'adresse.

D'ARTAGNAN.

Une femme vêtue comme vous? Elle sort d'ici.

MADAME BONACIEUX.

Vous l'avez vue?... vous lui avez parlé?

D'ARTAGNAN.

Oui...

MADAME BONACIEUX.

Qu'est-elle devenue?

D'ARTAGNAN.

Un démon que je poursuis depuis trois semaines, et que je poursuivrai toute ma vie, s'il le faut, est apparu à cette fenêtre, j'ai couru après lui; pendant ce temps, je ne sais ce qu'elle est devenue... Et, tenez... cet homme, c'est le même qui vous avait enlevée.

MADAME BONACIEUX.

Mon Dieu!

D'ARTAGNAN.

En outre, on est venu pour m'arrêter.

MADAME BONACIEUX.

Où cela?

D'ARTAGNAN.

Là-haut, chez moi.

MADAME BONACIEUX.

On ne vous a pas trouvé?

D'ARTAGNAN.

Non; mais on a trouvé un de mes amis qui s'est laissé emmener à ma place.

MADAME BONACIEUX.

De sorte qu'ils croient vous tenir?

D'ARTAGNAN.

Parfaitement.

MADAME BONACIEUX.

Monsieur d'Artagnan, il n'y a pas un instant à perdre.

D'ARTAGNAN.

Ordonnez!

MADAME BONACIEUX.

Dites à votre laquais d'explorer les environs.

D'ARTAGNAN.

Planchet, tu entends?

PLANCHET.

Je cours, monsieur.

MADAME BONACIEUX.

Vous allez m'accompagner.

D'ARTAGNAN.

Où cela?

MADAME BONACIEUX.

A l'endroit où il se cache. Mon Dieu! mon Dieu! pourvu que nous arrivions à temps.

D'ARTAGNAN.

Hâtons-nous.

PLANCHET, à la porte du fond.

On n'entre pas... Quand on vous dit qu'on n'entre pas.

SCÈNE VIII

Les Mêmes, un Homme enveloppé dans un manteau.

L'HOMME.

Oui, mais j'entre, moi.

(Il repousse Planchet et passe.)

PLANCHET.

Monsieur! monsieur! à l'aide!

D'ARTAGNAN.

Ah! en voilà un qui va payer pour tous.

L'HOMME.

Oses-tu bien, drôle?...

D'ARTAGNAN, tirant son épée.

On vous dit qu'on n'entre pas, monsieur.

L'HOMME.

Et j'ai répondu que j'entrais.

D'ARTAGNAN.

Qui êtes-vous?

L'HOMME.

Qui êtes-vous, vous-même?

D'ARTAGNAN.

Oh! mordious! vous allez le savoir.

L'HOMME.

Vous le voulez donc?

(Il jette son manteau.)

MADAME BONACIEUX, le reconnaissant.

Bon! (Elle se met entre eux et saisit les épées.) Milord! milord!

D'ARTAGNAN, faisant trois pas en arrière.

Monsieur, vous seriez...?

MADAME BONACIEUX.

Milord, duc de Buckingham. (A d'Artagnan.) Et maintenant, vous pouvez nous perdre tous.

D'ARTAGNAN.

Vous, milord, ici?... (A madame Bonacieux.) Comment se fait-il?

MADAME BONACIEUX.

Oh! je n'en sais rien, et il n'y a que milord qui puisse nous dire...

BUCKINGHAM.

C'est bien simple. On s'est présenté rue de la Harpe, on

m'a montré le mouchoir et l'on m'a dit que j'étais attendu rue des Fossoyeurs, près du Luxembourg, chez un mercier nommé Bonacieux; comme le nom m'était connu, je n'ai pas hésité, et me voici.

D'ARTAGNAN.

C'est cela, on croyait la maison occupée encore par l'exempt et par ses hommes, et l'on voulait faire tomber milord dans un piége. Milord, pardonnez-moi d'avoir tiré l'épée contre vous, et dites-moi de quelle façon je puis servir Votre Grâce.

BUCKINGHAM.

Merci! vous êtes un brave; vous m'offrez vos services, et je les accepte... Marchez derrière nous, à vingt pas; accompagnez-nous jusqu'au Louvre, et, puisque vous savez de quels intérêts il s'agit ici, si quelqu'un nous épiait, tuez!

D'ARTAGNAN.

C'est bien! Milord, passez devant, je vous suis.

BUCKINGHAM.

Venez, madame.

D'ARTAGNAN.

Planchet! préviens Porthos et Aramis qu'ils aient à ne pas dormir de la nuit.

(Planchet sort par la fenêtre.)

SIXIÈME TABLEAU

La chambre de la Reine, au Louvre.

SCÈNE PREMIÈRE

ANNE D'AUTRICHE, LA PORTE.

ANNE.

Eh bien, la Porte, le duc?

LA PORTE.

Le duc?

ANNE.

Vous n'avez point de ses nouvelles?

LA PORTE.

Nous n'en pouvions avoir que par madame Bonacieux, et, du moment que le cardinal l'a fait enlever, nous retombons dans l'incertitude.

ANNE.

La Porte !

LA PORTE.

Madame ?

ANNE.

Il me semble que j'entends marcher dans le couloir secret ; voyez qui ce peut être.

SCÈNE II

Les Mêmes, MADAME BONACIEUX.

MADAME BONACIEUX, ouvrant la porte du couloir.

Silence !

ANNE.

Ah ! c'est toi, Constance !

MADAME BONACIEUX.

Oui, madame... oui, Votre Majesté, c'est moi.

ANNE.

Ils t'ont remise en liberté ?

MADAME BONACIEUX.

Je me suis enfuie.

ANNE.

Et tu es accourue ici ?

MADAME BONACIEUX.

J'ai été où ma présence était nécessaire.

ANNE.

Tu l'as vu ?

MADAME BONACIEUX.

Votre Majesté...

ANNE.

Réponds vite ; tu l'as vu ?... il ne lui est arrivé aucun accident ?

MADAME BONACIEUX.

Il est là.

ANNE.

Là !... qui ?...

MADAME BONACIEUX.

Le duc.

ANNE.

Le duc de Buckingham?

MADAME BONACIEUX.

Lui-même.

ANNE.

Au Louvre... chez le roi... près du cardinal!

MADAME BONACIEUX.

Madame, il a dit que, puisqu'il était venu, il ne retournerait pas à Londres sans vous voir; qu'il savait que la lettre n'était pas de vous; qu'il savait avoir été attiré dans un piège; mais qu'il remerciait ses ennemis de lui avoir fait cette position.

ANNE.

Quelle folie! Retourne où tu l'as laissé; prie, implore, ordonne en mon nom... (Le Duc paraît.) Dis-lui qu'il faut qu'il parte... que je ne le verrai pas... que je ne veux pas le voir... Au besoin, s'il le faut, je dirai tout au roi.

SCÈNE III

Les Mêmes, BUCKINGHAM.

BUCKINGHAM.

Oh! vous n'aurez pas ce courage, madame!

ANNE.

Le duc!... La Porte, de ce côté... Constance, dans ce couloir. (A Buckingham.) Oh! monsieur, monsieur, qu'avez-vous fait?

(Les deux Serviteurs se sont éloignés; la Reine et Buckingham sont restés seuls.)

SCÈNE IV

ANNE D'AUTRICHE, BUCKINGHAM.

BUCKINGHAM, mettant un genou en terre.

Je suis venu m'agenouiller devant vous et vous dire : Georges de Villiers, duc de Buckingham, est toujours le plus humble et le plus obéissant de vos adorateurs.

ANNE.

Duc, vous savez que ce n'est point moi qui vous ai fait écrire, n'est-ce pas ?

BUCKINGHAM.

Oui, je sais que j'ai été un fou de croire que la neige s'animerait, que le marbre pourrait s'échauffer... Mais, que voulez-vous! quand on aime, on croit facilement à l'amour; d'ailleurs, je n'ai pas tout perdu à ce voyage, puisque je vous vois.

ANNE.

Vous oubliez, milord, qu'en me voyant, vous courez risque de la vie, et que vous me faites courir, à moi, risque de mon honneur; vous me voyez pour m'entendre vous dire que tout nous sépare, les profondeurs de la mer, l'inimitié des deux royaumes, la sainteté des serments : il est sacrilége de lutter contre tant de choses, milord; vous me voyez enfin pour m'entendre vous dire que nous ne pouvons plus nous revoir...

BUCKINGHAM.

Parlez, madame! parlez, reine! la douceur de votre voix couvre la dureté de vos paroles... Vous parlez de sacrilége... mais le sacrilége est dans la séparation des cœurs que Dieu avait faits l'un pour l'autre.

ANNE.

Milord, je ne vous ai jamais dit que je vous aimais.

BUCKINGHAM.

Mais vous ne m'avez jamais dit non plus que vous ne m'aimiez point.

ANNE.

Milord!

BUCKINGHAM.

Et ce serait une cruauté que vous ne commettrez pas... car, dites-moi, reine, où trouverez-vous un amour pareil au mien; un amour que ni le temps, ni l'absence, ni le désespoir ne peuvent éteindre; un amour qui se contente d'un ruban, s'égaye d'un regard perdu, d'une parole échappée?... Il y a trois ans que je vous ai vue pour la première fois, madame, et il y a trois ans que je vous aime ainsi.

ANNE.

Duc!

BUCKINGHAM.

Voulez-vous que je vous dise comment vous étiez vêtue la

6.

première fois que je vous ai vue?... voulez-vous que je détaille chaque ornement de votre toilette?... Je vous vois encore avec cette robe de satin brodée d'or, dont les manches pendantes se rattachaient sur vos bras si beaux par des ferrets de diamants... Oh! oui, tenez, je ferme les yeux et je vous vois telle que vous étiez alors... je les ouvre et vous vois telle que vous êtes... c'est-à-dire cent fois plus belle!

ANNE.

Quelle folie de nourrir une passion inutile avec de tels souvenirs!

BUCKINGHAM.

Et de quoi voulez-vous donc que je vive?... Je n'ai que des souvenirs, moi... C'est mon bonheur, mon trésor, mon espérance... Chaque fois que je vous vois, c'est un diamant de plus que je renferme dans l'écrin de mon cœur... Celui-ci est le quatrième que vous laissez tomber et que je ramasse; car, en trois ans, madame, je ne vous ai vue que quatre fois : cette première que je viens de vous dire, la seconde chez madame de Chevreuse, la troisième dans les jardins d'Amiens...

ANNE.

Ne parlez pas de cette soirée, milord.

BUCKINGHAM.

C'est la soirée heureuse et rayonnante de ma vie... Vous rappelez-vous la belle nuit qu'il faisait?... Comme l'air était doux et parfumé! comme le ciel était bleu et tout émaillé d'étoiles! Oh! cette fois comme aujourd'hui, j'étais seul avec vous; cette fois, vous étiez prête à tout me dire, votre isolement dans la vie, les chagrins de votre cœur, le veuvage de votre âme... Vous étiez appuyée à mon bras... tenez, à celui-ci... Je sentais, en inclinant la tête de votre côté, vos beaux cheveux effleurer mon visage, et, à chaque fois qu'ils l'effleuraient, je frissonnais de la tête aux pieds... Oh! reine! reine! vous ne savez pas tout ce qu'il y a de joie dans un pareil moment! Tenez, mes biens, ma fortune, ma gloire... tout ce qui me reste de jours à vivre pour une semblable nuit... car, cette nuit-là, oh! cette nuit-là, madame, vous m'aimiez...

ANNE, se levant.

Mais la calomnie s'en est emparée, de cette nuit. Le roi, excité par M. le cardinal, a fait un éclat terrible; madame de Vernet a été chassée; Putange, exilé; madame de Chevreuse est tombée en défaveur, et, lorsque vous avez voulu revenir comme ambassadeur en France, le roi lui-même s'est opposé à votre retour.

BUCKINGHAM.

Oui, et la France va payer d'une guerre le refus de son roi.

ANNE.

Comment cela ?

BUCKINGHAM.

Je n'ai point l'espoir de pénétrer jusqu'à Paris à main armée... non, sans doute ; mais cette guerre pourra amener une paix... cette paix nécessitera un négociateur... ce négociateur, ce sera moi... et je reviendrai à Paris, et je vous reverrai !

ANNE.

Milord ! mais, songez-y donc, toutes ces preuves d'amour que vous voulez me donner, ce sont des crimes.

BUCKINGHAM.

Ah ! parce que vous ne m'aimez pas... Madame de Chevreuse, dont vous parliez tout à l'heure, a été moins cruelle que vous. Holland l'a aimée, et elle a répondu à son amour.

ANNE.

Hélas ! madame de Chevreuse n'était pas reine.

BUCKINGHAM.

Vous m'aimeriez donc si vous ne l'étiez pas, vous, madame ? Oh ! merci de ces douces paroles, ô ma belle Majesté, cent fois merci !

ANNE.

Oh ! vous avez mal compris.

BUCKINGHAM.

Je suis heureux d'une erreur... soit ! n'ayez pas la cruauté de me l'enlever... Cette lettre que j'ai reçue n'était pas de vous ; vous l'avez dit vous-même ; on m'a attiré dans un piége, j'y laisserai ma vie peut-être ; car, tenez... c'est étrange, depuis quelque temps, j'ai le pressentiment que je vais mourir.

ANNE.

Ah ! mon Dieu !

BUCKINGHAM.

Je ne dis point cela pour vous effrayer, madame ; croyez que je ne me préoccupe pas de pareils rêves... Mais ce mot que vous venez de dire... cette espérance que vous m'avez presque donnée... elle aura tout payé, fût-ce ma vie.

ANNE.

Eh bien, moi aussi, duc, j'en ai, des pressentiments ; moi

aussi, j'ai fait un rêve... et, dans mon rêve, je vous voyais là, couché, sanglant, blessé...

BUCKINGHAM.

Au côté gauche, n'est-ce pas, avec un couteau?

ANNE.

Oui, c'est cela, milord... Ah! mon Dieu, qui a pu vous dire que j'avais fait ce rêve?... Je n'en ai parlé qu'à Dieu, et encore dans mes prières.

(Elle se lève.)

BUCKINGHAM.

Je n'en veux pas davantage. (A genoux.) Vous m'aimez, madame, c'est bien.

ANNE.

Je vous aime... moi?...

BUCKINGHAM.

Oui, vous; Dieu vous enverrait-il les mêmes rêves qu'à moi si vous ne m'aimiez pas?... aurions-nous les mêmes pressentiments si nos deux existences ne se touchaient point par le cœur?... Vous m'aimez, reine, et vous me pleurez.

ANNE.

Mon Dieu! mon Dieu! vous voyez que c'est plus que je n'en puis supporter... Tenez, duc, au nom du ciel, partez, retirez-vous; je ne sais si je vous aime, ou si je ne vous aime pas... mais ce que je sais, c'est que, si vous étiez frappé en France, que, si vous mouriez en France, que, si je pouvais supposer que votre amour pour moi fût cause de votre mort... je sais que je ne m'en consolerais jamais!... je sais que j'en deviendrais folle! Partez donc, partez, je vous en supplie.

BUCKINGHAM.

Oh! que vous êtes belle ainsi, et que je vous aime! que je vous aime!

ANNE.

Partez, partez et revenez plus tard, revenez comme ambassadeur, revenez comme ministre, entouré de gardes qui vous défendront, de serviteurs qui veilleront sur vous... Et alors... alors, je ne craindrai plus pour vos jours, et j'aurai du bonheur à vous revoir.

BUCKINGHAM.

Eh bien, un gage de votre indulgence, un objet qui me vienne de vous, et qui me rappelle que je n'ai point fait un rêve!... quelque chose que vous ayez porté et que je puisse porter à mon tour, une bague, un collier, une chaîne!

ANNE.

Et partirez-vous, partirez-vous, si je vous donne ce que vous me demandez?

BUCKINGHAM.

Oui.

ANNE.

A l'instant même?

BUCKINGHAM.

Oui.

ANNE.

Vous quitterez la France? vous retournerez en Angleterre?

BUCKINGHAM.

Oui, je vous le jure!... je vous le jure!

ANNE.

Attendez, milord, attendez. (Elle s'élance hors de l'appartement; Buckingham l'attend, immobile, les bras tendus. Anne reparaît, tenant un coffre de bois de rose.) Tenez, milord, tenez, gardez ceci en mémoire de moi: ce sont les ferrets de diamants que je portais la première fois que vous m'avez vue, et que m'avait donnés le roi.

BUCKINGHAM, tombant à genoux.

Est-ce bien vrai, madame?

ANNE.

Vous m'avez promis de partir.

BUCKINGHAM.

Et je tiens ma parole... Votre main, madame; votre main, et je pars! (Anne lui tend sa main, qu'il baise avec transport.) Avant trois mois, madame, je serai mort ou je vous aurai revue, dussé-je, pour en arriver là, dussé-je bouleverser le monde!

SCÈNE V

Les Mêmes, MADAME BONACIEUX, puis D'ARTAGNAN.

MADAME BONACIEUX, entrant.

Madame! madame!

ANNE.

Qu'y a-t-il?

MADAME BONACIEUX.

Le duc a été suivi, son signalement pris, le mot d'ordre changé.

ANNE.

Vous entendez, duc?

BUCKINGHAM.

Mon Dieu! que faire?

D'ARTAGNAN, entrant vivement.

Mettre ce manteau et ce chapeau, monseigneur, et laisser là le vôtre.

BUCKINGHAM.

Mais le nouveau mot d'ordre?

D'ARTAGNAN.

Rochefort et *La Rochelle*. Maintenant, n'oubliez pas que vous êtes de la compagnie Tréville.

BUCKINGHAM.

Madame

ANNE.

Partez, duc, partez!... au nom du ciel, partez!

MADAME BONACIEUX.

Partez!

D'ARTAGNAN.

Partez !

(Le Duc sort.)

ANNE, écoutant.

Silence !

UNE VOIX.

Qui va là?

BUCKINGHAM, au dehors.

De la compagnie Tréville... *Rochefort* et *La Rochelle*.

LA VOIX.

Passez !

ANNE, tombant dans un fauteuil.

Il est sauvé!...

SEPTIÈME TABLEAU

Le cabinet du Cardinal.

SCÈNE PREMIÈRE

Un Greffier, LE CARDINAL, derrière une portière.

LE GREFFIER.
Monseigneur peut-il entendre?
UNE VOIX, derrière la tapisserie.
Oui.
LE GREFFIER.
Introduisez le prisonnier.

SCÈNE II

Les Mêmes, BONACIEUX, entre deux Gardes.

LE GREFFIER.
Vos nom, prénoms, âge et domicile?
BONACIEUX.
Jacques-Michel Bonacieux, âgé de quarante et un ans, épicier-mercier, rue des Fossoyeurs.
LE GREFFIER.
Vous savez sans doute pourquoi vous êtes à la Bastille?
BONACIEUX.
Parce qu'on m'y a conduit, monsieur; sans cela, je vous jure que jamais de moi-même...
LE GREFFIER.
Vous vous méprenez à ma question, ou vous faites semblant de vous y méprendre. Je vous demande si vous êtes disposé à avouer le crime pour lequel vous avez été conduit à la Bastille.
BONACIEUX.
Un crime, monsieur! moi, j'ai commis un crime?

LE GREFFIER.

Vous êtes accusé du plus grave de tous, du crime de haute trahison.

BONACIEUX.

De haute trahison ?... Eh ! monsieur, comment voulez-vous qu'un pauvre mercier qui déteste les huguenots, qui abhorre les Espagnols, soit accusé de haute trahison ?

LE GREFFIER.

Monsieur Bonacieux, vous avez une femme ?

BONACIEUX.

Aie !... Oui, monsieur... c'est-à-dire que j'en avais une.

LE GREFFIER.

Comment, vous en aviez une ?... qu'en avez-vous fait, si vous ne l'avez plus ?

BONACIEUX.

On me l'a enlevée, monsieur.

LE GREFFIER.

Et savez-vous quel est l'homme qui a commis ce rapt ?

BONACIEUX.

Hum ! je soupçonne un seigneur de haute taille, œil noir, cheveux noirs, cicatrice à la tempe.

LE GREFFIER, se retournant vers la portière.

Ah ! ah ! et son nom ?

BONACIEUX.

Oh ! quant à son nom, je l'ignore ; mais, si je le rencontre jamais, je vous promets que je le reconnaîtrai, fût-il entre mille personnes.

LE GREFFIER.

Vous le reconnaîtriez entre mille, dites-vous ?

BONACIEUX.

Pardon, c'est-à-dire...

LE GREFFIER.

Vous avez répondu que vous le reconnaîtriez ; c'est bien.

BONACIEUX.

Monsieur, je ne vous ai pas dit que j'étais sûr; je vous ai dit que je croyais.

(Pendant ce temps, un Homme est entré et a parlé à l'oreille du Greffier.)

LE GREFFIER.

Ah! ah!

BONACIEUX.

Voyons, qu'y a-t-il encore?

LE GREFFIER.

Il y a que votre affaire se complique.

BONACIEUX.

Mon affaire?...

LE GREFFIER.

Qu'alliez-vous faire chez M. d'Artagnan, votre voisin, avec lequel vous avez eu une longue conférence dans la journée?

BONACIEUX.

Ah! oui, pour cela, c'est vrai... j'ai été chez M. d'Artagnan.

LE GREFFIER.

Quel était le but de cette visite?

BONACIEUX.

De le prier de m'aider à retrouver ma femme; je croyais que j'avais le droit de la réclamer; je me trompais, monsieur.

LE GREFFIER.

Et qu'a répondu M. d'Artagnan?

BONACIEUX.

M. d'Artagnan m'avait d'abord promis son aide; mais j'ai vu bientôt qu'il me trahissait.

LE GREFFIER.

Vous mentez, monsieur! M. d'Artagnan a fait un pacte avec vous. Il a mis en fuite les hommes de police qui avaient arrêté votre femme, et il l'a soustraite à toutes les recherches.

BONACIEUX.

M. d'Artagnan a enlevé ma femme? que dites-vous donc là?

LE GREFFIER.

Heureusement, M. d'Artagnan est entre nos mains, et vous allez être confronté avec lui.

BONACIEUX.

Ah! ma foi, je ne demande pas mieux! je ne serais pas fâché de revoir une figure de connaissance.

LE GREFFIER.

Faites entrer M. d'Artagnan.

BONACIEUX.

Ah! enfin!

SCÈNE III

Les Mêmes, deux Gardes, amenant ATHOS.

LE GREFFIER, à Athos.

Monsieur d'Artagnan, déclarez ce qui s'est passé entre vous et monsieur.

BONACIEUX.

Mais ce n'est pas M. d'Artagnan que vous me montrez là.

LE GREFFIER.

Comment, ce n'est pas M. d'Artagnan ?

BONACIEUX.

Pas le moins du monde.

LE GREFFIER.

Vous oseriez soutenir... ?

BONACIEUX.

Ah ! ça, par exemple !

LE GREFFIER.

Comment s'appelle monsieur, alors, s'il ne s'appelle pas d'Artagnan ?

BONACIEUX.

Mais je ne sais pas comment il s'appelle ; demandez-le à lui-même.

LE GREFFIER.

Comment vous nommez-vous ?

ATHOS.

Athos.

LE GREFFIER.

Ce n'est pas un nom d'homme, ça ; c'est un nom de montagne.

ATHOS.

C'est mon nom.

LE GREFFIER.

Cependant, vous avez dit que vous vous nommiez d'Artagnan.

ATHOS.

Moi ?

LE GREFFIER.

Oui, vous.

ATHOS.

C'est-à-dire que c'est à moi qu'on a dit : « Vous êtes

M. d'Artagnan ! » j'ai répondu : « Vous croyez? » Mes gardes se sont écriés qu'ils en étaient sûrs. Je n'ai pas voulu les contrarier ; d'ailleurs, je pouvais me tromper, j'étais ivre.

LE GREFFIER.

Monsieur, vous insultez à la majesté de la justice.

ATHOS.

Aucunement.

LE GREFFIER.

Vous êtes M. d'Artagnan.

ATHOS.

Vous voyez bien que vous le dites encore.

BONACIEUX.

Mais je vous dis, monsieur le commissaire, qu'il n'y a pas un instant de doute à avoir: M. d'Artagnan est mon locataire, il ne me paye pas, et je dois le reconnaître.

LE GREFFIER.

Ceci est une raison. (A un Messager qui lui remet une lettre.) Quoi?

LE MESSAGER.

Lisez !

LE GREFFIER, après avoir lu.

Oh ! la malheureuse !

BONACIEUX.

Comment ! que dites-vous ? de qui parlez-vous ? Ce n'est pas de ma femme, j'espère ?

LE GREFFIER.

Au contraire, c'est d'elle; votre affaire est bonne, allez !

BONACIEUX, exaspéré.

Ah çà ! monsieur, faites-moi le plaisir de me dire en quoi mon affaire peut s'empirer de ce que ma femme fait pendant que je suis en prison.

LE GREFFIER.

Parce que ce qu'elle fait est la suite d'un plan arrêté entre vous, plan infernal !

BONACIEUX.

Je vous jure, monsieur le commissaire, que vous êtes dans la plus profonde erreur, que je ne sais rien au monde de ce que devait faire ma femme, que je suis entièrement étranger à ce qu'elle a fait, et que, si elle a fait des sottises, je la renie, je la démens, je la maudis.

ATHOS.

Ah çà! si vous n'avez plus besoin de moi, renvoyez-moi quelque part; il est fort assommant, votre M. Bonacieux.

LE GREFFIER.

Reconduisez les prisonniers dans leurs cachots.

ATHOS.

Cependant, si c'est M. d'Artagnan que vous avez besoin de tenir sous clef, je ne vois pas pourquoi vous m'envoyez en prison.

LE GREFFIER, aux Gardes.

Faites ce que j'ai dit.

SCÈNE IV

Les Mêmes, LE CARDINAL.

LE CARDINAL, paraissant.

Un instant!

TOUS.

Monseigneur!

ATHOS, s'inclinant.

Monseigneur...

LE CARDINAL.

Vous êtes libre, monsieur Athos. (A Bonacieux.) Vous, restez. (Aux Gardes.) Laissez-nous.

(Athos s'incline; tous sortent avec les marques du plus profond respect.)

BONACIEUX.

Qu'est-ce encore que ce monsieur-là?

SCÈNE V

LE CARDINAL, BONACIEUX.

LE CARDINAL.

Vous avez conspiré.

BONACIEUX.

C'est ce que l'on m'a déjà appris, monseigneur; mais je vous jure que je n'en savais rien.

LE CARDINAL.

Vous avez conspiré avec votre femme, avec madame de Chevreuse, avec milord duc de Buckingham.

BONACIEUX.

Ah! en effet, oui, monseigneur, oui, j'ai entendu prononcer ces noms-là.

LE CARDINAL.

A qui?

BONACIEUX.

A madame Bonacieux.

LE CARDINAL.

A quelle occasion?

BONACIEUX.

Elle disait que le cardinal de Richelieu avait attiré le duc à Paris pour le perdre et pour perdre la reine avec lui.

LE CARDINAL.

Elle disait cela?

BONACIEUX.

Oui, monseigneur; mais, moi, je lui ai dit qu'elle avait tort de tenir de pareils propos, et que Son Éminence était incapable...

LE CARDINAL.

Taisez-vous! vous êtes un imbécile.

BONACIEUX.

C'est justement ce que m'a répondu ma femme, monseigneur.

LE CARDINAL.

Savez-vous qui vous avait enlevé votre femme?

BONACIEUX.

Non, monseigneur.

LE CARDINAL.

Vous avez des soupçons, cependant?

BONACIEUX.

Oui, monseigneur; mais ces soupçons ont paru contrarier M. le commissaire, et je ne les ai plus.

LE CARDINAL.

Quand vous alliez chercher votre femme au Louvre, revenait-elle directement chez vous?

BONACIEUX.

Dans les derniers temps, non; elle avait presque toujours affaire à des marchands de toile.

LE CARDINAL.

Et où demeuraient-ils, ces marchands de toile?

BONACIEUX.

L'un rue de Vaugirard, l'autre rue de la Harpe.

LE CARDINAL.

Entriez-vous chez eux avec elle?

BONACIEUX.

Jamais, monseigneur: je l'attendais à la porte.

LE CARDINAL.

Et quel prétexte vous donnait-elle pour entrer seule?

BONACIEUX.

Elle ne m'en donnait pas ; elle me disait d'attendre, et j'attendais.

LE CARDINAL.

Vous êtes un mari complaisant, mon cher monsieur Bonacieux.

BONACIEUX.

Il m'a appelé son cher monsieur, cela va bien.

LE CARDINAL.

Reconnaîtriez-vous les portes de ces maisons?

BONACIEUX.

Oui.

LE CARDINAL.

C'est bien... Quelqu'un! (Un Officier s'approche.) Allez me chercher Rochefort, et qu'il vienne à l'instant même, s'il est rentré.

L'OFFICIER.

Le comte est là, et demande instamment à parler à Votre Éminence.

BONACIEUX, à part, stupéfait.

Éminence! Votre Éminence ! Son Éminence !

LE CARDINAL.

Qu'il vienne!

BONACIEUX.

Oh! mon Dieu ! vous êtes le cardinal en personne, monseigneur, le grand cardinal... (Il tombe à genoux.) Et moi! miséricorde !

(Il frappe le parquet de son front.)

LE CARDINAL.

Venez, Rochefort.

SCÈNE VI

Les Mêmes, ROCHEFORT.

ROCHEFORT.

Monseigneur!

BONACIEUX.

C'est lui!

LE CARDINAL.

Qui, lui?

BONACIEUX.

Celui qui a enlevé ma femme.

LE CARDINAL, à l'Officier.

Remettez cet homme aux mains des gardes.

BONACIEUX.

Non, monseigneur, non... ce n'était pas lui... Je m'étais trompé : monsieur ne lui ressemble pas du tout... monsieur est un honnête homme.

LE CARDINAL.

Emmenez cet imbécile!

(On emmène Bonacieux, qui fait des gestes désespérés.)

SCÈNE VII

LE CARDINAL, ROCHEFORT.

ROCHEFORT.

Ils se sont vus.

LE CARDINAL.

La reine et le duc?

ROCHEFORT.

Oui.

LE CARDINAL.

Où?

ROCHEFORT.

Au Louvre.

LE CARDINAL.

Qui vous l'a dit?

ROCHEFORT.

Madame de Lannoy.

LE CARDINAL.
On peut compter sur elle?

ROCHEFORT.
Elle est toute à Votre Éminence.

LE CARDINAL.
C'est bien; nous sommes battus... Tâchons de prendre notre revanche.

ROCHEFORT.
Je vous y aiderai de toute mon âme, monseigneur.

LE CARDINAL.
Comment cela s'est-il passé?

ROCHEFORT.
A onze heures, la reine était avec ses femmes; elle est entrée dans son boudoir en disant : « Attendez-moi. »

LE CARDINAL.
Et c'est dans le boudoir qu'il l'a vue?

ROCHEFORT.
Oui.

LE CARDINAL.
Qui l'a introduit?

ROCHEFORT.
Madame Bonacieux.

LE CARDINAL.
Combien de temps sont-ils restés ensemble?

ROCHEFORT.
Une demie-heure, à peu près.

LE CARDINAL.
Après quoi, la reine est rentrée?

ROCHEFORT.
Pour prendre un coffret de bois de rose, et elle est ressortie aussitôt.

LE CARDINAL.
Et, quand elle est rentrée, plus tard, a-t-elle rapporté le coffret?

ROCHEFORT.
Non.

LE CARDINAL.
Madame de Lannoy sait-elle ce qu'il y avait dans le coffret?

ROCHEFORT.
Les ferrets de diamants que le roi a donnés à la reine.

LE CARDINAL.
Alors elle les aurait remis au duc?
ROCHEFORT.
Elle les lui a remis.
LE CARDINAL.
Vous en êtes sûr, Rochefort?
ROCHEFORT.
Parfaitement sûr.
LE CARDINAL.
Bien, bien! tout n'est pas perdu peut-être, et peut-être même tout est-il pour le mieux. Maintenant, savez-vous où se tenaient madame de Chevreuse et le duc de Buckingham?
ROCHEFORT.
L'un rue de Vaugirard, l'autre rue de la Harpe.
LE CARDINAL.
C'est bien cela.
ROCHEFORT.
Votre Éminence veut-elle que je les fasse arrêter?
LE CARDINAL.
Oh! ils sont déjà partis.
ROCHEFORT.
N'importe! on peut s'assurer...
LE CARDINAL.
J'y ai envoyé Vitray avec dix hommes: guettez son retour, et tenez-moi au courant de ce qu'il aura fait.
ROCHEFORT.
Soyez tranquille, monseigneur.

(Il sort.)

SCÈNE VIII

LE CARDINAL, BONACIEUX.

LE CARDINAL.
Faites rentrer le prisonnier. (Bonacieux rentre.) Vous m'avez trompé.

BONACIEUX.
Moi, monseigneur, tromper Votre Éminence?
LE CARDINAL.
Votre femme, en allant rue de Vaugirard, et rue de la Harpe, n'allait pas chez des marchands de toile!

BONACIEUX.
Et où allait-elle donc, mon Dieu?
LE CARDINAL.
Elle allait chez la duchesse de Chevreuse, et chez le duc de Buckingham, ces deux mortels ennemis du roi.
BONACIEUX.
Oui, oui, c'est cela, votre Éminence a raison; j'ai dit plusieurs fois à ma femme qu'il était étonnant que des marchands de toile demeurassent dans des maisons qui n'avaient pas d'enseigne... et, chaque fois, ma femme s'est mise à rire... Ah! monseigneur! ah! que vous êtes bien le cardinal, le grand cardinal, l'homme de génie que l'Europe admire, et que...

(Il se jette à ses pieds.)

LE CARDINAL, après avoir réfléchi.
Relevez-vous, mon ami! vous êtes un brave homme.

(Il le relève.)

BONACIEUX.
Le cardinal m'a touché la main; j'ai touché la main du grand homme... Le grand homme m'a appelé son ami.
LE CARDINAL.
Oui, mon ami, et, comme on vous a soupçonné injustement, il vous faut une indemnité. Tenez, prenez ces cent pistoles et pardonnez-moi.
BONACIEUX.
Que je vous pardonne, monseigneur?... Mais vous étiez bien libre de me faire arrêter, mais vous étiez bien libre de me faire torturer, mais vous étiez bien libre de me faire pendre... Vous pardonner, monseigneur? Allons donc, vous n'y pensez pas.
LE CARDINAL.
Adieu donc, ou plutôt au revoir, car nous nous reverrons, je l'espère.
BONACIEUX.
Oh! tant que monseigneur voudra.

(Il sort.)

LE CARDINAL.
Au revoir, monsieur Bonacieux, au revoir... Voilà désormais un homme qui se fera tuer pour moi... Ah! c'est vous, Rochefort. Eh bien?

SCÈNE IX

LE CARDINAL, ROCHEFORT.

ROCHEFORT.

Eh bien, personne ! ils sont partis !

LE CARDINAL.

Oui, l'une est sur la route de Tours, l'autre sur celle de Boulogne ; c'est à Londres que nous rejoindrons le duc de Buckingham.

ROCHEFORT.

Les ordres de Son Éminence ?

LE CARDINAL.

Pas un mot de ce qui s'est passé ; que la reine reste dans une sécurité parfaite ; qu'elle croie que nous sommes à la recherche d'une conspiration politique.

ROCHEFORT.

Est-ce tout ?

LE CARDINAL.

Vous passerez chez milady, vous lui donnerez rendez-vous pour après-demain, onze heures du soir, au cabaret du *Colombier rouge*, où déjà deux fois nous nous sommes vus ; elle m'attendra dans sa chambre habituelle, et elle s'y rendra préparée à un voyage... Une chaise l'attendra tout attelée à la porte.

ROCHEFORT.

Oui, monseigneur... A propos, et cet homme ?

LE CARDINAL.

Quel homme ?

ROCHEFORT.

Cet imbécile qu'on appelle Bonacieux, qu'en a donc fait Votre Éminence ? Je l'ai vu sortir radieux et une bourse à la main, comptant de l'or.

LE CARDINAL.

J'en ai fait tout ce qu'on pouvait en faire : j'en ai fait un espion de sa femme.

ROCHEFORT.

Et si madame de Chevreuse revenait à Paris ?

SCÈNE X

Les Mêmes, LE ROI.

LE ROI.

Comment, si madame de Chevreuse revenait à Paris ? Elle y est donc venue ?

LE CARDINAL.

Votre Majesté a entendu ? (A Rochefort.) Laissez-nous, mais ne vous éloignez-pas.

LE ROI.

Oui, monsieur le cardinal, j'ai entendu... Ah ! madame de Chevreuse a quitté Tours malgré mes ordres !

LE CARDINAL.

Depuis cinq jours, sire ; je suis obligé de l'avouer.

LE ROI.

Monsieur le cardinal, voilà des choses que je ne puis souffrir.

LE CARDINAL.

Sire, j'ai attaché peu d'importance à ce voyage jusqu'au moment où j'ai appris...

LE ROI.

Qu'avez-vous appris, monsieur le cardinal ?

LE CARDINAL.

Que madame de Chevreuse avait vu la reine.

LE ROI.

Elles se sont vues ?

LE CARDINAL.

Oui, sire.

LE ROI.

Ah ! monsieur le cardinal, il y a complot.

LE CARDINAL.

Oui, sire, et je tiendrais même à cette heure tous les fils de ce complot ; mais...

LE ROI.

Mais quoi ?

LE CARDINAL.

Mais, comme il n'y a plus en France de respect pour les lois, comme l'épée tranche toutes les questions, comme le service de Votre Majesté est le prétexte qui couvre toute violence, toute criminelle complicité...

LE ROI.
Monsieur le duc, en quoi mon service entrave-t-il l'exécution des lois? qu'y a-t-il?

LE CARDINAL.
Il y a, sire, puisque vous me forcez à le dire, il y a que j'allais faire arrêter sur le fait, en flagrant délit, nanti de toutes les preuves, l'émissaire de madame de Chevreuse et de la reine, quand un mousquetaire, un garde, je ne sais trop, un militaire, enfin, est survenu, et a osé interrompre violemment le cours de la justice en tombant l'épée à la main sur d'honnêtes gens de loi chargés d'examiner impartialement l'affaire pour la mettre sous les yeux de Votre Majesté.

LE ROI.
En vérité, ils ont des complices parmi mes serviteurs?

LE CARDINAL.
Sire, du calme!

LE ROI.
Je serai calme quand je saurai tout... Ah! l'on a recours à mes mousquetaires! ah! l'on se sert de mes gardes contre moi-même, contre mon honneur! Nous allons voir.

(Il se dirige vers l'appartement de la Reine.)

LE CARDINAL.
Pardon, mais où va Votre Majesté?

LE ROI.
Où je vais, mordieu? Chez la reine.

LE CARDINAL.
C'est qu'il me reste quelques mots à **dire à** Votre Majesté.

LE ROI.
Dites vite.

LE CARDINAL.
En même temps que madame de Chevreuse, le duc était à Paris.

LE ROI.
Quel duc?

LE CARDINAL.
Le duc de Buckingham.

LE ROI.
Le duc de Buckingham! et qu'y venait-il faire?

LE CARDINAL.
Il y venait, sans doute, pour conspirer avec les Espagnols

et les huguenots pour préparer cette expédition formidable de La Rochelle.

LE ROI.

Non! mais pour conspirer contre mon honneur!

LE CARDINAL.

Votre Majesté me dit-elle cela d'après les rapports de madame de Lannoy?

LE ROI.

Quels rapports?

LE CARDINAL.

Madame de Lannoy aura dit à Votre Majesté que la reine avait veillé fort tard, et, ce matin, beaucoup pleuré tout en écrivant seule chez elle.

LE ROI.

Elle a pleuré?... elle a écrit?... Mais ces lettres, ces lettres qu'elle a écrites sont déjà envoyées peut-être?

LE CARDINAL.

Il n'y a pas d'apparence, sire; madame de Lannoy me l'aurait dit.

LE ROI.

Ces lettres, il faut les avoir.

LE CARDINAL.

Oh! sire!

LE ROI.

Et quant à cet Anglais, quant à cet infâme duc de Buckingham, pourquoi ne l'avez-vous pas fait arrêter?

LE CARDINAL.

Arrêter le duc, arrêter le premier ministre du roi Charles 1er, y pensez-vous, sire?

LE ROI.

Eh bien, au lieu de l'arrêter, puisqu'il s'y exposait comme un espion... il fallait...

LE CARDINAL.

Il fallait?...

LE ROI.

Rien... rien... Mais que fait-il?

LE CARDINAL.

Il est reparti, sire; il a quitté Paris cette nuit.

LE ROI.

Êtes-vous bien sûr qu'ils ne se sont pas vus?

LE CARDINAL.
Oh! je crois la reine trop attachée à Votre Majesté.

LE ROI.
En attendant, ils ont correspondu... Elle a écrit, écrit en pleurant... Monsieur le duc, je vous répète qu'il me faut ces lettres! je les veux!

LE CARDINAL.
Une pareille mission, sire, embarrasserait tous les sujets de Votre Majesté; car, si le roi dit : « Je veux !... » la reine peut dire : « Je ne veux pas! »

LE ROI.
Nous allons voir si elle me désobéira, à moi! (Il sonne. Un Huissier se présente.) Annoncez à la reine que je la prie de passer ici.

(L'Huissier sort.)

LE CARDINAL.
Je me retire.

LE ROI.
Ne vous éloignez pas... Ah! M. le chancelier travaille dans mon grand cabinet... envoyez-le-moi.

(Le Cardinal sort en saluant la Reine.)

SCÈNE XI

LE ROI, ANNE D'AUTRICHE.

ANNE, à part.
Le cardinal, mon Dieu! (Haut.) Votre Majesté m'a fait l'honneur de me demander?

LE ROI.
Oui, madame.

ANNE.
J'attends les ordres de Votre Majesté.

LE ROI.
Moins de respect, madame, et plus de franchise. Pourquoi madame de Chevreuse est-elle à Paris?

ANNE.
Ciel! madame de Chevreuse!... Je ne sais pas, sire.

LE ROI.
Pourquoi, cette nuit, avez-vous veillé?

ANNE, à part.
Je me sens mourir!...

LE ROI.

Pourquoi avez-vous pleuré? pourquoi avez-vous écrit?

ANNE.

Je vous assure...

LE ROI.

Vous avez écrit!... à qui... madame?

ANNE.

Sire...

LE ROI.

Cette lettre, vous ne l'avez pas encore envoyée à son adresse; où est-elle? Je la veux!

ANNE.

Votre Majesté n'a pas épousé une princesse de mon nom pour en faire une esclave.

LE ROI.

Oui, faites la rebelle! j'aime mieux cela que vos hypocrites respects... Cette lettre!

ANNE.

Ce que j'écris... est à moi.

LE ROI.

Ce que vous écrivez est à votre roi, à votre maître; voulez-vous me donner cette lettre?

ANNE.

Réfléchissez, sire.

SCÈNE XII

Les Mêmes, le Chancelier.

LE ROI.

Ah! entrez, monsieur le chancelier... (A la Reine.) Madame, vous refusez?

ANNE.

Oui.

LE ROI.

Pour la dernière fois, cette lettre!

ANNE.

Jamais!

LE ROI.

Monsieur le chancelier, vous êtes le premier magistrat de mon royaume, vous connaissez des crimes de trahison et de lèse-majesté, vous allez entrer dans l'appartement de madame... de la reine, et faire une exacte perquisition de tous ses papiers, que vous m'apporterez ici !

ANNE.

Infamie !

LE ROI.

Vos clefs, madame !

ANNE.

M. le chancelier commandera, et doña Estefana, ma caxmériste, donnera les clefs de mes tables et de mes secrétaires.

LE ROI.

Allez, monsieur !

(Le Chancelier sort.)

SCÈNE XIII

LE ROI, ANNE D'AUTRICHE.

LE ROI.

Oh ! vous êtes trop calme, madame, trop superbe ; vous savez que le chancelier ne trouvera rien ; en effet, ce n'est pas à un tiroir de meuble que l'on confie des lettres du genre de celles que vous avez écrites.

ANNE.

Que voulez vous dire, monsieur ?

LE ROI.

Quand je punis ce traître, ce rebelle qu'on appelait le maréchal d'Ancre, lui mort, on chercha les preuves de ses crimes chez sa femme ; elle non plus n'avait rien confié à ses tiroirs, à ses tables... Mais, en la fouillant...

ANNE.

La maréchale d'Ancre n'était que la maréchale d'Ancre, une aventurière florentine, voilà tout ; mais l'épouse de Votre Majesté s'appelle Anne d'Autriche, elle est fille de roi ! la plus grande princesse du monde.

LE ROI.

Et, comme telle, Anne d'Autriche n'en est que plus coupable... On ne ménage rien avec les coupables... (Il fait un pas.) Cette lettre !

ANNE.

J'en appellerai à mon frère !

LE ROI.

J'ai des armées pour lui répondre... Cette lettre!

ANNE.

J'en appellerai à l'honneur des gentilshommes français!

LE ROI.

Pensez d'abord au mien... Cette lettre, vous dis-je! vous la cachez, vous la gardez là, sur vous! donnez-la-moi!

ANNE.

Sire!

LE ROI.

Donnez-la! ou je la prendrai!

ANNE.

Je vous épargnerai cette honte, sire, je m'épargnerai cet affront!... Eh bien, oui, j'ai écrit une lettre.

LE ROI.

Ah! vous avouez...

ANNE.

Cette lettre, votre chancelier ne la trouvera pas; je l'ai sur moi, comme vous dites; vous la voulez?

LE ROI.

Je la veux!

ANNE.

La voici.

(Elle tombe sur un fauteuil.)

LE ROI, ouvrant la lettre avec précaution.

« Mon frère... » (Parlé.) Elle écrivait au roi d'Espagne. (Lisant des yeux.) Des plaintes contre le cardinal, un plan de guerre, une ligue avec l'Espagne et l'Autriche dans le but de renverser mon ministre...

SCÈNE XIV

Les Mêmes, LE CARDINAL.

LE CARDINAL.

De la politique, n'est-ce pas, sire?

LE ROI.

Oui, duc, rien que de la politique; pas un mot de ce que je croyais, Dieu soit loué!... Tenez.

LE CARDINAL, lisant.

J'en étais bien sûr, je l'avais dit à Sa Majesté.

LE ROI.
N'importe! il y avait complot contre vous, et la reine ne mérite pas moins ma colère...

LE CARDINAL.
Oh! sire! la reine est mon ennemie, c'est vrai; mais n'est-elle pas une épouse soumise, irréprochable? Permettez-moi d'intercéder pour elle.

ANNE.
Que dit-il?

LE ROI.
Eh bien, qu'elle revienne à moi la première.

LE CARDINAL.
Au contraire, sire, donnez l'exemple; vous avez eu le premier tort, puisque c'est vous qui avez soupçonné la reine, puisque c'est Votre Majesté qui a provoqué un scandale.

LE ROI.
Eh bien, que faut-il faire?

LE CARDINAL.
Quelque chose qui soit agéable à Sa Majesté la reine, quelque chose qui soit une distraction et une réparation en même temps. Donnez un bal, ou plutôt les échevins de la ville de Paris donnent une fête dans peu jours, ce leur sera un grand honneur de recevoir Vos Majestés.

LE ROI.
Quand cela?

LE CARDINAL.
Dans quatre jours, je crois, sire. Ce sera, dis-je, une grande joie pour la ville, et ce sera une occasion pour Sa Majesté la reine de mettre ces beaux ferrets de diamants que le roi lui a donnés.

ANNE, à part.
Oh! mon Dieu!

LE ROI.
Vous avez raison, monsieur le duc, vous avez raison; ainsi, madame, vous acceptez, n'est-ce pas?

LE CARDINAL, bas, au Roi.
Votre Majesté insistera pour que la reine se pare des ferrets.

(Il sort.)

SCÈNE XV

LE ROI, ANNE D'AUTRICHE.

LE ROI.

Que veut-il dire? Me ménage-t-il encore une de ces terribles surprises comme il sait les faire? (A la Reine.) Vous ne m'avez pas dit que vous acceptiez, madame; entendez-vous?

ANNE.

Oui, sire, j'entends.

LE ROI.

Vous paraîtrez à ce bal, qui a lieu dans quatre jours.

ANNE.

Oui.

LE ROI.

Avec vos ferrets.

ANNE.

Oui.

LE ROI.

Bien; j'y compte, j'y compte. Adieu, madame!

(Il sort.)

ANNE, à part.

Je suis perdue!

SCÈNE XVI

ANNE D'AUTRICHE, MADAME BONACIEUX.

MADAME BONACIEUX.

Ne puis-je donc rien pour ma reine?

ANNE.

Toi! toi!

MADAME BONACIEUX.

Oh! je suis à vous corps et âme, et, si loin que je sois de Votre Majesté, je trouverai moyen de la sauver.

ANNE.

Moi trahie de tous côtés, moi vendue, moi perdue?

MADAME BONACIEUX.

Ces ferrets, que le roi vous demande...

ANNE.

Tu sais?

MADAME BONACIEUX.

J'ai tout entendu... Ces ferrets étaient enfermés dans un coffret de bois de rose?

ANNE.

Oui.

MADAME BONACIEUX.

Ce coffret... M. de Buckingham ne l'a-t-il pas emporté hier?

ANNE.

Silence! silence!

MADAME BONACIEUX.

Il faut le ravoir!

ANNE.

Mais comment?

MADAME BONACIEUX.

Il faut envoyer quelqu'un au duc.

ANNE.

Qui, mon Dieu? qui?

MADAME BONACIEUX.

Avez-vous confiance en moi, madame? Si vous me faites cet honneur, ma reine... j'ai trouvé le messager!

ANNE.

Fais cela! et tu me sauves la vie, et tu me sauves l'honneur.

MADAME BONACIEUX.

Mais le duc ne rendra pas ces ferrets sans un mot de votre main.

ANNE.

Un mot de ma main? S'il est surpris, c'est pour moi le divorce, le couvent, l'exil!

MADAME BONACIEUX.

Et pour moi, c'est la mort!

ANNE court à la table, et elle écrit pendant que madame Bonacieux regarde aux portes.

Tiens!

MADAME BONACIEUX.

Bien, madame!

ANNE.

Mais ton messager, on l'arrêtera, on l'attaquera... Il n'arrivera jamais à temps.

MADAME BONACIEUX.

Celui que j'enverrai, madame, quand on l'arrête, il passe!

quand on l'attaque, il tue! Oh! vous verrez!... Adieu, madame, adieu!

ACTE TROISIÈME

HUITIÈME TABLEAU

La chambre de d'Artagnan.

SCÈNE PREMIÈRE

PLANCHET, à plat ventre, tirant une bouteille par la trappe; ATHOS, entrant.

ATHOS, prenant la bouteille que Planchet a posée près de lui.

Merci, Planchet; un verre!

PLANCHET.

Ah! monsieur Athos... vraiment, c'est vous? Mon Dieu, que je suis content de vous voir!... Un verre?... Deux, si vous voulez... Vous êtes donc sorti de la Bastille?

ATHOS.

Tu le vois bien, puisque me voilà.

PLANCHET.

Je croyais cependant avoir fermé la porte à la clef.

ATHOS.

Tu sais que nous avons chacun une clef de nos appartements respectifs.

PLANCHET.

Ah! c'est vrai.

ATHOS.

Et ton maître, où est-il?

PLANCHET.

Ah! monsieur, je ne suis pas inquiet.

ATHOS.

Ah! tu n'es pas inquiet?

PLANCHET.

Non ; M. le chevalier est en bonne fortune... On s'est raccommodé.

ATHOS.

Raccommodé... avec qui ?

PLANCHET.

Avec cette méchante femme, vous savez.

ATHOS.

Laquelle ?

PLANCHET.

Celle qu'il appelle milady, la femme de la place Royale.

ATHOS.

A-t-il dit quelque chose en partant ?

PLANCHET.

Il a dit que, s'il n'était pas rentré demain matin à neuf heures, je vous prévinsse, ainsi que MM. Porthos et Aramis... et que vous aviseriez.

ATHOS.

Ah ! diable !

PLANCHET.

Chut ! écoute.

ATHOS.

Quoi ?

PLANCHET.

Il me semble que j'entends du bruit sur l'escalier.

ATHOS.

Vois.

D'ARTAGNAN, du dehors et secouant la porte.

Planchet !... mordious ! Planchet, ouvriras-tu, drôle ?

PLANCHET.

On y va... C'est lui !... c'est M. le chevalier !

ATHOS.

Oh ! oh ! qu'y a-t-il ?

D'ARTAGNAN.

Ah ! mille démons !

PLANCHET.

Est-ce que monsieur est poursuivi ?

SCÈNE II

Les Mêmes, D'ARTAGNAN.

D'ARTAGNAN, entrant tout bouleversé.

Je n'en sais rien, mais ferme les portes.

ATHOS.

Eh bien, d'Artagnan?

D'ARTAGNAN.

Athos!... vous, mon ami?... Vous êtes donc sorti de leurs griffes?

ATHOS.

Oui, et je suis venu vous faire ma première visite.

D'ARTAGNAN.

C'est Dieu qui vous a inspiré; j'allais courir chez vous.

ATHOS.

Qu'est-il donc arrivé?

D'ARTAGNAN.

Ce qui est arrivé?... Planchet, fais la garde sur l'escalier et ne laisse entrer âme qui vive.

PLANCHET.

Excepté les femmes.

D'ARTAGNAN.

Les femmes moins que personne, mordious!

ATHOS.

Ah! ah! il paraît que nos amours ont mal tourné?

D'ARTAGNAN.

Athos, ne riez pas... oh! non! de par le ciel, ne riez pas! car, sur mon âme, il n'y a pas de quoi rire!

ATHOS.

En effet, vous êtes bien pâle... Seriez-vous blessé?

D'ARTAGNAN.

Non, Dieu merci!

ATHOS.

Mais qu'avez-vous donc?

D'ARTAGNAN.

J'ai... que j'ai eu peur...

ATHOS.

Vous, d'Artagnan?... D'Artagnan a eu peur! qu'est-il donc arrivé?

D'ARTAGNAN.

Un événement terrible, Athos !

ATHOS.

Expliquez-vous... Qu'y a-t-il ?

D'ARTAGNAN.

Il y a que milady est marquée d'une fleur de lis à l'épaule.

ATHOS.

Ah ! milady... marquée... Que dites-vous là ?...

D'ARTAGNAN.

Voyons, répondez-moi ! Êtes-vous sûr que l'autre soit bien morte ?

ATHOS.

L'autre ?

D'ARTAGNAN.

Celle dont vous me parliez avant-hier... ici, là, à cette place... la femme du Berry.

ATHOS, passant sa main sur son front.

Comment est milady ?... son âge... sa taille... ses traits ?...

D'ARTAGNAN.

Vingt-cinq à vingt-six ans, petite plutôt que grande, des cheveux châtains, des sourcils bien marqués, l'œil sombre et plein d'éclairs...

ATHOS.

Pâle ?

D'ARTAGNAN.

Pâle... Des épaules magnifiques, et, sur la gauche, une fleur de lis rousse... et comme effacée sous les couches de pâte.

ATHOS.

Vous la disiez Anglaise ?

D'ARTAGNAN.

Eh bien, la vôtre, qu'était-elle ?

ATHOS.

C'est vrai... Charlotte Backson... Comment avez vous su... ?

D'ARTAGNAN.

Cette femme s'était aperçue qu'elle me plaisait. Elle est coquette, elle m'avait fait des avances. Je les avais acceptées ; tout à coup, la camériste se prend d'un bel amour pour ma personne et m'avertit que sa maîtresse se moquait de moi. Je suis du Midi, la colère me monte à la tête, j'exige des preuves, et elle me prouve que milady donnait des rendez-vous chez elle à un M. de Vardes... « Je me vengerai d'une façon terrible ! » m'écriai-je. La caméristc n'avait rien à me refuser; je lui ordonnai de m'introduire dans l'appartement de sa maîtresse. C'était facile ; milady attendait son amant, et la chambre était sans lumière.

ATHOS.

Sans lumière ?

D'ARTAGNAN.

Naturellement ; à cause de la fleur de lis, pardieu !... Eh bien, je suis entré, et mes affaires allaient à merveille... quand, tout à coup, la camériste, jalouse et craignant sans doute que ma vengeance ne fût plus douce que je ne l'avais annoncée, feint d'avoir été appelée et apparaît une lumière à la main... Milady me reconnaît ; elle veut me faire sortir, je m'obstine à rester, et, dans la lutte, le peignoir s'est déchiré.

ATHOS.

Ah ! et vous avez vu l'épaule ?

D'ARTAGNAN.

Mon ami, enfermez-moi avec une panthère enragée, avec une lionne furieuse, avec un serpent à sonnettes... j'y consens... mais avec cette femme qui me poursuivait le poignard à la main... Athos, je vous ai tout dit dans ces deux mots : ici même, près de vous, rien qu'en y pensant, j'ai peur !

ATHOS.

Attendez... Qu'avez-vous donc là, au doigt ?

D'ARTAGNAN.

Une bague qu'elle y a mise, croyant que j'étais de Vardes.

ATHOS.

Cette bague ?...

D'ARTAGNAN.

Je ne l'ai pas même regardée.

ATHOS.

Je la connais, moi... C'est celle que je lui ai donnée, le soir même de nos noces... D'Artagnan, c'est elle !

D'ARTAGNAN.

En ce cas, mon cher Athos, j'ai bien peur d'avoir attiré sur nous deux une vengeance terrible !

ATHOS.

Que m'importe ?

D'ARTAGNAN.

Comment, que vous importe ?

ATHOS.

Sur mon âme, d'Artagnan, je donnerais ma vie pour un cheveu... Mais vous vous alarmez à tort à mon égard... Elle me croit mort, comme je l'ai crue morte.

D'ARTAGNAN.

Athos, il y a quelque horrible mystère dans tout cela ; elle est prête à faire un voyage... Tenez, je ne sais pourquoi, mais j'ai la conviction que cette femme est l'espion du cardinal

ATHOS, prenant son manteau.

C'est bien !

D'ARTAGNAN.

Vous me quittez ?

ATHOS.

Elle demeure place Royale, n'est-ce pas ?

D'ARTAGNAN.

Oui, dans l'angle, au fond à gauche.

ATHOS.

A merveille !

D'ARTAGNAN.

Un dernier mot : en vous en allant, envoyez ici Porthos, Aramis et les laquais ; nous n'aurons peut-être pas trop de toutes nos forces pour faire face à l'ennemi.

ATHOS.

Bien !

D'ARTAGNAN.

Allez.

SCÈNE III

D'ARTAGNAN, puis MADAME BONACIEUX.

D'ARTAGNAN.

Ouf ! en voilà des aventures !... sans compter que je ne suis probablement pas au bout.

UNE VOIX, dans le dessous.

Monsieur d'Artagnan ! monsieur d'Artagnan !

D'ARTAGNAN.

Est-ce que je n'ai pas entendu mon nom ?

(On frappe sous les pieds de d'Artagnan.)

LA VOIX.

Monsieur d'Artagnan !

D'ARTAGNAN, ouvrant la trappe.

Qui m'appelle?

LA VOIX.

Moi, madame Bonacieux. Êtes-vous seul?

D'ARTAGNAN.

Oui; voulez-vous que je descende?

LA VOIX.

Non; je monte chez vous... Pouvez-vous me recevoir?

D'ARTAGNAN.

Pardieu!

LA VOIX.

Fermez la trappe alors.

(Il ferme la trappe.)

D'ARTAGNAN.

Si je puis la recevoir!... je crois bien, l'adorable créature! Qu'elle vienne, mordious! (Il va à la porte.) Planchet, laisse passer.

SCÈNE IV

D'ARTAGNAN, MADAME BONACIEUX.

MADAME BONACIEUX.

Ah! mon Dieu, je me meurs!

PLANCHET.

Monsieur, faut-il encore monter la garde?

D'ARTAGNAN.

Plus que jamais, Planchet.

MADAME BONACIEUX.

Monsieur d'Artagnan... ah! quel bonheur de vous rencontrer!...

D'ARTAGNAN.

Me voici, madame.

MADAME BONACIEUX.

Vous m'avez offert vos services.

D'ARTAGNAN.

Et je vous les offre encore.

MADAME BONACIEUX.

Tant mieux! car j'ai répondu de vous.

D'ARTAGNAN.

A qui?

MADAME BONACIEUX.
A la reine !
D'ARTAGNAN.
Et vous avez bien fait... Je suis à ses ordres et surtout aux vôtres.
MADAME BONACIEUX.
Monsieur, je vous connais à peine, mais j'ai toute confiance en vous... pourquoi ? je n'en sais rien.
D'ARTAGNAN.
Je le sais, moi... C'est parce que je vous aime.
MADAME BONACIEUX.
Vous me le dites... Écoutez-moi : je jure devant Dieu que, si vous me trahissez et que mes ennemis m'épargnent, ce dont je doute, je jure, je jure que je me tuerai en vous accusant de ma mort.
D'ARTAGNAN.
Et moi, devant Dieu, je jure aussi, madame, que, si je suis pris en accomplissant les ordres que vous me donnerez, je mourrai avant de rien faire ou dire qui compromette quelqu'un que je respecte ou quelqu'un que j'aime.
MADAME BONACIEUX.
Eh bien, il s'agit de partir à l'instant, sans perdre une seconde...
D'ARTAGNAN.
Pour quel pays ?
MADAME BONACIEUX.
Pour Londres, et de remettre cette lettre...
D'ARTAGNAN.
A qui ?
MADAME BONACIEUX.
Au duc de Buckingham.
D'ARTAGNAN.
Mais il me faut un congé de M. de Tréville ?
MADAME BONACIEUX.
Je suis passée chez lui... Dans un quart d'heure, le congé sera ici.
D'ARTAGNAN.
Je pars !... mais, à mon retour ?...
MADAME BONACIEUX.
A votre retour ?

&.

D'ARTAGNAN.

Que fera madame Bonacieux pour l'homme qui risque sa vie pour elle?

MADAME BONACIEUX.

Silence!

D'ARTAGNAN.

Quoi?

MADAME BONACIEUX.

La voix de mon mari!...

D'ARTAGNAN.

Soyez tranquille, Planchet défend la porte... Que fera-t-elle? Dites.

MADAME BONACIEUX.

Je n'en sais rien... mais venez toujours la rejoindre où elle sera, et nous verrons.

D'ARTAGNAN.

Mais où sera-t-elle?

MADAME BONACIEUX.

Vous le demanderez à la reine, et la reine vous le dira; ce sera votre récompense.

BONACIEUX, de l'autre côté de la porte.

Mais quand je vous dis que ce n'est pas à M. d'Artagnan que je veux parler, que c'est à ma femme.

MADAME BONACIEUX.

Sauvez-vous; moi, je reste...

D'ARTAGNAN, ouvrant le judas.

Par ici!

MADAME BONACIEUX.

Avez-vous de l'argent?

D'ARTAGNAN.

J'ai de quoi en faire...

(Il embrasse. Bonacieux.)

MADAME BONACIEUX

Eh bien, que faites-vous donc?

D'ARTAGNAN.

Je prends des arrhes pour ma route.

MADAME BONACIEUX.

Mais vous ne partez pas encore.

(D'Artagnan descend par le judas.)

PLANCHET, en dehors.

Comment, à votre femme?

BONACIEUX, de même.

Oui; je sais que ma femme est chez M. d'Artagnan, et je veux lui parler; que diable! j'ai le droit de parler à ma femme. Ah! monsieur Planchet, monsieur Planchet, je vous préviens que, si vous n'ouvrez pas, je vais chercher le guet.

MADAME BONACIEUX, ouvrant la porte.

Mais laissez donc entrer, monsieur Planchet; puisque mon mari veut me parler, qu'il me parle.

SCÈNE V

BONACIEUX, MADAME BONACIEUX.

BONACIEUX.

C'est bien heureux!... Que faites-vous ici, madame?

MADAME BONACIEUX.

J'attends M. d'Artagnan.

BONACIEUX.

M. d'Artagnan? vous attendez M. d'Artagnan? Hum! hum!
(Il regarde autour de lui.)

MADAME BONACIEUX.

Sans doute; vous voyez bien qu'il n'y est pas.

BONACIEUX.

Ah! il n'y est pas?

MADAME BONACIEUX.

Dame, il me semble.

BONACIEUX.

C'est vrai; mais pourquoi attendez-vous M. d'Artagnan?

MADAME BONACIEUX.

Ah! monsieur Bonacieux, cela ne vous regarde pas.

BONACIEUX.

Comment, cela ne me regarde pas?... Et qui donc cela regarde-t-il, je vous le demande?...

MADAME BONACIEUX.

Cela regarde des gens que vous ne connaissez pas et à qui vous n'avez pas affaire.

BONACIEUX, croisant les bras.

Oui, n'est-ce pas, cela regarde madame de Chevreuse? cela regarde M. le duc de Buckingham?

MADAME BONACIEUX.

Que dites-vous là, mon Dieu !

BONACIEUX.

Ah ! madame, vous ne saviez pas que je connusse votre complot.

MADAME BONACIEUX.

Quels noms avez-vous prononcés... et qui vous a instruit?

BONACIEUX.

Des intrigues, n'est-ce pas, toujours des intrigues?... Mais je m'en défie maintenant, de vos intrigues, et M. le cardinal m'a éclairé là-dessus.

MADAME BONACIEUX.

Le cardinal!... vous avez vu le cardinal?

BONACIEUX, avec importance.

Il m'a fait appeler, madame.

MADAME BONACIEUX.

Et vous vous êtes rendu à son invitation? Imprudent que vous êtes !

BONACIEUX.

Je dois dire que je n'avais pas le choix de m'y rendre, ou de ne pas m'y rendre, attendu que j'étais entre deux gardes.

MADAME BONACIEUX.

Alors, il vous a maltraité, il vous a fait des menaces?

BONACIEUX.

Il m'a tendu la main, et m'a appelé son ami... Entendez-vous, madame, je suis l'ami du grand cardinal.

MADAME BONACIEUX.

Du grand cardinal!... Il est des pouvoirs au-dessus du sien !

BONACIEUX.

J'en suis fâché, madame; mais je ne connais pas de pouvoir au-dessus de celui du grand homme que j'ai l'honneur de servir.

MADAME BONACIEUX.

Vous servez le cardinal?... Il ne vous manquait plus que

de servir le parti de ceux qui maltraitent votre femme, et qui insultent votre reine.

(Pendant les dernières lignes de cette scène, Porthos et Aramis, suivis de leurs Laquais, sont introduits tout doucement par Planchet.)

BONACIEUX.

Madame, la reine est une perfide Espagnole, et ce que M. le cardinal fait est bien fait.

MADAME BONACIEUX.

Ah ! monsieur, je vous savais lâche, avare, imbécile... mais je ne vous savais pas infâme !

BONACIEUX.

Hein ! que dites-vous là ?

MADAME BONACIEUX.

Je dis qu'il ne vous manque plus que de me suivre, de m'épier.

BONACIEUX.

C'est justement ce que j'ai fait.

MADAME BONACIEUX.

De me dénoncer.

BONACIEUX.

C'est justement ce que je vais faire.

MADAME BONACIEUX.

Comment, vous allez reporter au cardinal... ?

BONACIEUX.

Que je vous ai trouvée chez M. d'Artagnan et que vous n'avez pas voulu me dire le motif pour lequel vous étiez venue... Je ne doute point que vous ne conspiriez avec lui.

MADAME BONACIEUX.

Vous allez faire cela ? Oh ! non, impossible.

BONACIEUX.

De ce pas, madame, de ce pas, j'y vais.

MADAME BONACIEUX.

Oh ! il y a une justice, et Dieu ne permettra pas...

BONACIEUX.

Ah ! bon ! le cardinal est bien avec lui, il en fera son affaire...

SCÈNE VI

Les Mêmes, PORTHOS, ARAMIS, les Laquais.

Pardon ! brave homme, mais on ne passe pas.

BONACIEUX.

Comment, on ne passe pas?

ARAMIS.

C'est la consigne... et, vous le savez, monsieur, les mousquetaires sont esclaves de leur consigne.

BONACIEUX.

Et qui vous l'a donnée, cette consigne?

PORTHOS.

Notre ami d'Artagnan.

BONACIEUX.

Et il n'est pas ici, votre ami d'Artagnan?

D'ARTAGNAN, passant son corps à travers la trappe.

Pardon, mon cher Bonacieux, vous faites erreur... Me voilà.

BONACIEUX.

M. d'Artagnan... moitié chez lui, moitié chez moi!

PORTHOS, la main au feutre.

Que faut-il faire, brigadier?

D'ARTAGNAN.

Ayez les plus grands égards pour M. Bonacieux; qu'il ne manque de rien; mais enfermez-le dans sa cave et qu'il n'en sorte qu'à mon retour... Planchet, Bazin et Mousqueton le garderont à vue... Voilà l'ordre.

BONACIEUX.

Qu'à votre retour... Et quand revenez-vous?

D'ARTAGNAN, disparaissant.

Je n'en sais rien... Adieu!

MADAME BONACIEUX.

Cela vous apprendra, monsieur, à vous faire l'espion du cardinal.

NEUVIÈME TABLEAU

L'auberge du *Colombier rouge*. Rez-de-chaussée et premier étage.

SCÈNE PREMIÈRE

MILADY, écrivant au premier étage; ATHOS, au rez-de-chaussée;
L'HÔTE.

ATHOS, en simple cavalier.

Mais il me semble qu'il n'y a rien de si extraordinaire dans ce que je vous dis là. J'attends deux de mes amis; nous désirons nous griser ensemble; nous avons peur qu'on ne nous dérange pendant cette respectable opération, et nous voulons vous louer cette chambre.

L'HÔTE.

Non, ce n'est pas cela que j'avais compris; j'avais compris que vous me demandiez toute la maison, entendez-vous bien? et, comme le premier est déjà occupé...

ATHOS.

Eh bien, oui, par une femme, vous me l'avez dit; nous sommes trop galants pour déranger les dames, que diable! Que cette dame reste où elle est... et, pourvu que nous puissions disposer de cette chambre...

L'HÔTE.

Très-bien! de cette façon-là, tout s'arrange, mon Dieu!... et, moyennant une pistole...

ATHOS.

La voilà... Montez-nous du vin.

L'HÔTE.

Combien de bouteilles?

ATHOS.

Tant que vous voudrez.

L'HÔTE, à part.

Fameuse pratique!

(Il sort.)

ATHOS.

Elle est ici, je l'ai vue entrer. J'entends marcher au-dessus de moi...

MILADY, allant à la fenêtre.

Le cardinal avait dit : « A dix heures et demie... » (Dix heures sonnent.) Allons, ce n'est pas lui qui est en retard, c'est moi qui suis en avance.

PORTHOS, arrivant du dehors, à Athos.

Chut!

ATHOS.

Eh bien?

PORTHOS.

Aramis a fait le signal.

ATHOS.

Alors ils viennent?

PORTHOS.

Oui.

ATHOS

Soit.

PORTHOS.

Maintenant, est-ce que vous ne pourriez pas me dire, hos...?

ATHOS.

Inutile... Je voudrais seulement savoir une chose.

PORTHOS.

Laquelle ?

ATHOS.

C'est comment je pourrai entendre ce qui se dira là-haut.

L'HÔTE, rentrant.

Voilà le vin.

ATHOS.

Merci. Nous sommes chez nous, et personne ne nous dérangera ?

L'HÔTE.

Non... Ah ! seulement une recommandation.

ATHOS.

Laquelle ?

L'HÔTE.

Ne faites pas de feu dans le poêle.

ATHOS.

Et pourquoi cela ?

L'HÔTE.

Vous allez comprendre. Je suis un homme d'esprit, moi ; j'ai fait d'une pierre deux coups : avec le poêle, je chauffe le rez-de-chaussée ; avec le tuyau, la chambre au-dessus ; mais, hier, le tuyau est tombé, oui, dans une bagarre, dans une dispute, dans une batterie, de sorte que, si vous faisiez du feu, vous l'enfumeriez...

ATHOS.

Qui ?...

L'HÔTE.

La petite dame du premier, qui a retenu la chambre au-dessus pour elle toute seule.

ATHOS.

Pour elle toute seule?

L'HÔTE.
Oui, et pour un cavalier qui doit venir la rejoindre.
ATHOS.
Chut ! cela ne nous regarde pas.
L'HÔTE.
Bravo ! voilà votre vin ; si vous n'en avez pas assez, vous en redemanderez.

(Il sort ; à la porte, il rencontre Rochefort.)

SCÈNE II

Les Mêmes, ROCHEFORT, à la porte du fond ; puis LE CARDINAL avec deux Gardes.

ROCHEFORT.
Ici, l'ami !
L'HÔTE.
Qu'y a-t-il ?
ROCHEFORT.
Cette auberge est celle du *Colombier rouge ?*
L'HÔTE.
Vous voyez bien...
ROCHEFORT.
Vous avez, dans une chambre au premier, une femme qui attend.
L'HÔTE.
Êtes vous celui...?
ROCHEFORT.
Non...
L'HÔTE.
Eh bien, alors ?...
ROCHEFORT.
Silence ! (Il va au fond, et, s'adressant au Cardinal, qui attend dehors, enveloppé d'un manteau et escorté de deux Gardes.) Venez, monseigneur.
LE CARDINAL.
Elle est arrivée ?
ROCHEFORT.
Elle attend Votre Éminence.
LE CARDINAL.
Indiquez-moi le chemin.

L'HÔTE.

Oh! il n'y a pas à se tromper; prenez cet escalier, suivez le balcon extérieur, la première porte à gauche.

LE CARDINAL.

Merci!

(Il monte.)

ROCHEFORT, à l'Hôte.

Maintenant, mon ami, allez à vos affaires.

L'HÔTE.

A mes affaires?

ROCHEFORT.

Oui, vous devez en avoir; allez!

MILADY, à la fenêtre.

Venez, monseigneur, par ici!...

(Athos a écouté à la porte. Aramis frappe à la fenêtre de gauche.)

ATHOS.

Voyez qui frappe à la fenêtre, Porthos.

ARAMIS, dehors.

Moi... Aramis.

ATHOS.

Ouvrez, Porthos.

(Aramis rentre par la fenêtre.)

PORTHOS.

Pourquoi rentrez-vous par la fenêtre?

ARAMIS.

Parce que c'était dangereux de rentrer par la porte.

ATHOS, à Aramis.

Avez-vous vu le chef de la troupe?

ARAMIS.

Oui; aux rayons de la lune, il a ouvert son manteau, un seul instant, mais cela a suffi.

ATHOS.

C'est le cardinal, n'est-ce pas?

ARAMIS.

C'est le cardinal.

PORTHOS.

Le cardinal?... Oh!

ATHOS.

Et les autres?

ARAMIS.

Le comte de Rochefort, et deux gardes de Son Éminence; et, comme ils sont là, je suis rentré par la fenêtre, afin de n'être pas vu d'eux.

PORTHOS.

Je comprends! et quand je pense que cela ne me serait pas venu à l'idée, à moi.

ATHOS, écoutant.

Il est là-haut... Porthos, enlevez le poêle et mettez-le où vous voudrez.

PORTHOS.

Le poêle?

ATHOS.

Faites, je vous prie.

(Porthos enlève le poêle.)

MILADY.

Oh! nous sommes bien seuls, monseigneur, ne craignez rien.

LE CARDINAL.

N'importe! on ne saurait prendre trop de précautions.

ATHOS, écoutant par le tuyau.

Un véritable tuyau d'orgue.

ARAMIS.

Vous entendez ce qu'ils disent?

ATHOS.

Je n'en perdrai pas un mot.

PORTHOS.

Ah! je comprends! voilà pourquoi vous me disiez...

ATHOS.

Porthos, buvez ce vin ou videz les bouteilles par la fenêtre.

PORTHOS.

Vider les bouteilles?

ARAMIS.

Il faut que nous ayons l'air d'avoir bu.

PORTHOS.

Oui, oui, oui.

LE CARDINAL.

Asseyons-nous, milady, et causons.

ATHOS.

Chut!

MILADY.

J'écoute Votre Éminence.

ATHOS.

Oh! cette voix!

LE CARDINAL.

Vous connaissez l'importance de la mission que l'on vous confie?

MILADY.

Oui; mais daignez me donner mes instructions clairement, monseigneur; je tiens à justifier votre confiance.

ATHOS.

Fermez la porte au verrou, Aramis.

LE CARDINAL.

Vous allez partir pour Londres.

MILADY.

Si vous m'envoyez près du duc de Buckingham, monseigneur, prenez garde! c'est moi qui, rue de la Harpe, lui ai présenté le mouchoir que devait lui présenter la petite Bonacieux... Il pourra bien me reconnaître.

LE CARDINAL.

Peu importe! il n'y aura même point de mal qu'il sache que vous êtes à moi.

MILADY.

Alors, c'est une négociation à découvert que j'entreprends, et je puis me présenter franchement et loyalement à lui?

LE CARDINAL.

Oui, franchement et loyalement... comme toujours.

MILADY.

Parlez, monseigneur; je suivrai à la lettre les ordres de Votre Éminence.

ARAMIS, à Porthos, qui a débouché une bouteille.

Chut, donc, Porthos!

PORTHOS.

Mais Athos m'a dit de vider les bouteilles, je les vide.

LE CARDINAL.

Vous irez trouver Buckingham de ma part; vous lui direz que je sais tous les préparatifs qu'il fait, mais que je ne m'en inquiète guère, attendu qu'à son premier mouvement je perds la reine!

MILADY.

Croira-t-il Votre Éminence en mesure d'accomplir cette menace ?

LE CARDINAL.

Vous lui direz que j'ai des preuves, et, quand il saura que cette guerre qu'il entreprend peut coûter l'honneur et même la liberté à la dame de ses pensées, je vous réponds, moi, qu'il y regardera à deux fois.

MILADY.

Et si, cependant, il persiste ?

LE CARDINAL.

Ce n'est pas probable.

MILADY.

C'est possible.

LE CARDINAL.

S'il persiste ?... Eh bien, je mettrai mon espoir dans un de ces événements qui changent la face des États.

MILADY.

Votre Éminence veut parler du coup de couteau de Ravaillac ?

LE CARDINAL.

Justement.

MILADY.

Mais Votre Éminence ne craint-elle pas que le supplice de Ravaillac n'épouvante ceux qui auraient eu un instant l'intention de l'imiter ?

LE CARDINAL.

Il y a, en tout temps et dans tous les pays, surtout si ces pays sont divisés de religion, comme l'Angleterre, par exemple, il y a, dis-je, des fanatiques qui ne demandent pas mieux que de se faire martyrs.

MILADY.

Ah ! vous croyez que l'on pourrait trouver de pareils hommes ?

LE CARDINAL.

Tenez, justement, le bâtiment que vous allez prendre à Boulogne pour aller à Londres est un sloop marchand, commandé par un homme de cette sorte.

MILADY.

Vous le connaissez pour un ennemi de milord ?

LE CARDINAL.

Oh ! de longue main.

MILADY.

Comment s'appelle-t-il ?

LE CARDINAL.

Felton.

MILADY.

Ah !

LE CARDINAL.

Ce Felton, sous son masque de puritain, cache une âme de feu : il ne faudrait qu'une femme jeune, belle, adroite, pour monter la tête à un pareil homme.

MILADY.

Oui... et cette femme peut se rencontrer ?

LE CARDINAL.

Eh bien, une pareille femme, qui mettrait le couteau de Jacques Clément ou de Ravaillac aux mains de ce fanatique... cette femme sauverait la France !

MILADY.

Oui ; mais elle serait la complice d'un assassinat.

LE CARDINAL.

Que lui faudrait-il pour la rassurer ?

MILADY.

Je crois qu'il lui faudrait un ordre qui ratifiât d'avance tout ce qu'elle croirait devoir faire pour le bonheur de la France.

LE CARDINAL.

Le tout est de trouver cette femme.

MILADY.

Je la trouverai.

LE CARDINAL.

Alors cela va à merveille, si l'homme est trouvé par moi et la femme par vous.

MILADY.

Oui, il ne reste que l'ordre.

LE CARDINAL.

Un ordre dans le genre de celui-ci ?

(Il écrit un ordre.)

MILADY.

Oui ; et, maintenant que j'ai reçu les instructions de monseigneur à propos de ses ennemis, je veux dire les ennemis de la France, Son Éminence me permettra-t-elle de lui dire deux mots des miens?

LE CARDINAL.

Vous avez donc des ennemis?

MILADY.

Oui, monseigneur, et des ennemis contre lesquels vous me devez tout votre appui; car je me les suis faits en servant Votre Éminence.

LE CARDINAL.

Nommez-les-moi.

MILADY.

Il y a déjà cette petite intrigante de Bonacieux.

LE CARDINAL.

Ah! ah! la reine se doutait de quelque chose à son sujet; car elle l'a fait partir cette nuit pour le couvent des Carmélites de Béthune...

MILADY.

Des Carmélites de Béthune?

LE CARDINAL.

Vous connaissez le pays?

MILADY.

Je l'ai habité... L'autre ennemi...

LE CARDINAL.

Ah! il y en a deux?

MILADY.

L'autre, Votre Éminence le connaît bien... C'est notre mauvais génie à tous deux; c'est celui qui, dans la rencontre avec les gardes de Votre Éminence, a blessé si cruellement M. de Jussac... C'est celui qui, lorsque tout était préparé pour prendre le duc dans cette maison de la rue des Fossoyeurs, est venu mettre en fuite les agents de Votre Éminence et nous a fait manquer le coup.

LE CARDINAL.

Ah! je sais de qui vous voulez parler.

MILADY.

Je veux parler de ce misérable d'Artagnan.

LE CARDINAL.

C'est un hardi compagnon!

MILADY.

Il n'en est que plus à craindre.

LE CARDINAL.

Mais il me faudrait des preuves de ses intelligences avec Buckingham.

MILADY.

Des preuves? J'en aurai dix.

LE CARDINAL.

Oh! mais, alors, c'est la chose la plus simple; donnez-moi ces preuves, et je l'envoie à la Bastille.

MILADY.

Et ensuite?

LE CARDINAL.

Quand on est à la Bastille, il n'y a pas d'*ensuite*.

MILADY.

Monseigneur, troc pour troc, existence pour existence, homme pour homme; donnez-moi d'Artagnan, je vous donne Buckingham.

LE CARDINAL.

Je ne sais ce que vous voulez dire, milady; mais, comme j'ai le désir de vous être agréable, voici le papier que vous m'avez demandé.

MILADY.

Merci, monseigneur.

PORTHOS.

Avez-vous entendu?

ARAMIS.

Oh! l'atroce créature!

ATHOS.

C'est bien, ne bougez pas.

PORTHOS.

Quoi?

ATHOS.

Le reste me regarde!

ARAMIS.

Vous sortez?

ATHOS.

Oui; mais restez ici.

PORTHOS.

Vous vous chargez donc...?

ATHOS.

Je me charge de tout.

ARAMIS.

Devons-nous écouter encore ?

ATHOS.

Oui, si cela peut vous intéresser.

(Il sort par la fenêtre.)

LE CARDINAL, qui a repris son manteau.

Eh bien, c'est donc convenu, madame ?

MILADY.

C'est convenu, monseigneur.

LE CARDINAL.

Vous avez une chaise de poste ?

MILADY.

A cent pas d'ici.

LE CARDINAL.

Des relais sont préparés tout le long de la route, le sloop du capitaine Felton vous attend; si vous avez bon vent, vous pouvez être arrivée à Londres demain au soir.

MILADY.

J'y serai.

LE CARDINAL.

Aussitôt arrivée, vous me donnerez de vos nouvelles et me direz ce que vous avez fait pendant la route.

MILADY.

Par qui ?

LE CARDINAL.

Que cela ne vous inquiète pas : au moment où vous aurez besoin d'un messager, ce messager se présentera.

MILADY.

Comment le reconnaîtrai-je ?

LE CARDINAL.

Il vous dira : *La Rochelle.*

MILADY.

Et je répondrai ?

LE CARDINAL.

Portsmouth. Vous pourrez lui remettre votre lettre.

MILADY.

C'est bien. Adieu, monseigneur.

LE CARDINAL.

Au revoir, madame.

MILADY, à son tour, fait ses préparatifs et lit le billet.

« C'est par mon ordre et pour le bien de l'État que le por-

9.

teur du présent a fait ce qu'il a fait. RICHELIEU... » (Parlé.) Pas de date, à merveille! avec cela, la vengeance est sûre et n'est plus dangereuse...

(Pendant ce temps, Richelieu est descendu, a rejoint ses compagnons, qui s'éloignent avec lui. Aramis et Porthos restent au rez-de-chaussée.)

SCÈNE III

ATHOS, MILADY, ARAMIS, PORTHOS.

Athos entre au premier étage et referme la porte sur lui.

MILADY.

Qui êtes-vous, et que voulez-vous?

ATHOS.

A nous deux! (Il laisse tomber son manteau, et lève son feutre. Milady fait un pas en arrière.) Ah! je vois que vous me reconnaissez.

MILADY.

Le comte de la Fère!

ATHOS.

Oui, milady, le comte de la Fère en personne, qui revient tout exprès de l'autre monde pour avoir le plaisir de vous revoir... Asseyons-nous, madame, et causons, comme dit M. le cardinal.

MILADY, tombant sur un fauteuil.

Oh! mon Dieu!

ATHOS.

Vous êtes donc le démon sur la terre? Heureusement, avec l'aide de Dieu, les hommes ont parfois vaincu le démon. Vous vous êtes déjà trouvée sur mon chemin, et je croyais vous avoir terrassée, madame; mais ou je me trompais, ou l'enfer vous a ressuscitée...

MILADY.

Ah!

(Elle s'enveloppe dans sa coiffe.)

ATHOS.

Oui, l'enfer vous a ressuscitée, l'enfer vous a faite riche, l'enfer vous a donné un autre nom, l'enfer vous a refait même un autre visage... Mais il n'a effacé ni la souillure de votre âme, ni la flétrissure de votre corps.

MILADY.

Monsieur!

(Elle se lève. Athos reste assis.)

ATHOS.

Vous me croyiez mort, n'est-ce pas?

MILADY.

Mais, enfin, qui vous ramène vers moi? que voulez-vous?

ATHOS.

Je veux vous dire que, tout en restant invisible à vos yeux, je ne vous ai pas perdue de vue.

MILADY.

Vous savez ce que j'ai fait?

ATHOS.

Non-seulement ce que vous avez fait, mais encore ce que vous voulez faire.

MILADY.

Oh!

ATHOS.

Vous doutez?... Bien! écoutez alors. Vous êtes passée en Angleterre; en quittant la France, vous y avez épousé lord de Winter, baron de Clarick; au bout de deux ans, il est mort... d'une maladie singulière, qui laisse des taches bleues par tout le corps : par cette mort, vous êtes devenue la tutrice de votre fils et l'héritière de lord de Winter; puis vous êtes revenue en France, vous vous êtes mise au service du cardinal; c'est vous qui avez porté à Londres la fameuse lettre de la reine qui a fait venir milord Buckingham à Paris; c'est vous qui avez porté, rue de la Harpe, le mouchoir qui devait faire tomber le duc dans un piége; c'est vous qui, croyant recevoir dans votre chambre le comte de Vardes, y avez reçu le chevalier d'Artagnan, auquel vous en voulez, moins encore d'avoir surpris votre terrible secret, que de n'avoir pas tué lord de Winter, votre beau-frère, dont votre fils se fût trouvé l'héritier; c'est vous, enfin, qui venez, dans cette chambre, assise sur ce même fauteuil où vous êtes assise, c'est vous qui venez de prendre, avec le cardinal, l'engagement d'assassiner M. de Buckingham, en échange de la promesse qu'il vous a faite de laisser assassiner d'Artagnan.

MILADY.

Mais vous êtes donc Satan?

ATHOS.

Peut-être; mais, en tout cas, écoutez bien ceci : assassinez ou faites assassiner M. de Buckingham, peu m'importe! je ne le connais pas, et, d'ailleurs, c'est un Anglais; mais ne touchez pas du bout du doigt à un seul cheveu de d'Artagnan, qui est un fidèle ami que j'aime et que je défends, ne touchez pas à quelqu'un des siens, ou, je vous le jure par la mémoire de mon père, le crime que vous aurez tenté de commettre ou que vous aurez commis, sera le dernier.

MILADY.

M. d'Artagnan m'a cruellement offensée; M. d'Artagnan mourra.

ATHOS.

Ne répétez pas cette menace, madame.

MILADY.

Il mourra! lui, d'abord; elle, ensuite.

ATHOS.

Oh! prenez garde, voilà le vertige qui me gagne! (Il tire un pistolet de sa ceinture, et froidement.) Madame, vous allez à l'instant me remettre le papier que vous a signé le cardinal; ou, sur mon âme, je vous fais sauter la cervelle.

MILADY.

Non!

ATHOS, levant son pistolet.

Vous avez une seconde pour vous décider...

(Milady tire le papier de sa poitrine et le laisse tomber en grinçant des dents.)

ATHOS le ramasse et lit.

« C'est par mon ordre et pour le bien de l'État que le porteur du présent a fait ce qu'il a fait. RICHELIEU... » (Il reprend son manteau et son feutre.) Et, maintenant que je t'ai arraché les dents, vipère! mords, si tu peux.

MILADY, se tordant de rage.

Ah!

(Athos s'élance hors de la chambre.)

ARAMIS.

Que diable cette femme peut-elle être à Athos?

PORTHOS.

Je crois que c'est sa tante.

ACTE QUATRIÈME

DIXIÈME TABLEAU

Le port de Portsmouth. D'un côté, la tente de Buckingham ; de l'autre, une espèce de bâtisse qui peut servir de taverne aux matelots. — Entre cette bâtisse et la tente, un espace praticable. Milady écrit dans la taverne.

SCÈNE UNIQUE

MILADY, LORD DE WINTER, un Capitaine, un Homme, BUCKINGHAM, PATRICK, FELTON, D'ARTAGNAN.

DE WINTER, *sortant à reculons de la tente.*

Oui, milord, il sera fait comme Votre Grâce le désire... (Appelant.) Monsieur le capitaine du port ?

LE CAPITAINE, *sortant d'une barque qui attend avec des Rameurs.*

Votre Honneur ?

DE WINTER.

Sa Grâce lord Buckingham recevra ce matin les officiers de la flotte... Puis, vers midi, elle passera sur le vaisseau amiral... Ce soir, nous levons l'ancre.

LE CAPITAINE.

Bien, Votre Honneur.

DE WINTER.

Quoi de nouveau ?

LE CAPITAINE.

Un sloop arrivé dans la nuit.

DE WINTER.

De quelle nation ?

LE CAPITAINE.

Anglais.

DE WINTER.

De guerre ou de commerce ?

LE CAPITAINE.

De commerce.

DE WINTER.

Capitaine ?

LE CAPITAINE.

Felton.

DE WINTER.

Attendez donc... Ce Felton, n'est-ce point un ancien officier de la marine royale?

LE CAPITAINE.

Oui, Votre Honneur, réformé par milord duc de Buckingham pour cause d'indiscipline.

DE WINTER.

Amenait-il des passagers?

LE CAPITAINE.

Une femme... Au reste, j'aurai l'honneur de mettre sous les yeux de milord le livre du capitaine Felton, qui doit venir le reprendre et signer au registre.

DE WINTER.

Montrez-moi ce registre.

LE CAPITAINE.

L'apporterai-je à Votre Honneur, ou Votre Honneur veut-il passer dans mon canot?

DE WINTER.

Je vais avec vous.

(Ils sortent.)

MILADY, lisant ce qu'elle écrit.

« Monseigneur le cardinal, tout s'est passé comme Votre Éminence l'avait prévu... Le capitaine du sloop qui m'a conduite en Angleterre est non-seulement un hardi marin, qui a fait la traversée en neuf heures, mais encore un puritain exalté, et qui prie Dieu, chaque soir, de lui épargner un crime en ne le mettant point en face du duc... Felton, pendant la traversée, s'est apitoyé sur mes malheurs... Je lui ai raconté, sans le lui nommer, qu'un seigneur anglais m'avait séduite et lâchement abandonnée, que la soif d'une vengeance terrible me conduisait en Angleterre... Felton a pleuré avec moi, j'ai chanté des psaumes avec lui;... nous nous appelons frère et sœur... Cécily et Felton... Aujourd'hui, 23 août 1624, le duc, qui a fait dresser sa tente sur le port, espère appareiller et faire voile pour la France. Je suis donc arrivée à temps pour dire à Votre Éminence que je crois qu'il n'appareillera pas... J'envoie précipitamment ces nouvelles à Votre Éminence en me servant, pour correspondre avec elle, de notre chiffre habituel... J'attends, au reste, M. Felton, qui, à neuf heures du matin, doit venir reprendre son registre de bord chez le capitaine du port... Il est quatre heures moins un quart, je n'ai point encore aperçu le messager que Votre Éminence m'avait promis. »

UN HOMME, s'approchant d'elle.

La Rochelle.

MILADY.

Portsmouth.

L'HOMME.

J'attends.

MILADY.

Vous partez pour la France ?

L'HOMME.

Je pars pour le pays que vous voudrez.

MILADY.

Vous avez des moyens de transport ?

L'HOMME.

Une barque ici, des relais là-bas... Mais vous, madame ?

MILADY.

Il me faut, comme à vous, une barque qui, au premier ordre, me fasse sortir du port et me conduise au premier bateau pêcheur avec lequel je m'entendrai... Voici la dépêche ; allez... Que faites-vous ?

L'HOMME, désignant un autre individu qui l'accompagne.

Cet homme part à ma place.

MILADY.

Vous avez confiance en lui ?

L'HOMME.

Comme en moi-même.

MILADY.

C'est bien.

L'HOMME.

Je reste aux ordres de milady.

MILADY.

Tenez-vous aux environs de la tente du duc, et tâchez de me comprendre sur un signe, de m'obéir sur un mot.

DE WINTER, qui est revenu frapper au second compartiment, à Buckingham, qui apparaît.

Votre Grâce était enfermée.

BUCKINGHAM, riant.

Oui, je faisais ma prière.

DE WINTER.

Je ne croyais pas milord si dévot.

BUCKINGHAM.

Oh! je ne vous dis pas à quel saint.

DE WINTER.

Ou à quelle sainte.

BUCKINGHAM.

Chut!... ne parlons plus de nos péchés de jeunesse... Oh! la magnifique mer! le beau ciel! mon cher lord!

MILADY.

Le voilà!

BUCKINGHAM.

Vous ne sauriez croire combien je suis heureux! je pars avec une joie d'enfant.

(A l'apparition du Duc, les clairons sonnent et les tambours battent.)

DE WINTER.

Entendez-vous, milord? Les sentinelles qui veillent à votre tente ont fait un signe, et l'on bat aux champs.

BUCKINGHAM.

Mais c'est un honneur royal, de Winter.

DE WINTER.

Eh! n'êtes-vous pas le véritable roi?

MILADY.

Sortirait-il, par hasard?... (Elle va à la porte.) Et Felton qui ne vient pas!

DE WINTER.

Vous plaît-il, milord, de vous approcher jusqu'aux rampes de la jetée pour voir votre flotte?

BUCKINGHAM.

Oui, donnez-moi votre bras, milord.

CRIS.

Vive Buckingham!

DE WINTER.

Voyez cette forêt de mâts, monseigneur! voyez cette fourmilière de marins!

CRIS.

Vive le duc de Buckingham! vive milord duc!

DE WINTER.

Entendez-vous? entendez-vous?

BUCKINGHAM.

Merci, mes amis, merci!...

DE WINTER.

Milord a-t-il encore besoin de moi?

BUCKINGHAM.

Non, mon cher de Winter ; donnez des ordres pour la réception des officiers, et pour le départ de ce soir... puis revenez.

DE WINTER.

Dans une demi-heure, je serai de retour.

BUCKINGHAM, aux Sentinelles.

N'écartez personne... Ces braves gens veulent me voir : est-ce un crime? Ce soir, je pars pour la France... Qu'ils connaissent au moins celui pour qui ils prieront, et qui va peut-être mourir pour eux !

CRIS.

Vive Buckingham ! vive Georges de Villiers ! vive milord duc !

BUCKINGHAM.

Merci, enfants, merci!... David, préparez-moi les signatures... Patrick !

(Patrick s'approche; le Duc lui parle bas.)

PATRICK.

Bien, monseigneur !

MILADY, qui a regardé par la porte.

Ah! que vois-je là-bas?... Ce costume noir... cette démarche grave et lente... C'est lui !... Il a bien tardé à venir... mais enfin le voilà... (Bas.) Felton ! Felton !...

FELTON.

On m'appelle?

MILADY.

Oui, ici, venez !

FELTON.

Vous, Cécily !

MILADY.

Moi-même.

FELTON.

Que faites-vous ici seule?... pourquoi cette pâleur, ce regard étincelant, ce couteau ouvert ?

MILADY, l'amenant à la fenêtre.

Venez ici.

FELTON.

Me voilà.

MILADY.

Regardez.

FELTON.

Cette tente?... Je la vois.

MILADY.

Reconnaissez-vous les armoiries qui la surmontent?

FELTON.

Celles de Georges de Villiers, duc de Buckingham !

MILADY.

Je vous ai dit que j'étais venue chercher un ennemi en Angleterre.

FELTON.

Oui.

MILADY.

Un homme qui m'avait tout enlevé : honneur, avenir, fortune.

FELTON.

Cet homme, c'était...?

MILADY.

Vous ne devinez pas ?

FELTON.

Oh ! le même... qui, à moi aussi, a tout enlevé : fortune, avenir, honneur.

MILADY.

Ai-je encore besoin de vous dire ce que je viens faire ici, et pourquoi ce couteau ?

FELTON.

Non, je comprends, je comprends.

(Il prend le couteau.)

MILADY.

Que faites-vous ?

FELTON.

A votre tour, vous ne devinez pas ?

MILADY.

Felton ! Felton ! cet homme m'appartient.

FELTON.

Vous vous trompez, car il m'avait offensé avant de vous connaître.

MILADY.

Il est à moi.

FELTON.

Il est à nous... Plus un mot... Le Seigneur m'a conduit ici par la main... Loué soit le Seigneur ! J'ai le bras d'un homme et d'un homme offensé... et le poignard est mieux placé dans ma main que dans la vôtre... Regagnez le pont, et embarquez-vous... Et le premier oiseau de mer qui volera vers la France vous portera la nouvelle de la mort de Buckingham.

MILADY.

Oh ! non, à chacun sa tâche... Si je vous laisse accomplir la mienne, Felton, ce ne sera pas pour vous abandonner dans le péril... Je ne quitterai pas l'Angleterre sans mon ami... sans mon frère... sans mon héros... Votre sloop est sous voile et vous attend... Il nous a apportés, il nous remportera.

FELTON.

Mais, si Dieu me livre aux Philistins ?

MILADY.

Votre sœur est avec vous pour l'éternité.

FELTON.

Merci !... Je vais invoquer le Seigneur... Ma sœur, laissez-moi seul en sa redoutable présence.

MILADY.

Au revoir, mon frère.

(Elle s'arrête au fond.)

FELTON, s'agenouillant.

Seigneur, tu as jugé le juge, tu as condamné le tyran... Le nombre de ses jours est compté... Donne-moi la force pour exécuter la sentence.

BUCKINGHAM, agenouillé.

Mon Dieu, vous avez voulu que j'aimasse uniquement en ce monde celle dont voici l'image... Faites-moi vivre, mon Dieu, si elle doit m'aimer comme je l'aime... Faites-moi mourir si je dois être privé de son amour.

(Rumeur derrière la tente ; Milady rentre vivement.)

FELTON.

Eh bien, qu'y a-t-il ?

MILADY.

Un cheval emporté... un homme qui vient de ce côté... Je ne sais, mais... Un rassemblement ! je crains d'être reconnue.

FELTON.

Reconnue?

MILADY.

Non, remarquée.

(Rumeur croissante.)

LA SENTINELLE.

Je vous dis qu'on ne passe pas!

D'ARTAGNAN.

Je vous dis que je passerai, mordieu!... Je veux parler au duc de Buckingham; faites-moi place, ou sinon...

FELTON.

Entendez-vous?

MILADY.

Oui, il me semble que je connais cette voix.

BUCKINGHAM, sur le seuil.

Qu'y a-t-il?

D'ARTAGNAN.

Dites-lui que c'est un gentilhomme français qui a crevé trois chevaux de Douvres à Portsmouth; dites-lui mon nom s'il le faut: M. d'Artagnan.

MILADY.

D'Artagnan!

BUCKINGHAM.

Un gentilhomme français?... M. d'Artagnan? (Sortant.) Me voici!

D'ARTAGNAN.

Milord! milord! à moi!...

BUCKINGHAM.

Laissez passer! laissez passer! Ne vous ai-je pas dit qu'aujourd'hui tout le monde était libre de venir jusqu'à moi?... Vous, ici, monsieur! j'espère qu'il n'est pas arrivé malheur à la reine?

D'ARTAGNAN.

Je ne crois pas, milord... Seulement, je sais qu'elle court quelque grand péril dont Votre Grâce seule peut la sauver.

BUCKINGHAM.

Moi?... De l'autre côté de la mer, je serais assez heureux pour lui être bon à quelque chose... Ah! parlez! parlez!

D'ARTAGNAN.

Prenez cette lettre.

BUCKINGHAM.

Cette lettre... et de qui est-elle?

D'ARTAGNAN.

D'elle.

BUCKINGHAM.

De la reine !... Mon Dieu !

(Il chancelle.)

D'ARTAGNAN.

Qu'avez-vous, milord?...

BUCKINGHAM, tombant assis.

Oh! je ne m'attendais pas à tant de bonheur! oh! je n'y vois plus !... (Il lit.) « Ces ferrets, où je suis perdue ! ces ferrets, pour l'amour de moi qui ai tant souffert pour vous ! ANNE. » (Parlé.) Voyons, mon brave gentilhomme, que sais-tu de plus?

D'ARTAGNAN.

Rien, absolument.

BUCKINGHAM.

On l'a donc persécutée?

D'ARTAGNAN.

Je le suppose.

BUCKINGHAM.

Mais, enfin, tu as appris?...

D'ARTAGNAN.

Oui, milord, j'ai appris qu'il y a cent vingt lieues pour aller d'ici à Paris, et qu'il me reste vingt-quatre heures pour les faire.

BUCKINGHAM.

Dans une heure, tu repartiras.

D'ARTAGNAN.

Milord!...

BUCKINGHAM.

Oh! vous me laisserez bien le temps de joindre une ligne à ce coffret... David, prévenez l'amiral que je mets le meilleur voilier de l'escadre, le *Britannia*, à la disposition de ce gentilhomme. Reposez-vous une heure, d'Artagnan, pour l'amour de votre reine... une heure!

D'ARTAGNAN.

Reste à vingt-trois, milord, prenons garde!

BUCKINGHAM.

Patrick, que l'on serve ce gentilhomme comme moi-même.

PATRICK.

Oui, milord.

BUCKINGHAM, conduisant d'Artagnan au fond, tire le coffret de son prie-Dieu.

Tenez, les voici, ces précieux ferrets, qui devaient me suivre dans la tombe pendant l'éternité et que je n'aurai possédés qu'un instant... Elle me les avait donnés, elle me les reprend... Sa volonté, comme celle de Dieu, soit faite en toute chose !

PATRICK.

Son Honneur est servi.

BUCKINGHAM.

Allez, mon cher chevalier... Pendant que vous boirez un verre de vin de France, je lui écrirai, moi.

D'ARTAGNAN.

Milord, je n'ai pas besoin de vous dire que plus tôt vous me donnerez mon congé, plus tôt...

BUCKINGHAM.

Vous m'avez accordé une heure.

D'ARTAGNAN.

Soit, milord... (A Patrick.) Par ici ?...

PATRICK.

Oui.

(Il sort avec d'Artagnan.)

BUCKINGHAM.

Oh ! ma belle Majesté !... à nous deux !

MILADY.

Il est seul enfin... Il écrit.

FELTON.

C'est l'heure marquée.

MILADY.

Va, Felton !... Va, sauveur de l'Angleterre !

(Felton descend et entre dans la tente.)

BUCKINGHAM.

Qui êtes vous, et que voulez-vous ?

FELTON.

Me reconnaissez-vous, milord ?

BUCKINGHAM.

Ah ! vous êtes ce jeune marin que j'ai chassé de la marine royale ?

FELTON.

La faute était légère et le châtiment a été grave, milord!

BUCKINGHAM.

C'est juste... vous venez réclamer... Vous tombez bien, Felton, je suis dans un jour de bonheur... Votre nom sera rétabli sur les cadres de l'armée... Le second du *Neptune* s'est cassé la jambe hier, vous le remplacerez si vous êtes venu pour cela... Allez.

FELTON.

Je n'étais pas venu pour cela.

BUCKINGHAM.

Et pourquoi étiez-vous venu?

FELTON.

Pour vous dire, milord, que vous allez entreprendre une guerre impie.

BUCKINGHAM.

Plaît-il?

FELTON.

Pour vous dire que ce n'est ni le roi ni l'Angleterre que vous défendez à cette heure, mais que ce sont vos adultères amours que vous servez.

BUCKINGHAM.

Malheureux!

FELTON.

Pour vous dire que le Seigneur veut que vous renonciez à l'instant même à cette guerre fatale, qui est la ruine de l'Angleterre, et qu'alors... alors je vous pardonnerai vos fautes passées, en mon nom et en celui de mes concitoyens.

BUCKINGHAM.

Cet homme est fou!

FELTON.

Il n'y a de fou, il n'y a d'insensé que celui qui fait semblant de ne pas m'entendre.

BUCKINGHAM.

Ah! retirez-vous, monsieur, ou j'appelle et je vous fais mettre aux fous!

FELTON.

Vous n'appellerez pas!

BUCKINGHAM.

Holà! Patrick! sentinelle! (Felton le frappe.) Ah! traître!... tu m'as tué...

PATRICK.

Milord m'a appelé ?

BUCKINGHAM.

A moi ! à moi !

PATRICK.

Au meurtre !

FELTON, se sauvant.

Place au vengeur de l'Angleterre ! place !

MILADY.

Sauvé ! il est sauvé !

CRIS, au fond.

Au meurtre ! à l'assassin ! Courez ! courez !... C'est lui ! lui ! lui !

MILADY.

Le canot, le canot ! faites avancer le canot.

D'ARTAGNAN.

Milord ! milord !

BUCKINGHAM.

Viens, viens, d'Artagnan !

D'ARTAGNAN.

Du secours !... un médecin !

BUCKINGHAM.

Inutile, inutile... Avant l'arrivée du médecin, je serai mort... Laissez-nous, laissez-nous... Tiens, tiens, ce coffret, le voilà... c'est tout ce que j'avais d'elle... avec la lettre... La lettre... où est-elle ? Ah ! que je la baise encore, avant que ma bouche se glace !... que je la relise avant que mes yeux se ferment ! D'Artagnan, tu lui rendras ce coffret...

D'ARTAGNAN.

Milord !... Mon Dieu, si ce meurtrier était un ennemi de la reine, si on allait m'assassiner... Je ne crains rien pour moi ; mais me prendre cette lettre, ce coffret.

BUCKINGHAM.

Oui, oui, tu as raison... David, écrivez... Ordre de fermer le port, de ne laisser sortir aucun bâtiment, pas même un canot, pendant trois jours... excepté, le *Britannia,* qui conduira M. d'Artagnan... Donnez, donnez que je signe. (Il signe.) Cet ordre à lord de Winter. David, allez... allez !

D'ARTAGNAN.

Mon cher seigneur !

BUCKINGHAM.

Et maintenant... vite, vite, le coffret... ma lettre à moitié écrite... Bon ! tu rendras ce coffret à Sa Majesté, et, comme souvenir... (Il lui montre le couteau.) Tiens... (Il tombe.) Non, non, laissez-moi où je suis... Va, va, d'Artagnan, et dis-lui que mon dernier mot a été pour prononcer son nom... que mon dernier soupir... Ah ! ah ! son portrait... (A David, qui rentre.) Eh bien, cet ordre?...

DAVID.

Je l'ai remis à lord de Winter lui-même.

BUCKINGHAM.

Son portrait... Merci, merci... Pars, d'Artagnan.

LES DOMESTIQUES.

Mort !

LES GARDES, amenant Felton.

Viens, misérable ! viens !

FELTON.

Mort !

MILADY.

Mort !... Maintenant, en France ! (Un coup de canon.) Qu'est cela ?

LE PATRON DE LA BARQUE.

Milady, le port est fermé... La barque est occupée par la garde de la marine... Impossible de fuir !

D'ARTAGNAN.

Place ! place !

MILADY.

D'Artagnan !

D'ARTAGNAN.

Oh ! je m'en doutais bien, que ce monstre ne devait pas être loin.

MILADY.

Oh ! du moins, lui aussi restera en Angleterre.

LE CAPITAINE.

Monsieur d'Artagnan, le *Britannia* est sous voile et n'attend plus que vous.

MILADY.

Tu pars, d'Artagnan ? Au revoir !

D'ARTAGNAN.

Oh ! milady !... ah ! lâche assassin !... Oui, sois tranquille !... au revoir ! au revoir !

ONZIÈME TABLEAU

Une salle de l'hôtel de ville de Paris. Au fond, une galerie séparée de la salle par une large portière. Échevins, Dames, Gens de la cour dans la galerie.

SCÈNE PREMIÈRE

TRÉVILLE, JUSSAC.

TRÉVILLE.

Un mousquetaire à cette porte ! (Un Mousquetaire va prendre sa faction.) Un garde française à celle-ci.

(Un Garde se place.)

JUSSAC.

Et maintenant, un garde de Son Éminence à cette porte.

TRÉVILLE.

Plaît-il, monsieur ? que faites-vous ?

JUSSAC.

Monsieur, je place un de mes gardes ici.

TRÉVILLE.

Pardon, où sommes-nous, monsieur, s'il vous plaît ?

JUSSAC.

Mais à l'hôtel de ville, monsieur.

TRÉVILLE.

Et pour quoi faire ?

JUSSAC.

Nous y sommes venus au bal, monsieur, à un fort beau bal que les échevins donnent au roi.

TRÉVILLE.

Et le roi y vient, n'est-ce pas ?

JUSSAC.

Certes, oui, monseigneur, puisque c'est à lui qu'on donne le bal.

TRÉVILLE.

Eh bien, monsieur, partout où le roi vient, le roi est chez lui, et, chez le roi, il n'y a d'autre garde que sa garde... c'est-à-dire les mousquetaires, les gardes françaises et les gardes suisses... Un garde suisse à la troisième porte.

(Un Suisse prend sa faction.)

JUSSAC.

Monsieur, je me plaindrai à Son Éminence.

TRÉVILLE.

Comme il vous plaira, monsieur de Jussac.

SCÈNE II

Les Mêmes, ROCHEFORT.

ROCHEFORT, à Jussac.

Et Son Éminence vous donnera tort, monsieur, puisque M. de Tréville a raison. (A Tréville.) Monsieur, je suis votre humble serviteur.

TRÉVILLE.

Et moi le vôtre, monsieur de Rochefort.

ROCHEFORT.

Belle fête, monsieur le capitaine ! belle assemblée ! Que de fleurs, que d'or et de buffets ! On a bien raison de dire : *La bonne ville de Paris*; ah ! c'est une ville de confitures !

TRÉVILLE.

Quelle est cette belle dame à qui l'on fait une entrée royale ?

ROCHEFORT.

Madame la première présidente, monsieur, la maîtresse du logis, celle qui fera les honneurs à Sa Majesté la reine.

TRÉVILLE.

M. le cardinal viendra, je suppose ?

ROCHEFORT.

Son Éminence est invitée, monsieur.

(Rumeurs au loin.)

ATHOS, à Tréville.

Pardon, monsieur, la consigne ?

TRÉVILLE.

Ne laisser entrer dans cette salle que le roi, la reine, M. le cardinal et les grands officiers (montrant une porte latérale), et, dans ce cabinet où s'habillera la reine, personne que la reine et ses dames.

ATHOS.

Bien !

TRÉVILLE.

Messieurs les gardes! messieurs les mousquetaires! voici le roi qui monte.

(Tambours éloignés, musique, acclamations.)

SCÈNE III

Les Mêmes, LE ROI, venant du fond; LE CARDINAL, entrant d'un autre côté, avec ROCHEFORT.

ROCHEFORT, au Cardinal.

Venez par ici, monseigneur.

LE CARDINAL.

Combien avons-nous de temps avant l'ouverture du ballet?

ROCHEFORT.

Le temps nécessaire pour que le roi et la reine prennent leur costume de danseurs.

LE CARDINAL.

Et ils s'habilleront ici?

ROCHEFORT.

Le roi, dans son cabinet au bout de la galerie; la reine, dans cette chambre en face de Votre Éminence.

UN HUISSIER.

Le roi!

LE ROI, au fond.

Messieurs les échevins de ma bonne ville de Paris, j'arrive un peu tard; excusez-moi, c'est la faute de M. le cardinal, qui m'a retenu.

LE CARDINAL, à Rochefort.

C'est toujours ma faute!

ROCHEFORT.

Pas pour cette fois, je crois...

LE ROI, inquiet.

Est-ce que M. le cardinal n'est pas arrivé?

LE CARDINAL.

Sire, j'attendais le moment de présenter mes respects à Votre Majesté.

LE ROI.

Ah! monsieur le duc, je vous accusais pour m'excuser; le fait est, messieurs, que Son Éminence aime mieux le travail que le bal... A quelle heure commence le ballet, messieurs?

UN ÉCHEVIN.

Sitôt que Sa Majesté la reine sera arrivée, sire, et dès que Votre Majesté donnera ses ordres.

LE ROI.

Mes ordres? Oh! vous êtes ici chez vous, messieurs. La reine doit être en chemin pour venir.

LE CARDINAL.

Sa Majesté la reine va-t-elle mieux, sire?

LE ROI.

La reine est toujours malade quand on la croit en bonne santé, en bonne santé quand on la croit malade.

LE CARDINAL.

Mais Sa Majesté vient au bal?

LE ROI.

J'y compte bien.

LE CARDINAL.

Elle ne viendra pas.

(Bruit, acclamations.)

LE ROI.

Ce doit être la reine.

UN HUISSIER.

La reine!

(Mouvement.)

SCÈNE IV

Les Mêmes, ANNE D'AUTRICHE.

ANNE.

Bonjour, messieurs. (Elle regarde autour d'elle.) Rien! rien! personne... Plus d'espoir!... Le cardinal!

LE ROI.

Madame, je me suis excusé par le travail, moi; mais vous, quelle excuse aurez-vous d'avoir tardé?

LE CARDINAL.

Madame! (Il salue; à part.) Elle n'a pas les ferrets! (Haut.) Madame peut donner une excuse bien naturelle: sa beauté, le soin de sa toilette, le temps qu'il a fallu pour lacer les manches avec ces ferrets.

ANNE.

Implacable comme l'enfer!

LE ROI.

Mais non... ils n'y sont pas! Madame, pourquoi donc, s'il vous plaît, n'avez-vous point vos ferrets de diamants, quand vous saviez qu'il m'eût été agréable de vous les voir?

ANNE.

Sire...

LE ROI.

C'est moi qui vous ai fait ce cadeau, madame; je comptais vous en voir parée... Vous avez tort.

LE CARDINAL.

On peut les envoyer chercher; où sont-ils?

LE ROI.

Oui, où sont-ils?

ANNE.

Mais au Louvre. (A part.) Un peu de temps, un peu de temps, mon Dieu! (Haut.) Votre Majesté veut-elle...?

LE ROI.

Oui, je le veux! car le ballet va commencer aussitôt que les danseurs seront habillés, aussitôt que vous serez prête vous-même.

LE CARDINAL, à part.

D'ici à ce temps-là, elle prétextera un malaise, un évanouissement.

LE ROI.

Envoyez-vous au Louvre, madame?

ANNE.

Je vais envoyer; oui, sire.

LE CARDINAL.

Et moi aussi.

(Il salue et sort.)

SCÈNE V

Les Mêmes, hors LE CARDINAL.

ANNE.

Vous n'avez pas eu pitié de moi, mon Dieu! je suis perdue.

TRÉVILLE.

Si je pouvais quelque chose pour le service de Votre Majesté.

ANNE.

Vous ne pouvez rien, monsieur... rien.

TRÉVILLE.

Ah! madame!

ANNE.

Attendez!... connaissez-vous... un garde, un jeune homme?

TRÉVILLE.

Un jeune homme?

ANNE.

Qui s'appelle d'Artagnan.

TRÉVILLE.

Qui m'a demandé un congé?

ANNE.

Vous ne l'avez pas revu? il n'est pas de retour?

TRÉVILLE.

Non, madame. Athos, vous n'avez pas revu M. d'Artagnan?

ATHOS.

M. d'Artagnan?... Non.

ANNE.

C'est fini!... c'est fini!

UNE CAMÉRISTE.

Le service de Sa Majesté.

(La Reine se dirige vers la droite, les Dames la suivent.)

SCÈNE VI

LES MÊMES, ROCHEFORT.

ROCHEFORT, au fond.

Messieurs, messieurs, un homme vient de monter par le petit escalier ; il a forcé le poste, renversé les factionnaires... On lui a crié de s'arrêter, il a poursuivi son chemin... Alarme! alarme!

TRÉVILLE.

Un homme?

ATHOS.

Un homme? Nous le verrons.

SCÈNE VII

Les Mêmes, D'ARTAGNAN, couvert de sueur et de poussière.

D'ARTAGNAN, entrant, bas, à un Garde.

Camarade... camarade, votre mousquet!

ATHOS.

D'Artagnan!

TRÉVILLE.

D'Artagnan!

LA REINE, s'arrêtant sur le seuil du cabinet.

D'Artagnan!... Mon Dieu! mon Dieu!

ROCHEFORT.

Mon Gascon!... Ah! c'est vous qui renversez les sentinelles?

D'ARTAGNAN.

Mon voleur!... Moi! quelles sentinelles? Je n'ai rien renversé du tout.

ROCHEFORT.

Alors, que faites-vous ici?

D'ARTAGNAN.

C'est mon tour de faction, je prends mon tour.

ROCHEFORT.

En cet état? poudreux, ruisselant de sueur? Nous allons voir si c'est une tenue de bal!

LA REINE, bas, à Tréville.

Oh! monsieur de Tréville!

TRÉVILLE, à Rochefort.

Monsieur, de quoi vous mêlez-vous? M. d'Artagnan est-il des vôtres?

ROCHEFORT.

Non; mais...

TRÉVILLE.

Il me plaît, à moi, qu'un garde de Sa Majesté soit couvert de poussière et de sueur, quand il a couru pour le roi. Je crois que c'est moi qui commande ici!

ROCHEFORT.

C'est bien, monsieur, c'est bien. (A part.) Oh! Gascon maudit!

(Il regarde d'Artagnan.)

ATHOS, à Rochefort.

Eh bien, quoi?

D'ARTAGNAN.

Laissez donc, Athos, j'ai un compte ouvert avec monsieur.

TRÉVILLE.

Votre poste est ici, d'Artagnan.

D'ARTAGNAN, bas, à Tréville.

Il va tout conter au cardinal.

TRÉVILLE.

Je vous accompagne, monsieur de Rochefort.

(Il l'emmène.)

SCÈNE VIII

Les Mêmes, hors TRÉVILLE et ROCHEFORT.

ANNE.

Eh bien ?

D'ARTAGNAN.

Voici le coffret, madame.

ANNE.

Ah ! je suis sauvée !... mes ferrets !... Merci ! merci !... Un poignard !... Ciel ! il y a du sang sur ce poignard.

D'ARTAGNAN.

Le sang de Georges Villiers, duc de Buckingham, qui m'a chargé de vous dire, en mourant...

ANNE.

Il est mort ?

D'ARTAGNAN.

En prononçant le nom de Votre Majesté.

ANNE.

Georges ! que c'est cher, l'amour d'une reine !

UN HUISSIER, dans la coulisse.

Le roi !...

ANNE.

Les ferrets... vite !... Estefana, gardez-moi ce coffre !

SCÈNE IX

Les Mêmes, LE ROI, LE CARDINAL, TRÉVILLE, ROCHEFORT.

LE ROI.

Eh bien, madame, est-on revenu du Louvre ?

LE CARDINAL.

On n'y a même pas été.

LE ROI.

Vous êtes prête, madame ?

ANNE.

Aux ordres de Votre Majesté.

LE CARDINAL, stupéfait.

Les ferrets !

LE ROI.

Ah ! vous avez les ferrets ? Merci. Que vouliez-vous donc me dire, monsieur le cardinal, au sujet de ces ferrets ?

LE CARDINAL.

Rien, sire, rien. (A part.) Comment lui sont-ils revenus ?

ROCHEFORT.

Regardez la poussière qui couvre les habits de ce garde..: derrière-moi, monseigneur.

LE CARDINAL.

Ah ! c'est bien... Venez.

LE ROI, à Tréville.

Le cardinal est tout pâle ; savez-vous pourquoi ?

TRÉVILLE.

Je crois que oui, sire ; c'est une espièglerie de la reine. Votre Majesté veut-elle le savoir ?

LE ROI.

Ah ! dites !

ANNE, à d'Artagnan.

Comment remercier mon sauveur... mon héros, mon ami ?

D'ARTAGNAN.

D'un seul mot, madame : Constance a disparu ; où est Constance ?

ANNE.

Pour la soustraire à la vengeance du cardinal, je l'ai envoyée aux Carmélites de Béthune.

D'ARTAGNAN.

Merci, je suis payé.

ANNE.

Ah ! pas encore.

LE ROI, à Tréville.

De sorte que le cardinal a été attrapé et qu'il enrage ? C'est fort réjouissant. (A la Reine.) J'espère que vous me pardonnerez la plaisanterie des ferrets, n'est-ce pas ?

ANNE, à part.

La plaisanterie! (Haut.) Oui, sire.

LE ROI.

Venez-vous, madame? Le ballet commence, l'air en est joyeux.

ANNE, appuyant la main sur son cœur.

Très-joyeux, oui, sire.

(Elle étouffe un sanglot et tend la main au Roi.)

D'ARTAGNAN.

Le mort est le plus heureux!

ACTE CINQUIÈME

DOUZIÈME TABLEAU

Une chambre dans le couvent des Carmélites, à Béthune.

SCÈNE PREMIÈRE

ROCHEFORT, LA SUPÉRIEURE.

LA SUPÉRIEURE.

Vous avez fait demander la supérieure du couvent des Carmélites de Béthune, monsieur; me voici.

ROCHEFORT.

En effet, madame, j'ai à vous demander un renseignement.

LA SUPÉRIEURE.

Faites, monsieur.

ROCHEFORT.

Une femme de vingt-quatre à vingt-cinq ans, arrivant par la route de Boulogne, ne s'est-elle pas arrêtée dans votre couvent?

LA SUPÉRIEURE.

Mais, monsieur, je ne sais si je dois répondre à une pareille question.

ROCHEFORT, tirant un papier de sa poche.

Ordre du cardinal.

LA SUPÉRIEURE.

J'obéis... Interrogez, monsieur.

ROCHEFORT.

Avez-vous reçu, oui ou non, madame, au couvent des Carmélites de Béthune, une femme de vingt-quatre à vingt-cinq ans, arrivant par la route de Boulogne?

LA SUPÉRIEURE.

Oui, monsieur.

ROCHEFORT.

Quand cela?

LA SUPÉRIEURE.

Hier.

ROCHEFORT.

Faites-la prévenir qu'un messager de Son Éminence veut lui parler.

LA SUPÉRIEURE.

Dans un instant, elle sera près de vous, monsieur.

ROCHEFORT.

Merci.

SCÈNE II

ROCHEFORT, puis MILADY.

ROCHEFORT.

Quel diable d'intérêt a-t-elle à venir s'enfermer dans ce couvent de Béthune? Sans doute pour être près de la frontière; c'est une femme prudente que milady de Winter.

MILADY.

Ah! c'est vous, comte? Eh bien, qu'a dit le cardinal de la mort de Buckingham?

ROCHEFORT.

Oh! il en est désespéré, comme chrétien; il est vrai que, comme politique, il ne peut pas s'empêcher de dire que c'est un grand bonheur.

MILADY.

Et qu'ordonne-t-il à mon égard?

ROCHEFORT.

Il approuve votre projet, et m'envoie vers vous, pensant

que vous aurez bien des choses à me dire, que vous ne voudriez pas confier au papier.

MILADY.

Et il a raison.

ROCHEFORT.

Eh bien, dites...

MILADY.

La première, c'est que, comme je m'y attendais, j'ai retrouvé dans ce couvent la petite Bonacieux.

ROCHEFORT.

Vous vous êtes bien gardée de vous montrer à elle, je suppose?

MILADY.

Elle ne me connaît pas.

ROCHEFORT.

En ce cas, vous devez déjà être sa meilleure amie?

MILADY.

Justement.

ROCHEFORT.

Et comment vous y êtes-vous prise?

MILADY.

Je me suis présentée ici comme une victime du cardinal.

ROCHEFORT.

Et la conformité de position...

MILADY.

Vous comprenez.

ROCHEFORT.

Si je comprends, je crois bien!

MILADY.

Au reste, votre visite va faire merveille.

ROCHEFORT.

En quoi?

MILADY.

En ce que vous allez dire que vous avez découvert ma retraite et qu'on me viendra chercher demain ou après-demain; j'ai des raisons pour ne pas rester à Béthune.

ROCHEFORT.

Diable! mais où vous retrouverai-je, si j'ai besoin de vous?

MILADY.

Attendez... A Armentières.

XIV.

ROCHEFORT.

Bien! Vous n'avez pas autre chose à faire dire au cardinal?

MILADY.

Dites-lui que notre conversation du *Colombier rouge* avait été entendue par trois mousquetaires du roi; qu'après son départ, un de ces trois hommes, nommé Athos, est monté près de moi et m'a arraché le sauf-conduit qu'il m'avait donné; que ces mousquetaires sont à craindre, puisqu'ils savent notre secret et qu'il faut s'en débarrasser.

ROCHEFORT.

Ces trois hommes ne sont-ils pas les amis de notre Gascon?

MILADY.

Les inséparables.

ROCHEFORT.

Alors ce sont ceux que j'ai rencontrés à dix lieues d'ici, faisant halte dans une auberge.

MILADY.

Que viennent-ils faire de ce côté?

ROCHEFORT.

N'avez-vous pas dit que l'un d'eux est l'amant de la petite Bonacieux?

MILADY.

C'est d'Artagnan.

ROCHEFORT.

Eh bien, sans doute, ils viennent la chercher.

MILADY.

La chercher?

ROCHEFORT.

Oui, après le service que d'Artagnan a rendu à la reine, la reine n'aura rien eu à lui refuser.

MILADY.

Vous avez raison, Rochefort; ce n'est point à Paris qu'il faut que vous retourniez, c'est à Lille que vous allez m'attendre.

ROCHEFORT.

Vous attendre?

MILADY.

Croyez-vous que M. le cardinal ne serait pas bien aise d'avoir la petite Bonacieux sous sa main?

ROCHEFORT.

Oui; mais les Carmélites de Béthune sont sous la protection de la reine.

MILADY.

Et si je conduis la petite à Lille?

ROCHEFORT.

Oh! ceci, c'est autre chose.

MILADY.

Alors, ce n'est pas demain, ce n'est pas après-demain qu'il faut que je parte, c'est aujourd'hui même.

ROCHEFORT.

En effet, nos hommes peuvent arriver d'un moment à l'autre.

MILADY.

Vous avez une chaise de poste et un domestique?

ROCHEFORT.

Oui.

MILADY.

Mettez-les à ma disposition.

ROCHEFORT.

Et moi?

MILADY.

Vous vous en irez à cheval, de manière à me précéder à l'hôtel de l'*Ours noir*.

ROCHEFORT.

C'est là qu'il faut vous attendre?

MILADY.

Oui.

ROCHEFORT.

A Lille, à l'hôtel de l'*Ours noir*?

MILADY.

A Lille, à l'hôtel de l'*Ours noir*.

(Il sort.)

SCÈNE III

MILADY, puis MADAME BONACIEUX.

MILADY.

Est-ce pour elle, est-ce contre moi que ces quatre hommes sont en campagne?... Je n'en sais rien; mais, en tout cas, ils ne trouveront ni elle ni moi... Voyons, passons chez elle, et tâchons de bien jouer notre rôle de femme persécutée... Ah! la voici.

MADAME BONACIEUX.

Eh bien, ce que vous craigniez est donc arrivé, madame? Ce soir, peut-être même auparavant, le cardinal vous envoie prendre!

MILADY.

Qui vous a dit cela, ma chère et belle enfant?

MADAME BONACIEUX.

Mais je l'ai entendu de la bouche même du messager.

MILADY.

Venez vous asseoir, ici, près de moi.

MADAME BONACIEUX.

Me voici.

MILADY.

Attendez que je m'assure si personne ne nous écoute.

MADAME BONACIEUX.

Pourquoi toutes ces précautions?

MILADY.

Vous allez le savoir. (Revenant s'asseoir.) Alors, il a bien joué son rôle?

MADAME BONACIEUX.

Qui cela?

MILADY.

Celui qui s'est présenté à la supérieure, au nom du cardinal.

MADAME BONACIEUX.

Comment! cet homme n'est donc pas...?

MILADY.

Cet homme est mon frère.

MADAME BONACIEUX.

Votre frère?

MILADY.

Chut! il n'y a que vous qui sachiez ce secret, mon enfant; ne le confiez à personne au monde, ou je serais perdue, et vous aussi peut-être.

MADAME BONACIEUX.

Mon Dieu!

MILADY.

Écoutez, voici ce qui s'est passé: Mon frère, qui savait que j'étais en butte à la vengeance du cardinal, venait ici pour me servir de défenseur, quand il a rencontré l'émissaire du cardinal qui venait me chercher; il l'a suivi, a mis l'épée à la main en sommant le messager de lui remettre les papiers dont il était porteur; le messager a voulu se défendre, mon frère l'a tué.

MADAME BONACIEUX.

Oh!

MILADY.

Alors, mon frère a pris les papiers, s'est présenté ici comme l'envoyé du cardinal, et, dans une heure, une voiture doit venir me prendre de la part de Son Éminence.

MADAME BONACIEUX.

Alors, nous allons nous quitter?

MILADY.

Attendez... Il me reste à vous apprendre une nouvelle qui répondra à cette question.

MADAME BONACIEUX.

Laquelle?

MILADY.

Mon frère a, en outre, découvert un complot contre vous!

MADAME BONACIEUX.

Contre moi?

MILADY.

Oui; le cardinal veut vous faire prendre.

MADAME BONACIEUX.

Oh! dans ce couvent, placé sous la protection immédiate de la reine, il n'oserait employer la violence.

MILADY.

Non, mais la ruse.

MADAME BONACIEUX.

La ruse?

MILADY.

Quatre émissaires du cardinal sont en route à votre intention.

MADAME BONACIEUX.

Que me dites-vous?

MILADY.

Déguisés en mousquetaires.

MADAME BONACIEUX.

En mousquetaires?

MILADY.

Pendant que vous étiez au service de la reine, n'avez-vous pas connu un jeune garde, ou un jeune mousquetaire, M. d'Artagnan ?

MADAME BONACIEUX.

Oui, sans doute ; eh bien ?

MILADY.

Ils doivent vous faire demander à la porte du couvent, au nom de M. d'Artagnan, et, quand vous aurez franchi le seuil du couvent, ils vous enlèveront.

MADAME BONACIEUX.

Oh !... Que me conseillez-vous de faire ?

MILADY.

Il y aurait un moyen bien simple.

MADAME BONACIEUX.

Lequel ?

MILADY.

Ce serait de vous cacher dans les environs et de s'assurer ainsi quels sont les hommes qui viennent vous chercher.

MADAME BONACIEUX.

Mais je suis reçue ici sur un ordre de la reine, on ne me laissera pas partir.

MILADY.

Oh ! la belle difficulté !

MADAME BONACIEUX.

Comment ?

MILADY.

La voiture est à la porte, vous me dites adieu, vous montez sur le marchepied pour me serrer une dernière fois dans vos bras, le domestique de mon frère qui vient me prendre est prévenu, il fait un signe au postillon et nous partons au galop.

MADAME BONACIEUX.

Oui, oui, vous avez raison ; ainsi tout va bien, tout est pour le mieux... Mais ne nous éloignons pas d'ici...

MILADY.

Oui, je comprends.

MADAME BONACIEUX.

Si c'étaient d'Artagnan et ses amis... par hasard ?

MILADY.

Pauvre petite ! (Approchant une table servie.) Vous excusez ?

MADAME BONACIEUX.

Oh ! je vous prie...

MILADY.

Vous comprenez, la voiture peut arriver d'un moment à l'autre.

MADAME BONACIEUX.

Oh ! comme je tremble !

MILADY, trempant un biscuit dans un verre de vin d'Espagne.

Folle !... Oh ! entendez-vous ?

MADAME BONACIEUX.

Quoi ?

MILADY.

C'est la chaise de poste que mon frère m'envoie.

MADAME BONACIEUX.

On sonne à la porte du couvent.

MILADY.

Montez dans votre chambre... Avez-vous quelques bijoux que vous vouliez emporter ?

MADAME BONACIEUX.

J'ai deux lettres de lui !

MILADY.

Eh bien, allez les chercher et venez me rejoindre.

MADAME BONACIEUX.

Mon cœur m'étouffe, je ne puis marcher.

MILADY.

Vous aimez ce M. d'Artagnan ?

MADAME BONACIEUX.

Oh ! de toute mon âme.

MILADY.

Eh bien, songez qu'en fuyant, vous vous conservez à lui.

MADAME BONACIEUX.

Ah ! vous me rendez mon courage... (La porte s'ouvre, un Domestique paraît.) Qui va là ?

MILADY.

Ne craignez rien, c'est le valet de chambre de mon frère... Allez.

MADAME BONACIEUX.

J'y vais.

SCÈNE IV

MILADY, LE DOMESTIQUE.

LE DOMESTIQUE.

Les ordres de milady?

MILADY.

Aussitôt que cette jeune femme qui vient de sortir sera près de moi dans la voiture, vous partirez au galop dans la direction de Lille.

LE DOMESTIQUE.

Est-ce tout?

MILADY.

Attendez... Si, pendant nos préparatifs de départ, vous voyez apparaître trois ou quatre cavaliers, fouettez les chevaux, faites tourner la voiture autour du couvent, et allez nous attendre à la porte du jardin. C'est tout... Allez...

(Le Domestique sort.)

SCÈNE V

MILADY, à la fenêtre; puis MADAME BONACIEUX.

MILADY.

Il m'avait semblé... Non, rien.

MADAME BONACIEUX.

Me voilà...

MILADY.

Eh bien, tout est prêt, chère enfant; la supérieure ne se doute de rien... Cet homme va donner les derniers ordres. Voulez-vous faire comme moi, manger un biscuit et boire un verre de vin?

MADAME BONACIEUX.

Non, merci, je n'ai besoin de rien.

MILADY.

Alors, ne perdons pas un instant... Partons!

MADAME BONACIEUX, irrésolue.

Oui, partons!

MILADY.

Voyez, tout nous seconde, voilà la nuit qui vient,

MADAME BONACIEUX.

Oh! quel est ce bruit?

MILADY.

En effet...

MADAME BONACIEUX.

On dirait le galop de plusieurs chevaux.

MILADY.

Ce sont nos amis ou nos ennemis; restez où vous êtes, je vais vous le dire.

MADAME BONACIEUX, chancelant.

Oh! mon Dieu! mon Dieu!

MILADY.

C'est l'uniforme des gardes de M. le cardinal... Pas un instant à perdre... Fuyons! fuyons!...

MADAME BONACIEUX.

Oui, oui.

MILADY.

Venez donc; mais venez donc!

(On entend la voiture qui s'éloigne.)

MADAME BONACIEUX.

Il est trop tard!

(On entend les cris « Arrêtez, arrêtez! » puis deux ou trois coups de feu.)

MILADY.

Non; nous pouvons fuir par la porte du jardin; venez, venez!... (Madame Bonacieux tombe sur ses genoux.) Oh! elle va me perdre!... Venez!... C'est elle qui m'y force. (Elle va à la table, vide le chaton de sa bague dans le verre, le prend et revient à madame Bonacieux.) Buvez, cela vous donnera des forces, buvez. (Madame Bonacieux boit machinalement. Milady, à part.) Ce n'est pas ainsi que j'aurais voulu me venger... On fait ce qu'on peut!

(Elle s'élance dans l'appartement.)

MADAME BONACIEUX, se relevant.

Attendez, me voilà...

D'ARTAGNAN, dans la rue.

Ordre de la reine...

MADAME BONACIEUX, vivement.

Sa voix, c'est sa voix! (Courant à la porte.) D'Artagnan! d'Artagnan! par ici! est-ce vous, mon Dieu?

D'ARTAGNAN.

Constance! Constance! où êtes-vous?

11.

SCÈNE VI

MADAME BONACIEUX, D'ARTAGNAN, ATHOS, PORTHOS, ARAMIS, puis LA SUPÉRIEURE.

MADAME BONACIEUX.

Ah! d'Artagnan, je ne l'espérais pas, c'est donc vous!

D'ARTAGNAN.

Oui, oui, c'est moi!

MADAME BONACIEUX.

Ah! que j'ai bien fait de ne pas fuir avec elle!

D'ARTAGNAN.

Avec elle?

ATHOS.

Qui, elle?

MADAME BONACIEUX.

Mais cette femme, celle qui, par intérêt pour moi, voulait m'emmener, celle qui vous prenait pour des gardes du cardinal et qui vient de s'enfuir.

D'ARTAGNAN.

Celle qui vient de s'enfuir! que dites-vous? Mon Dieu! une femme vient de s'enfuir?

MADAME BONACIEUX.

Qu'ai-je donc?... Ma tête se trouble, je n'y vois plus.

D'ARTAGNAN.

A moi! Ses mains sont froides, elle se trouve mal! Mon Dieu! elle perd connaissance.

ATHOS, examinant le verre dans lequel Milady a vidé la bague.

Oh! non! c'est impossible, Dieu ne permettrait pas un pareil crime.

MADAME BONACIEUX.

De l'eau!

D'ARTAGNAN.

De l'eau! de l'eau!

PORTHOS et ARAMIS.

De l'eau! un médecin!

ATHOS.

Ah! pauvre femme! pauvre femme!

D'ARTAGNAN.

La voilà qui revient à elle.

ATHOS.

Madame, au nom du ciel, qui a bu dans ce verre?

MADAME BONACIEUX.

Moi.

ATHOS.

Mais qui a versé le vin qui y était?

MADAME BONACIEUX.

Elle!

ATHOS.

La comtesse de Winter, n'est-ce pas?

TOUS.

Oh!

D'ARTAGNAN, saisissant la main d'Athos.

Comment, tu crois...?

ATHOS.

Elle savait la retraite de cette femme par le cardinal, et elle est venue.

MADAME BONACIEUX.

D'Artagnan! d'Artagnan! ne me quittez pas, vous voyez bien que je vais mourir.

D'ARTAGNAN.

Au nom du ciel! courez, appelez, demandez du secours.

ATHOS.

Inutile! Au poison qu'elle verse, il n'y a pas de contre-poison.

MADAME BONACIEUX.

Au secours! (Se roidissant.) Ah! (Se jetant au cou de d'Artagnan.) Je t'aime!

(Elle meurt. Porthos éclate en sanglots.)

D'ARTAGNAN.

Morte! morte!

ARAMIS.

Vengeance!

ATHOS.

Mon Dieu, ayez pitié de nous!

D'ARTAGNAN, tombant près d'elle.

Morte! morte!

SCÈNE VII

LES MÊMES, DE WINTER.

DE WINTER.

Je ne m'étais pas trompé, voici M. d'Artagnan et ses trois amis.

TOUS, moins d'Artagnan.

Quel est cet homme ?

DE WINTER.

Messieurs, vous êtes, comme moi, à la poursuite d'une femme, n'est-ce pas ?

ATHOS.

Oui.

DE WINTER.

D'une femme qui a dû passer par ici, puisque voilà un cadavre.

ATHOS.

Qui êtes-vous ?

DE WINTER.

Je suis lord de Winter, le beau-frère de cette femme.

ATHOS.

Ah ! c'est vrai, je vous reconnais maintenant ; vous êtes le bienvenu, milord... Soyez des nôtres !... Mais comment... ?

DE WINTER.

Je suis parti cinq heures après elle de Portsmouth ; je suis arrivé trois heures après elle à Boulogne ; je l'ai manquée de cinq minutes à Saint-Omer ; enfin, à Lillers, j'ai perdu sa trace ; j'allais au hasard, m'informant à tout le monde, quand je vous ai vus passer au galop. J'ai voulu vous suivre ; mais mon cheval était trop fatigué pour aller du même train que les vôtres, et cependant, malgré la diligence que vous avez faite, vous êtes arrivés trop tard.

ATHOS, à la Supérieure.

Madame, nous abandonnons à vos soins pieux le corps de cette malheureuse femme ; ce fut un ange sur la terre avant d'être un ange au ciel. Traitez-la comme une de vos sœurs ; nous reviendrons un jour pleurer sur sa tombe.

D'ARTAGNAN, baisant au front madame Bonacieux.

Constance !... Constance !...

ATHOS.

Pleure ! pleure ! cœur plein d'amour, de jeunesse et de vie, pleure ! je voudrais bien pleurer comme toi.

D'ARTAGNAN.

Maintenant, voyons, ne poursuivons-nous pas cette femme ?

ATHOS.

Oui, tout à l'heure ; j'ai une dernière mesure à prendre.

D'ARTAGNAN.

Oh ! elle nous échappera, Athos, et ce sera ta faute.

ATHOS.

Je réponds d'elle.

DE WINTER.

Mais il me semble, messieurs, que, s'il y a quelque mesure à prendre contre la comtesse de Winter, cela me regarde.

ATHOS.

Pourquoi?

DE WINTER.

C'est ma belle-sœur.

ATHOS.

Et moi, messieurs, c'est ma femme !

TOUS, moins d'Artagnan.

Sa femme?

D'ARTAGNAN.

Oh! du moment que tu avoues qu'elle est ta femme, c'est que tu es sûr qu'elle mourra... Merci !

ATHOS.

Tenez-vous prêts à me suivre... Dans dix minutes, je suis ici.

D'ARTAGNAN.

Et nous partons?

ATHOS.

Oui; mais il nous manque un compagnon de route, et je vais le chercher.

SCÈNE VIII

Les Mêmes, un Homme masqué, apparaissant à la porte.

L'HOMME.

Un meurtre?... Elle était ici !

ATHOS.

Que voulez-vous ?

L'HOMME.

Je cherche une femme qui doit être arrivée hier et que j'ai cru reconnaître comme elle passait devant ma maison.

ATHOS.

Cette femme est partie.

L'HOMME, faisant un mouvement pour s'éloigner.

C'est bien.

(Porthos et Aramis sont devant la porte.)

ATHOS.

Que lui voulez-vous?

L'HOMME.

Cela ne regarde que moi.

ATHOS.

Pardon, monsieur; mais, comme cette femme vient de commettre un crime, il est bon que nous nous assurions de ceux qu'elle connaît et qui la connaissent; la connaissez-vous?

L'HOMME.

Oui.

ATHOS.

Alors vous me direz qui vous êtes.

L'HOMME.

Vous le voulez?

ATHOS.

Absolument.

L'HOMME.

Soit, approchez-vous.

(Il lui parle bas à l'oreille.)

ATHOS.

Oh! alors, soyez le bienvenu.

L'HOMME.

Comment cela?

ATHOS.

Vous allez nous accompagner.

L'HOMME.

Impossible.

ATHOS.

Et pourquoi?

L'HOMME.

Je ne puis quitter la ville qu'avec un congé ou un ordre.

ATHOS.

Eh bien, voici un ordre.

L'HOMME.

Signé : Richelieu?

ATHOS.

Oui.

L'HOMME.

Commandez, j'obéis.

ATHOS, à d'Artagnan.

Ami, sois homme... Les femmes pleurent les morts! les hommes les vengent. Viens!

D'ARTAGNAN.

Et ce compagnon de route qui te manquait?

ATHOS.

Je l'ai trouvé.

D'ARTAGNAN.

Alors, rien ne s'oppose plus à ce que nous poursuivions cette femme?

ATHOS.

Rien.

D'ARTAGNAN, embrassant une dernière fois madame Bonacieux.

Partons!

ÉPILOGUE

Une vallée près de la rivière de Lys. — Cabane à droite. — Il fait nuit.

SCÈNE PREMIÈRE

Les Mêmes, MILADY.

MILADY, seule dans la cabane, regardant à sa montre.

Minuit bientôt; il y a une lieue d'ici à Armentières, il n'y a que trois quarts d'heure que le maître de cette cabane est parti; les chevaux, en supposant la plus grande diligence, ne peuvent être ici que dans vingt minutes. Patience, attendons.

PLANCHET, qui est caché en face de la porte, se levant.

Psitt!

MOUSQUETON, paraissant derrière la maison.

Quoi?

PLANCHET.

J'ai entendu remuer.

MOUSQUETON.

Non, elle attend.

PLANCHET.

A nos places, alors.

(Ils reprennent leurs places.)

MILADY.

Il me semble entendre des voix dans les bruissements du vent, des menaces dans les roulements du tonnerre.

(Grimaud se lève sur la hauteur au fond, et agite son mouchoir.)

SCÈNE II

Les Mêmes, ATHOS, paraissant, suivi de PORTHOS et d'ARAMIS, de DE WINTER et de L'Homme masqué.

ATHOS.

Vous l'avez donc dépistée ?

GRIMAUD.

Oui.

ATHOS.

Où est-elle ?

GRIMAUD.

Là !

ATHOS.

Mais elle a pu sortir de cette maison; si elle allait avoir pris la fuite !

GRIMAUD.

Il n'y a qu'une porte et qu'une fenêtre : Planchet garde la porte et Mousqueton la fenêtre.

ATHOS, se retournant.

Venez.

MILADY.

Il m'a semblé entendre des pas.

ATHOS.

Les maîtres de cette maison, où sont-ils ?

PLANCHET.

La maison était occupée par un bûcheron; écrasée de fatigue, elle n'a pu aller plus loin : elle a envoyé le bûcheron chercher des chevaux de poste à Armentières.

ATHOS.

Et où est cet homme ?

PLANCHET.

Nous l'avons arrêté; Bazin le garde à cinq cents pas d'ici.

ATHOS.

Porthos, à cette porte; moi, à la fenêtre (aux autres); vous, où vous êtes.

PORTHOS.

J'y suis.

MILADY, tressaillant.

Hein! cette fois, j'ai entendu des pas de ce côté. (Elle regarde à la fenêtre et aperçoit Athos.) Oh! c'est une vision, j'espère.

(Elle veut fuir par la porte.)

PORTHOS, levant son pistolet.

Arrêtez !

(Pendant ce temps, Athos a enfoncé la fenêtre d'un coup de poing et est entré dans la cabane.)

ATHOS.

Abaissez votre pistolet, Porthos; que cette femme soit jugée et non assassinée. Approchez, messieurs.

MILADY, tombant sur une chaise.

Que demandez-vous ?

ATHOS.

Nous demandons Charlotte Backson, qui s'est appelée la comtesse de la Fère, puis lady de Winter, baronne de Clarick.

MILADY.

Vous savez bien que c'est moi !

ATHOS.

C'est bien; je désirais entendre cet aveu de votre bouche.

MILADY.

Que me voulez-vous ?

ATHOS.

Nous voulons vous juger selon vos crimes; vous êtes libre dans votre défense, justifiez-vous si vous le pouvez. Chevalier d'Artagnan, à vous d'accuser le premier.

D'ARTAGNAN, paraissant sur le seuil de la porte.

Devant Dieu et devant les hommes, j'accuse cette femme d'avoir empoisonné Constance Bonacieux, morte, il y a deux heures, entre mes bras, au couvent des Carmélites de Béthune.

ATHOS.

Milord de Winter, à votre tour.

MILADY.

Milord de Winter !

DE WINTER, sur le seuil de la porte.

Devant Dieu et devant les hommes, j'accuse cette femme d'avoir corrompu un officier de marine, nommé Felton, de lui avoir fait tuer le duc de Buckingham, meurtre que, dans ce moment-ci, Felton paye de sa tête... Assassin de Buckingham... assassin de Felton... assassin de mon frère, je demande justice contre vous, et déclare que, si on ne me la fait pas, je me la ferai moi-même.

ATHOS.

A mon tour! J'épousai cette femme lorsqu'elle avait dix-sept ans, je l'épousai malgré mon père, je lui donnai mon bien, je lui donnai mon nom. Un jour, je m'aperçus qu'elle était flétrie. Cette femme avait une fleur de lis sur l'épaule gauche!

L'HOMME MASQUÉ, sur la porte.

J'atteste.

MILADY.

Qui a dit : « J'atteste? »

L'HOMME.

Moi!

MILADY.

Vous? Je vous défie de retrouver le tribunal qui a rendu cette infâme sentence! je vous défie de retrouver l'homme qui l'a exécutée!

L'HOMME, ôtant son masque.

Le voilà!

MILADY, tombant à genoux.

Quel est cet homme? quel est cet homme?

L'HOMME.

Oh! vous me reconnaissez bien!

MILADY.

Ah!

TOUS.

Vous êtes...

L'HOMME.

Je suis le frère de l'homme qu'elle a aimé, qu'elle a perdu, qui s'est tué pour elle!... je suis le frère de Georges!

ATHOS.

Chevalier d'Artagnan, quelle est la peine que vous réclamez contre cette femme?

D'ARTAGNAN.

La peine de mort!

ATHOS.

Milord de Winter, quelle est la peine que vous réclamez contre cette femme?

DE WINTER.

La peine de mort!

MILADY.

Oh! messieurs! messieurs!

ATHOS.

Charlotte Backson, comtesse de la Fère, milady de Winter, baronne de Clarick, vos crimes ont lassé les hommes sur la terre et Dieu dans le ciel; si vous savez quelque prière, dites-la, car vous êtes condamnée et vous allez mourir... Exécuteur, cette femme est à vous!

MILADY.

Vous êtes des lâches! vous êtes des assassins! vous vous mettez six pour assassiner une femme; prenez garde!

ATHOS.

Vous n'êtes pas une femme, vous n'appartenez pas à l'espèce humaine; vous êtes un démon échappé de l'enfer, et nous allons vous y faire rentrer.

MILADY.

Assassins! assassins! assassins!

L'HOMME.

Le bourreau peut tuer, sans être pour cela un assassin. madame; c'est le dernier juge, voilà tout!

MILADY.

Oui; mais, pour qu'il ne soit pas un assassin, il lui faut un ordre.

L'HOMME.

Cet ordre, le voici. « C'est par mon ordre et pour le bien de l'État, que le porteur du présent a fait ce qu'il a fait. RICHELIEU. »

MILADY.

Ah! je suis perdue!

ATHOS.

Bourreau, fais ton devoir.

MILADY, entraînée par le bourreau.

A moi! à moi!

D'ARTAGNAN.

Ah! je ne puis voir cet affreux spectacle, je ne puis consentir à ce que cette femme meure ainsi.

MILADY.

Oh! d'Artagnan, sauve-moi!

ATHOS, entre d'Artagnan et Milady.

Si vous faites un pas de plus, nous croisons le fer.

D'ARTAGNAN.

Oh!

ATHOS.

Tout ce que vous avez le droit de demander, madame, c'est de mourir avec notre pardon. Je vous pardonne le mal que vous m'avez fait!... je vous pardonne mon avenir brisé, mon honneur perdu, mon salut à jamais compromis par le désespoir où vous m'avez jeté. Mourez en paix!

DE WINTER.

Je vous pardonne l'empoisonnement de mon frère, l'assassinat de lord Buckingham, la mort de Felton. Mourez en paix!

D'ARTAGNAN.

Et moi, pardonnez-moi, madame, d'avoir, par une action indigne d'un gentilhomme, provoqué votre colère, et, en échange, je vous pardonne le meurtre de ma pauvre amie. Je vous pardonne, et je pleure sur vous! Mourez en paix!...

MILADY.

Oh! dernier espoir! (Au Bourreau.) Marchons! (Aux Mousquetaires.) Prenez garde! si je ne suis secourue, je serai vengée!

(Le Bourreau l'entraîne.)

ATHOS.

A genoux, messieurs, et prions, car une créature coupable mais pardonnée va mourir...

LE BOURREAU.

Venez!...

D'ARTAGNAN.

Athos!... Athos!... Athos!...

(On entend un cri coupé par le milieu. Le Bourreau repasse au fond, l'épée nue à la main.)

LE BOURREAU.

Laissez passer la justice de Dieu!

D'ARTAGNAN, se soulevant.

Tout est fini. Pardonnez-nous, Seigneur!

FIN DE LA JEUNESSE DES MOUSQUETAIRES

LES MOUSQUETAIRES

DRAME EN CINQ ACTES, EN TREIZE TABLEAUX

DONT UN PROLOGUE

EN SOCIÉTÉ AVEC M. AUGUSTE MAQUET

Ambigu-Comique. — 27 octobre 1845 (1).

DISTRIBUTION

CHARLES Ier............................	MM. LACRESSONNIÈRE.
CROMWELL.............................	MATIS.
MORDAUNT.............................	CHILLY.
ATHOS, mousquetaire..................	SAINT-ERNEST.
D'ARTAGNAN, id......................	MÉLINGUE.
PORTHOS, id......................	VERNER.
ARAMIS, id......................	BARON.
DE WINTER............................	CULLIER.
LE COLONEL DE GROSLOW...............	STAINVILLE.
L'AUBERGISTE DE BÉTHUNE.............	LAURÉ.
MOUSQUETON, valet de Porthos........	LAURENT.
GRIMAUD, valet d'Athos..............	MÉNIER.
BLAISOIS, autre valet d'Athos.......	HECTOR.
TOMY, valet de Winter...............	FRANCISQUE.
LE BOURREAU DE BÉTHUNE..............	LATOUCHE.
PARRY, valet de chambre du Roi......	ALEXANDRE.
TOM LOW, homme du peuple............	DIDIER.
UN BRIGADIER FRANÇAIS (au prologue).. } UN HUISSIER DU PARLEMENT............ }	BERTHOLLET.
UN HOMME DU PEUPLE.................. } UN SOLDAT PURITAIN.................. }	ROCHEUX.
FINDLEY..............................	MARTIN.
LE PATRON ANDRÉ.....................	BAUDOUIN.
UNE SENTINELLE......................	SERRES.
UNE AUTRE SENTINELLE................	ADOLPHE.
HENRIETTE DE FRANCE.................	Mmes GUYON.
MADELEINE TURQUENNE.................	HORTENSE JOUVE.
L'HÔTESSE...........................	RACINE.
LE FILS DE CHARLES..................	LE PETIT ÉDOUARD.
LA PETITE FILLE.....................	LA PETITE FANNY.

SOLDATS DE CROMWELL ET AUTRES, HOMMES ET FEMMES DU PEUPLE, etc.

(1) Voir, tome VI, page 233, la *Note des Éditeurs*.

PROLOGUE

L'auberge de Pernes, près de Béthune. — Une porte au premier plan à droite; un escalier praticable au fond. A gauche, au deuxième plan, une fenêtre; au troisième plan, du même côté, la porte de l'hôtellerie.

SCÈNE PREMIÈRE

Un Inconnu, assis devant une table; L'Aubergiste, L'Hôtesse, puis un Brigadier, puis MORDAUNT.

L'AUBERGISTE.

Que désirez-vous?

L'INCONNU.

Du pain et du vin d'abord, s'il vous plaît; car, depuis le matin, je n'ai rien pris.

L'AUBERGISTE.

On va vous donner cela.

(Il lève la trappe de la cave.)

L'HÔTESSE, paraissant sur la balustrade de l'escalier.

Eh! l'homme!

L'AUBERGISTE.

Quoi?

L'HÔTESSE.

La mule du moine.

L'AUBERGISTE, descendant.

Bon!

L'HÔTESSE.

Tout de suite.

L'AUBERGISTE, du fond de la cave.

Ah! oui, tout de suite; avec ça qu'ils payent bien, tes mendiants de moines!..

L'HÔTESSE.

Celui-là paye... et paye en or même!

L'AUBERGISTE, reparaissant, une bouteille à la main.

Bah!... En ce cas, c'est autre chose! (Il dépose la bouteille sur la table, et ouvre la fenêtre de la cour.) Eh! Pataud!...

UNE VOIX.

Quoi qu'il y a?

L'AUBERGISTE.

La mule de Sa Révérence... tout de suite.

L'INCONNU.

Vous avez un moine chez vous?

L'AUBERGISTE.

Oui.

L'INCONNU.

De quel ordre?

L'AUBERGISTE.

Y a-t-il un ordre qui s'appelle l'ordre des questionneurs?

L'INCONNU.

Je ne crois pas.

L'AUBERGISTE.

J'en suis fâché... Celui-là en serait sûrement.

L'INCONNU.

Il vous a fait des questions?

L'HÔTESSE.

Seigneur Dieu! il n'a fait que cela depuis qu'il est arrivé. « Combien y a-t-il d'ici à Béthune?... Combien de Béthune à Armentières?... Avez-vous jamais été dans un couvent d'augustines?... » On dirait qu'il a un de ses parents qui a perdu quelque chose de ce côté-là, il y a une dizaine d'années, et qu'il cherche ce qu'il a perdu.

(On frappe à la fenêtre qui donne sur la route.)

UNE VOIX.

Eh! l'ami!

L'HÔTESSE.

Tiens! on frappe... Ouvre donc.

L'AUBERGISTE.

Des gens à cheval... Si c'étaient des Espagnols!

L'HÔTESSE.

Eh! non, puisqu'ils parlent français.

LA VOIX, du dehors.

L'ami!... l'ami!

L'AUBERGISTE, ouvrant.

Que désirez-vous, monsieur le brigadier?

LE BRIGADIER.

Peux-tu me donner des nouvelles de l'armée espagnole ?
(Il entre par la porte de gauche, suivi de quelques Hommes.)

L'AUBERGISTE.

Ah ! morbleu ! tout le monde peut vous en donner... Les pillards !... on ne peut pas faire cent pas qu'on n'en rencontre ?

LE BRIGADIER.

Des partisans, oui... Mais c'est le corps d'armée que nous cherchons.

(Mordaunt, vêtu d'une robe de moine, paraît au haut de l'escalier, s'arrêt et écoute.)

L'AUBERGISTE.

Ah ! l'armée, c'est autre chose.

LE BRIGADIER.

Écoute : nous sommes envoyés par M. le Prince... L'armée espagnole a quitté ses cantonnements, et l'on ignore où elle est. Cinquante patrouilles sont en route dans ce moment; et il y a cent pistoles de récompense pour qui donnera des nouvelles certaines de la marche de l'ennemi.

L'INCONNU.

Je puis vous en donner, moi.

LE BRIGADIER.

Vous ?

L'INCONNU.

Oui, moi.

LE BRIGADIER.

Vous savez où est l'armée espagnole ?

L'INCONNU.

Je le sais. Elle a passé hier la rivière de la Lys.

LE BRIGADIER.

Où cela ?

L'INCONNU.

Entre Saint-Venant et Aire.

LE BRIGADIER.

Par qui est-elle commandée ?

L'INCONNU

Par l'archiduc en personne.

LE BRIGADIER.

De combien d'hommes se compose-t-elle?

L'INCONNU.

De dix-huit mille hommes.

LE BRIGADIER.

Et elle marche?

L'INCONNU.

Sur Lens.

LE BRIGADIER.

Comment savez-vous tous ces détails?

L'INCONNU.

Je revenais de Hazebrouck à Béthune, lorsque les Espagnols m'ont pris et m'ont forcé de leur servir de guide; à trois lieues d'ici, grâce à l'obscurité, je me suis sauvé.

LE BRIGADIER.

Et nous pouvons nous fier aux renseignements que vous nous donnez?

L'INCONNU.

Comme si vous aviez vu vous-même ce que je vous dis.

LE BRIGADIER.

Votre nom?

L'INCONNU.

Pour quoi faire?

LE BRIGADIER.

Pour vous envoyer la récompense promise, si vos renseignements sont exacts.

L'INCONNU.

Inutile.

LE BRIGADIER.

Comment, inutile?

L'INCONNU.

On dit la vérité gratis; on ment pour de l'argent... J'ai dit la vérité; vous ne me devez rien.

LE BRIGADIER.

Cependant, mon ami, puisque cent pistoles ont été promises par M. le Prince.

L'INCONNU.

Si je dis la vérité, vous enverrez les cent pistoles au curé de Béthune, qui les distribuera aux pauvres.

LE BRIGADIER.

Mais nous boirons bien un verre de vin ensemble, à la santé de notre général et aux ordres de la France.

L'INCONNU.

Merci!

LE BRIGADIER.

Pourquoi cela?

L'INCONNU.

Parce que vous ne me connaissez pas, et qu'un jour, si vous me connaissiez, vous pourriez vous repentir d'avoir choqué votre verre contre le mien... Poursuivez donc votre route, monsieur, et hâtez-vous de porter à M. le Prince la nouvelle que je vous donne.

LE BRIGADIER.

Vous avez raison... Votre main, mon ami?

L'INCONNU.

Ce serait trop d'honneur pour moi, monsieur.

(Il se recule.)

LE BRIGADIER.

Singulier personnage!... (A ses hommes.) Allons, en route!

(Il sort.)

SCÈNE II

L'INCONNU, L'HÔTESSE, MORDAUNT.

MORDAUNT, à part.

Oui, singulier personnage... Au reste, il habite Béthune, à ce qu'il a dit; peut-être, par lui, aurai-je quelques renseignements.

(Il descend et va s'asseoir à une table.)

L'HÔTESSE.

Que désirez-vous, mon révérend?

MORDAUNT.

Une lampe, voilà tout! puis j'ai demandé ma mule.

L'HÔTESSE.

On est en train de la seller.

MORDAUNT.

Merci! (A l'Inconnu.) Vous êtes des environs, monsieur?

L'INCONNU.

Je suis de Béthune.

MORDAUNT.

Ah! de Béthune... Et vous demeurez depuis longtemps à Béthune?

L'INCONNU.

J'y suis né.

MORDAUNT, à l'Hôte, qui lui apporte une lampe.

Merci! (Il ouvre une carte géographique. A l'Inconnu.) Monsieur, combien comptez-vous de Béthune à Lilliers?

L'INCONNU.

Trois lieues.

MORDAUNT.

Et de Béthune à Armentières?

L'INCONNU.

Sept.

MORDAUNT.

Vous avez dû faire quelquefois cette route?

L'INCONNU.

Souvent.

MORDAUNT.

Est-elle donc dangereuse?

L'INCONNU.

Sous quel rapport?

MORDAUNT.

Sous ce rapport que quelqu'un y puisse être assassiné?

L'INCONNU.

A moins que ce ne soit en temps de guerre, comme aujourd'hui, par exemple, la route est tout à fait sûre.

MORDAUNT.

Sûre!... (A part.) Je l'avais bien pensé; il faut que ce soit quelque vengeance particulière. Ah! à mon retour, je repasserai par ici... Il y a assez longtemps que je fais les affaires de M. Cromwell pour faire un peu les miennes. Maintenant, monsieur, pourriez-vous me dire...?

SCÈNE III.

Les Mêmes, DE WINTER, L'Aubergiste.

DE WINTER, entrant, à l'Aubergiste.

Dites donc, maître!

L'AUBERGISTE.

Voilà, Votre Seigneurie.

MORDAUNT, relevant la tête.

Oh! oh!

DE WINTER.

Où suis-je ici, s'il vous plaît?

L'AUBERGISTE.

A Pernes, monsieur.

MORDAUNT, à part.

C'est lui! Je me doutais qu'il était en France.

DE WINTER.

A Pernes, entre Lilliers et Saint-Pol, alors?

L'AUBERGISTE.

Justement.

DE WINTER.

C'est bien.

L'AUBERGISTE.

Votre Seigneurie désire-t-elle qu'on lui serve à souper?

DE WINTER.

Non; je voudrais seulement prendre quelques renseignements sur le chemin.

L'INCONNU, à part.

Plus je le regarde et plus je l'écoute... plus ce visage et cette voix...

L'AUBERGISTE.

Quelques renseignements sur le chemin?... A votre service, monsieur.

DE WINTER.

Pour aller à Doulens, quelle est la route qu'il faut prendre?

L'AUBERGISTE.

Celle de Paris.

DE WINTER.

Alors, on n'a qu'à suivre tout droit.

L'AUBERGISTE.

Mais cette route est infestée de partisans espagnols... Je ne vous conseille pas de la prendre, ou tout au moins, si vous la prenez, attendez le jour.

DE WINTER.

Impossible... Il faut que je continue mon chemin.

L'AUBERGISTE.

Alors, prenez la route de traverse.

DE WINTER.

Mais ne me perdrai-je point?

L'AUBERGISTE.

Ah! dame, la nuit...

DE WINTER.

Mon ami, voulez-vous me servir de guide?

L'HÔTESSE, s'approchant.

Oh! non, monsieur... (A son mari.) J'espère bien que tu n'accepteras pas!

DE WINTER.

Pourquoi cela, ma bonne femme?... Je donnerai une récompense.

L'HÔTESSE.

Non, monsieur; pour tout l'or du monde, je ne le laisserais pas aller... pour qu'on le tue!

DE WINTER.

Et qui cela?

L'HÔTESSE.

Qui cela?... Ces brigands d'Espagnols, donc.

DE WINTER.

Mon ami, il y a vingt pistoles pour celui qui me servira de guide.

L'AUBERGISTE.

Ce serait quarante, monsieur, ce serait cent, que je refuserais... Voyez-vous, ce qu'il y a de plus précieux au monde, c'est la vie; et se hasarder à cette heure, dans la campagne, au milieu de tous ces bandits, c'est jouer sa vie sur un coup de dés.

DE WINTER.

Mon ami, si l'argent ne vous tente pas, laissez-moi vous parler au nom de l'humanité. En me servant de guide, en m'aidant à gagner Paris le plus tôt possible, vous rendrez un immense service à quelqu'un qui est en danger de mort.

L'INCONNU, se levant.

S'il y a à rendre un si grand service que vous dites, monsieur, et que vous vouliez bien m'accepter pour guide... me voilà.

WINTER.

Vous?

L'INCONNU.

Oui, moi! Acceptez-vous, monsieur?

12.

DE WINTER.

Certainement... Et à votre tour, tenez, mon ami...

(Il veut lui donner une bourse.)

L'INCONNU.

Pardon, monsieur, j'ai dit: s'il y a un service à rendre... et non de l'argent à gagner.

DE WINTER.

Cependant, monsieur...

L'INCONNU.

Chacun fait ses conditions... Moi, voilà les miennes.

DE WINTER, à part.

C'est singulier, il me semble que j'ai déjà vu cet homme.

L'INCONNU, à part.

Je ne me trompais pas, c'est bien lui.

DE WINTER, à l'Aubergiste.

Maintenant, mon ami, voici une guinée; faites exactement ce que je vais vous dire.

L'AUBERGISTE.

Dites, monsieur.

DE WINTER.

Un homme m'attend à Doulens, au *Lis couronné;* mais, comme je suis en retard, il est possible que cet homme, las de m'attendre, pousse jusqu'ici.

L'AUBERGISTE.

Comment le reconnaitrai-je?

DE WINTER.

Costume de laquais, trente-cinq à quarante ans, cheveux et barbe... il les avait noirs autrefois... Silencieux comme une pierre; au reste, répondant au nom de Grimaud.

L'AUBERGISTE.

Et il demandera...?

DE WINTER.

Il demandera lord de Winter.

L'INCONNU, à part.

C'est bien cela.

MORDAUNT, à part.

Ah! mon cher oncle, j'aurais cru que vous gardiez un plus strict incognito.

L'AUBERGISTE.

Que lui dirai-je?

DE WINTER.

Que j'ai pris les devants et qu'il me rejoigne. S'il ne me rejoint pas, il me trouvera à Paris, à mon ancien logement de la place Royale... (A l'Inconnu.) Voulez-vous venir, mon ami?

L'INCONNU.

Oui, monsieur, et ce n'est pas la première fois que je vous servirai de guide.

DE WINTER.

Comment cela?

L'INCONNU.

Rappelez-vous la nuit du 22 octobre.

DE WINTER.

1636?

L'INCONNU.

Oui; rappelez-vous la route de Béthune à Armentières.

DE WINTER.

Silence! Oui, je vous reconnais... Venez, venez!

(Ils sortent par la gauche. L'Aubergiste s'éloigne par la droite.)

SCÈNE IV

LES MÊMES, hors DE WINTER et L'INCONNU.

MORDAUNT, se levant.

La nuit du 22 octobre!... la route de Béthune à Armentières!... Quelle étrange coïncidence!... Le 22 octobre, le jour où ma mère est morte!... le chemin de Béthune à Armentières, le lieu où elle a disparu!... Si le hasard allait faire pour moi plus que n'ont fait tous les autres calculs et toutes les recherches... Allons, il faut que je suive cet homme. Ma mule! ma mule!

L'HÔTESSE.

Vous demandez?...

MORDAUNT.

Ma mule est-elle prête?

L'HÔTESSE.

Elle vous attend à la porte.

MORDAUNT.

Merci; vous êtes payée, n'est-ce pas?

L'HÔTESSE.

Oui, certainement ; il ne me reste plus qu'à vous demander votre bénédiction.

MORDAUNT, sortant.

Dieu vous garde !

SCÈNE V

L'HÔTESSE, puis GRIMAUD et L'AUBERGISTE.

L'HÔTESSE.

Pierre !... (Appelant.) Pierre !... Allons, le voilà encore parti ; il ne se tiendra pas tranquille, qu'il ne se fasse assassiner. (Coups de feu éloignés.) Ah ! mon Dieu ! tenez, voilà encore une fusillade... Pierre !... Pierre !... (Elle ouvre la fenêtre.) Pataud !

UNE VOIX

Quoi ?

L'HÔTESSE.

Avez-vous vu votre maître ?

LA VOIX.

Il est là, au jardin.

L'HÔTESSE.

Ah ! à la bonne heure... (Elle se retourne, et aperçoit Grimaud.) Monsieur... (Grimaud salue.) Par où donc êtes-vous venu ? (Grimaud montre la porte.) Par la porte ? vous êtes donc à pied ?... (Grimaud fait signe que non.) A cheval ? (Grimaud fait signe que oui.) Et voulez-vous qu'on rentre votre cheval à l'écurie ? (Grimaud fait signe que non.) Alors, que voulez-vous ? (Grimaud fait signe qu'il veut boire.) Je comprends... (Elle apporte une bouteille et un verre.) Vous avez donc le malheur d'être muet, mon bon monsieur ?... (Grimaud fait signe que oui.) Oh ! pauvre cher homme ! (L'Hôte rentre.) Dis donc, mon ami, à la bonne heure, en voilà un qui ne fait pas de bruit, il est muet.

L'AUBERGISTE.

Muet ? Si c'était notre homme !... Il ressemble au signalement que l'on m'a donné... (Il va à Grimaud.) Eh ! donc, monsieur ! (Grimaud lève la tête.) Ne cherchez-vous pas quelqu'un ? (Grimaud fait signe que oui.) Un étranger ?... (Grimaud répète le même signe.) Un Anglais ? (Même jeu.) Qui se nomme lord de Winter ?

GRIMAUD.

Oui.

L'HÔTESSE.
Tiens! le muet qui parle.

L'AUBERGISTE.
Et vous vous nommez?

GRIMAUD.
Grimaud!

L'AUBERGISTE.
Eh bien, monsieur Grimaud, la personne que vous attendiez à Doulens...

GRIMAUD.
Oui.

L'AUBERGISTE.
Au *Lis couronné*...

GRIMAUD.
Oui.

L'AUBERGISTE.
Elle vient de partir, il y a dix minutes, avec un guide... et elle a dit que vous la retrouveriez à Paris, à son ancien logement de la place Royale.

GRIMAUD.
Bon!

L'AUBERGISTE.
Alors, puisque votre commission est faite, vous restez

GRIMAUD.
Oui.

L'AUBERGISTE.
Avez-vous soupé?

GRIMAUD.
Non.

L'AUBERGISTE.
Alors, vous allez souper et coucher ici?

GRIMAUD.
Oui.

L'AUBERGISTE.
Et vous partirez...?

GRIMAUD.
Demain.

L'AUBERGISTE, à sa femme.
Eh bien, en voilà un qui n'est pas bavard, à la bonne heure.

(On frappe à une porte latérale.)

SCÈNE VI

LES MÊMES, PATAUD, L'INCONNU.

L'HÔTESSE.

Qui est là?

PATAUD.

Ouvrez, ouvrez, ce sont les voisins qui rapportent un homme blessé.

L'AUBERGISTE.

Un homme blessé!

LA VOIX DE L'INCONNU

C'est moi, c'est moi, ouvrez!

L'HÔTESSE.

Comment! ce brave homme...?

L'AUBERGISTE.

Qui accompagnait le seigneur anglais.

L'HÔTESSE.

Eh bien, avais-je raison de te dire de ne pas y aller?

L'AUBERGISTE.

Un chirurgien!... un chirurgien!... (A Grimaud.) Monsieur, vous qui avez un cheval, vous devriez bien pousser jusqu'à Saint-Pol, et ramener un chirurgien.

GRIMAUD.

Combien de lieues?

L'AUBERGISTE.

Une lieue et demie.

GRIMAUD.

J'y vais!

(Il sort.)

L'HÔTESSE.

Pauvre brave homme! il faudrait le monter dans une chambre.

L'INCONNU.

Oh! non, un matelas sur cette table, je souffre trop.

L'AUBERGISTE, à sa femme.

Jette un matelas... (A l'Inconnu.) Que vous est-il donc arrivé, monsieur?

L'INCONNU.

A deux cents pas d'ici, nous avons été attaqués par des

Espagnols... Mais, heureusement, il n'est rien arrivé à lord de Winter.

L'HÔTESSE, jetant un matelas par-dessus la balustrade.

Voilà !

L'AUBERGISTE.

Bien ! couchez-le là-dessus... Un oreiller, un coussin... Que peut-on vous faire pour vous soulager, monsieur ?

L'INCONNU.

Rien : la blessure est mortelle.

L'AUBERGISTE.

Avez-vous besoin de quelque chose ?

L'INCONNU.

De l'eau, j'ai soif.

L'AUBERGISTE.

Tenez !

L'INCONNU.

Merci ; mais ne pourrait-on pas m'aller chercher un prêtre ?...

(Mordaunt reparaît à la porte.)

SCÈNE VII

Les Mêmes, MORDAUNT.

L'HÔTESSE.

Ah ! mon révérend, venez, venez ! c'est le Seigneur qui vous ramène.

MORDAUNT.

Me voici !

L'HÔTESSE, montrant Mordaunt au blessé.

Monsieur...

L'INCONNU.

Par grâce, venez vite !

MORDAUNT.

Qu'on nous laisse.

L'AUBERGISTE, à sa femme.

C'est égal, voilà un singulier moine.

L'HÔTESSE.

Oh ! toi, tu es un hérétique.

(Ils sortent.)

SCÈNE VIII

MORDAUNT, L'Inconnu.

MORDAUNT.

Me voilà, parlez !

L'INCONNU.

Vous êtes bien jeune.

MORDAUNT.

Les gens qui portent ma robe n'ont point d'âge.

L'INCONNU.

Hélas ! parlez-moi doucement, car j'ai besoin d'un ami à mes derniers moments.

MORDAUNT.

Vous souffrez beaucoup ?

L'INCONNU.

De l'âme plus que du corps.

MORDAUNT.

Parlez ! j'écoute.

L'INCONNU.

Il faut d'abord que vous sachiez qui je suis...

MORDAUNT.

Dites...

L'INCONNU.

Je suis... Mais je crains que vous ne m'abandonniez si je vous dis qui je suis.

MORDAUNT.

N'ayez pas peur !

L'INCONNU.

Je suis l'ancien bourreau de Béthune.

MORDAUNT, reculant.

L'ancien bourreau ?...

L'INCONNU.

Oh ! mais, depuis dix ans, je n'exerce plus... n'ayez donc pas horreur de moi... depuis dix ans, j'ai cédé ma charge.

MORDAUNT.

Vous avez donc horreur de votre état ?

L'INCONNU.

Depuis dix ans, oui !

MORDAUNT.

Et auparavant?...

L'INCONNU.

Tant que je n'ai frappé qu'au nom de la loi et de la justice, mon état m'a laissé dormir tranquille, abrité que j'étais sous la justice et sous la loi... Mais, depuis cette nuit terrible où j'ai servi d'instrument à une vengeance particulière, où j'ai levé avec haine le glaive sur une créature de Dieu... depuis cette nuit...

MORDAUNT.

Que dit-il là?

L'INCONNU.

J'ai pourtant essayé d'étouffer ce remords par dix ans de bonnes œuvres; j'ai dépouillé la férocité naturelle à ceux qui versent le sang; en toute occasion, j'ai exposé ma vie pour sauver la vie de ceux qui étaient en péril, et j'ai conservé à la terre des existences humaines en échange de celle que je lui avais enlevée... Ce n'est pas tout : le bien acquis dans l'exercice de ma profession, je l'ai distribué aux pauvres... Je suis devenu assidu aux églises; les gens qui me fuyaient se sont habitués à me voir... quelques-uns même m'ont aimé; mais il me semble que Dieu ne m'a point pardonné, lui; car le souvenir de ce meurtre me poursuit sans cesse.

MORDAUNT.

Vous avez commis un meurtre?

L'INCONNU.

Car il me semble, chaque nuit, voir se dresser le spectre de cette femme.

MORDAUNT.

C'était une femme?...

L'INCONNU.

Oh! ce fut une nuit maudite!

MORDAUNT.

Quelle nuit était-ce?

L'INCONNU.

La nuit du 22 octobre 1636.

MORDAUNT, à part.

La même date qu'il a dite à lord de Winter... Ah! justice du ciel! si j'allais tout apprendre! (Il passe sa main sur son front.) Et quelle était cette femme que vous avez assassinée?

L'INCONNU.

Assassinée!... Et vous aussi, vous aussi, vous dites comme la voix qui a retenti à mon oreille : assassinée!... Je l'ai donc assassinée, et non pas exécutée?... je suis donc un assassin, et non un justicier?

MORDAUNT.

Continuez!... continuez!... Je ne sais rien, je ne puis donc rien vous dire... Quand vous aurez achevé votre récit, nous verrons. En attendant, comment cela s'est-il fait? Parlez, dites tout, n'omettez aucun détail.

L'INCONNU, se soulevant sur son oreiller.

C'était un soir. J'habitais une maison dans une rue retirée... Un homme qui avait l'air d'un grand seigneur, quoiqu'il portât la simple casaque de mousquetaire, frappa à ma porte et me montra un ordre signé : « Richelieu... » Cet ordre commandait obéissance à celui qui en était porteur.

MORDAUNT.

L'ordre était-il bien signé : « Richelieu? »

L'INCONNU.

Oui; mais je n'ose dire qu'il ne servait point à un autre but que celui dans lequel il était donné.

MORDAUNT.

Continuez!

L'INCONNU.

Je suivis cet homme, me réservant de résister si l'office qu'on réclamait de moi était injuste. A la porte de la ville, je trouvai quatre autres cavaliers qui nous attendaient; nous fîmes cinq à six lieues, sombres, mornes, silencieux, presque sans échanger une parole... A cent pas d'Armentières, un homme couché dans un fossé se leva. « C'est là! » dit-il en montrant de la main une petite maison isolée, à la fenêtre de laquelle brillait une lumière... Nous prîmes à travers terres, et nous nous dirigeâmes vers la maison. Trois autres laquais étaient jalonnés sur la route... Chacun d'eux se leva à son tour, et se joignit à nous... Le dernier gardait la porte. « Est-elle toujours là? lui demanda l'homme qui était venu me chercher. — Toujours, » répondit-il.

MORDAUNT.

Que vais-je entendre, mon Dieu?

L'INCONNU.

Alors, nous descendîmes de cheval, et nous remîmes les

chevaux aux laquais; il me frappa sur l'épaule... le même toujours... et, à travers les vitres, il me montra, à la lueur d'une lampe, une femme accoudée sur une table, en me disant: « Voilà celle qu'il faut exécuter. »

MORDAUNT.

Et vous avez obéi?

L'INCONNU.

J'allais refuser, quand, tout à coup, en la regardant plus attentivement, je reconnus à mon tour cette femme...

MORDAUNT.

Vous la reconnûtes, vous?

L'INCONNU.

Oui... Étant jeune fille, elle avait séduit et perdu mon frère... Une nuit, tous les deux avaient disparu avec les vases sacrés d'une église... J'avais retrouvé mon frère sur un gibet... Elle, je ne l'avais pas revue.

MORDAUNT.

Continuez!

L'INCONNU.

Oh! je le sais bien, j'aurais dû pardonner; c'est la loi de l'Évangile... c'est la loi de Dieu!... L'homme en moi étouffa le chrétien; il me sembla que la voix de mon frère criait vengeance à mon oreille, et je dis: « C'est bien, j'obéirai! »

MORDAUNT.

Continuez!

L'INCONNU.

Alors, le même, toujours le même, brisa la fenêtre d'un coup de poing... Deux entrèrent par cette fenêtre; les trois autres par la porte... En les voyant, elle comprit qu'elle était perdue, car elle jeta un cri; puis, pâle et muette, comme si dans ce cri elle eût épuisé toutes ses forces, elle recula chancelante jusqu'au moment où elle rencontra le mur.

MORDAUNT.

C'est horrible!

L'INCONNU.

Horrible, n'est-ce pas? Mais attendez!... attendez!... Alors, ils s'érigèrent en accusateurs, et chacun, passant à son tour devant elle, lui reprocha: celui-ci, l'assassinat de son mari; celui-là, l'empoisonnement de sa maîtresse, l'autre... et cet autre, c'était moi... l'autre, le déshonneur et la mort de son frère; puis, d'une seule voix, d'une même voix, d'une voix unanime, sombre, terrible, solennelle... ils prononcèrent la peine de mort... Et moi...

MORDAUNT.

Et vous... ?

L'INCONNU.

Et moi qui l'avais condamnée avec les autres... moi, moi, je me chargeai de l'exécuter.

MORDAUNT, se levant.

Malheureux !... et vous commîtes le crime ?

L'INCONNU.

Sur mon salut, je croyais faire justice.

MORDAUNT.

Et ni prières ni larmes... car sans doute elle pria et pleura... ni beauté ni jeunesse, car elle était jeune et belle, n'est-ce pas? rien ne put vous toucher?

L'INCONNU.

Rien ! je croyais que c'était le démon lui-même qui avait revêtu la forme de cette femme.

MORDAUNT.

Ah !... plus de doute maintenant!

(Il se lève et va pousser les verrous de la porte.)

L'INCONNU.

Vous me quittez? vous m'abandonnez?

MORDAUNT.

Non, non, sois tranquille, me voilà... Maintenant, voyons, réponds... mais sans rien cacher, sans rien taire. Songes-y, la franchise de tes aveux peut seule attirer sur toi la miséricorde du ciel... Ces cinq hommes, ces cinq misérables, ces cinq assassins, qui étaient-ils ?

L'INCONNU.

Je ne sais pas leurs noms, je ne les ai jamais sus... Ils portaient l'uniforme de mousquetaires... Voilà tout ce que je sais.

MORDAUNT.

Tous?

L'INCONNU.

Non, un seul était habillé comme un gentilhomme; mais ce n'était pas un Français, lui ; c'était...

MORDAUNT.

C'était... ?

L'INCONNU.

C'était un Anglais.

MORDAUNT.

Il se nommait?...

L'INCONNU.

J'ai oublié son nom...

MORDAUNT.

Tu mens !

L'INCONNU.

Mon Dieu !

MORDAUNT.

Il se nommait?...

L'INCONNU.

Non, je ne puis...

MORDAUNT.

Je vais te le dire, moi... Il se nommait lord de Winter.

L'INCONNU.

Que dites-vous ?

MORDAUNT.

Je dis qu'il se nommait lord de Winter, je dis qu'il était là tout à l'heure, je dis que c'est celui avec lequel tu es sorti.

L'INCONNU.

Comment savez-vous cela ?

MORDAUNT.

Maintenant, le nom de cette femme?...

L'INCONNU.

Je ne l'ai jamais su... Ils l'appelaient milady, voilà tout.

MORDAUNT.

Milady !... Mais, puisqu'elle avait séduit ton frère, dis-tu; puisqu'elle avait causé la mort de ton frère, à ce que tu prétends ; puisque, jeune fille, elle s'était sauvée, emportant avec lui les vases sacrés d'une église, tu dois savoir son nom de jeune fille?

L'INCONNU.

Oui, celui-là, je le sais.

MORDAUNT.

Son nom ?

L'INCONNU.

Il me semble que je vais mourir.

MORDAUNT.

Oh! ne meurs pas sans m'avoir dit son nom.

L'INCONNU.

Me pardonnez-vous?

MORDAUNT.

Son nom, te dis-je, son nom?

L'INCONNU.

Anne de Breuil.

MORDAUNT, à part.

Ah! mes pressentiments ne me trompaient donc pas!

L'INCONNU.

Maintenant, maintenant que vous savez son nom, pardonnez-moi, je me meurs!

MORDAUNT.

Moi, te pardonner?... te pardonner?... Tu ne sais donc pas qui je suis?

L'INCONNU.

Qui êtes-vous donc?

MORDAUNT.

Je suis John-Francis de Winter!

L'INCONNU.

De Winter!

MORDAUNT.

Et cette femme...

L'INCONNU, se soulevant.

Cette femme...?

MORDAUNT.

Eh bien, cette femme, c'était ma mère!

L'INCONNU.

Sa mère!

MORDAUNT.

Oui, ma mère, comprends-tu? ma mère! morte... sans que j'aie pu savoir ni où ni comment.

L'INCONNU.

Oh! pardonnez-moi! pardonnez-moi!...

MORDAUNT.

Te pardonner?... te pardonner?... Dieu peut-être... Moi, jamais!

L'INCONNU.

Par pitié...

MORDAUNT.

Pas de pitié pour qui n'a pas eu de pitié... Meurs maudit, meurs désespéré, meurs et sois damné !

(Il le frappe de son poignard.)

L'INCONNU.

Au secours ! au secours !

VOIX, du dehors.

Ouvrez ! ouvrez !

MORDAUNT.

Un !

(Il s'élance vers la fenêtre, l'ouvre et saute dehors. L'Aubergiste, l'Hôtesse et Grimaud se précipitent dans la chambre.)

SCÈNE IX

L'INCONNU, expirant ; L'AUBERGISTE, L'HÔTESSE, GRIMAUD, VALETS, VOISINS, etc.

GRIMAUD.

Qu'y a-t-il ?

L'INCONNU.

Au secours !

L'AUBERGISTE.

Le moine ! où est le moine ?

L'INCONNU.

Il m'a poignardé, et c'était justice... Le moine... c'était son fils...

GRIMAUD.

Quel fils ?

L'INCONNU, apercevant Grimaud.

Mon Dieu !

GRIMAUD.

Quoi ?

L'INCONNU.

Vous étiez un des quatre laquais des quatre seigneurs... cette nuit... ?

GRIMAUD.

Oui !

L'INCONNU.

Eh bien, ce moine, c'est son fils.

GRIMAUD.

Le fils de milady?

L'INCONNU.

Prenez ce poignard, portez-le aux quatre gentilshommes... et dites-leur ce que vous savez...

(Il expire.)

GRIMAUD.

Ah! vous avez raison, pas un instant à perdre... M. le comte de la Fère, M. le comte de la Fère...

(Il va pour sortir.)

L'AUBERGISTE, l'arrêtant.

Eh bien, cet homme?...

GRIMAUD.

Cet homme est mort!

ACTE PREMIER

PREMIER TABLEAU

La chambre de d'Artagnan, à l'hôtel de la *Chevrette*, rue Tiquetonne, à Paris. Au premier plan, à droite, porte d'entrée ouvrant sur un escalier; à gauche, dans le pan coupé, armoire fermée par un rideau. Au fond, large fenêtre.

SCÈNE PREMIÈRE

MADELEINE, seule.

Elle tient un justaucorps et le brosse.

Ah! ah! voici un justaucorps de velours bleu que je ne connaissais pas à M. d'Artagnan... C'est sans doute avec celui-là qu'il fait ses conquêtes, l'ingrat!... Mais qu'est-ce que je sens dans ses poches?... Des papiers... On me dira peut-être que c'est de la curiosité; mais, après tout, j'ai bien le droit d'être curieuse... Voilà un billet, j'en étais sûre... (Elle déplie un papier et le lit.) « Dindonneau en hachis, carpe à l'étuvée, fritôt à la Mazarin, trois bouteilles de vin d'Anjou... » C'est déjà une infidélité... Comme si la table de la *Chevrette* ne devait pas suffire à un galant homme!... Mais cette infidélité-là, je la lui passe encore. (Elle tire une autre lettre.) Second papier. (Elle lit.) « Monsieur, votre adversaire commence à entrer en convalescence ; il n'a plus que trois coups d'épée qui m'inquiètent, les autres se cicatrisent déjà... » Ah! il s'agit du sergent suisse qui s'était installé dans mon hôtel, bien malgré moi, je puis le dire... et que M. d'Artagnan, à son retour de la campagne de Flandre, a trouvé établi dans sa chambre... Il en a été quitte pour cinq coups d'épée... pauvre cher homme! (Raccrochant l'habit.) Ah! monsieur d'Artagnan, vous étiez amoureux dans ce temps-là, car vous étiez jaloux de tout le monde... même des Suisses... Passons à celui-ci... (Elle prend un autre habit.) C'est le pourpoint sacré, la fameuse casaque des mousquetaires, que nous gardons comme une relique... Voyons s'il n'y a rien dans les poches de la relique... Ah! ah! des papiers attachés avec une faveur... Ah! traître! une faveur bleue! Commençons par cette petite écriture bien serrée; ce doit être incontestablement d'une femme. « Mon cher d'Artagnan... » Son cher d'Artagnan! « J'avoue que votre souvenir me poursuit jusque dans mon couvent de Noisy-le-Sec... » Ah! voilà une lettre, j'espère!... C'est affreux!... Ah! mon Dieu! du bruit! c'est lui!... Vite, les baudriers, les habits, les pourpoints dans cette armoire... Eh bien, où est donc la casaque, maintenant?... Ah! la voici. Quand il sortira, je remettrai les lettres; mais, cette fois, puisque j'ai trouvé la cachette, je veux savoir à quoi m'en tenir.

SCÈNE II

D'ARTAGNAN, MADELEINE.

D'ARTAGNAN.

Ah! ah! chère madame Turquenne, vous ici?

MADELEINE.

Oui, monsieur d'Artagnan, oui; vous voyez, je range.

D'ARTAGNAN.

Que c'est beau de pouvoir dire : « Je range! » Le fait est, Madeleine (regardant autour de lui), que vous rangez souvent...

MADELEINE.

Eh bien, c'est le devoir d'une bonne femme, et je suis la vôtre... (D'Artagnan la regarde de côté.) Votre femme de ménage, j'entends... Oh! je n'ai pas la prétention d'aspirer à la main d'un lieutenant de mousquetaires.

D'ARTAGNAN.

Bien, Madeleine... Je croyais que vos idées d'hyménée vous trottaient encore par l'esprit.

MADELEINE.

Hélas! monsieur d'Artagnan, depuis que vous vous en êtes expliqué si catégoriquement avec moi...

D'ARTAGNAN.

Ma chère madame Turquenne, les bons comptes font les bons amis; d'ailleurs, je ne suis pas bien certain que feu M. Turquenne soit mort... On a vu des maris qui revenaient, rien que pour faire pendre leur successeur... Mais il s'agit en ce moment de toute autre chose que de débattre l'existence ou la non-existence de votre premier époux, ma chère Madeleine... Il s'agit de trouver...

MADELEINE.

Quoi?

D'ARTAGNAN.

Des idées, beaucoup d'idées, d'excellentes idées!

MADELEINE.

Oh! quand elles vous manquent, vous savez où les chercher, vous.

D'ARTAGNAN.

Près de vous, n'est-ce pas, ma chère madame Turquenne?

MADELEINE.

Non, mais derrière mes fagots.

D'ARTAGNAN.

Ceci est un vieux proverbe d'Athos: « Il y a plus d'idées au fond d'une seule bouteille que dans la tête de quarante académiciens. »

MADELEINE.

Et vous avez besoin de beaucoup d'idées?

D'ARTAGNAN.

Il m'en faudrait deux, mais de qualité supérieure; comprenez-vous, Madeleine? une hardie, bouillante, énergique!... cachet rouge; l'autre gaie, ingénieuse, fantasque!... cachet vert.

MADELEINE.

Oui, avec une tranche de ce pâté de chevreuil...

D'ARTAGNAN.

Que j'ai aperçu en bas en passant... C'est extraordinaire, chère madame Turquenne, comme vous lisez dans mon cœur.

(Il la serre dans ses bras.)

MADELEINE, touchant la poche de son habit.

Tiens ! qu'est-ce que vous avez donc là ? De l'argent ?

D'ARTAGNAN.

Mais oui.

MADELEINE.

Vous qui vous plaignez toujours d'en manquer...

D'ARTAGNAN.

Ce n'est pas à moi ; c'est un dépôt que m'a confié le gouvernement.

MADELEINE.

Oh ! cachotier que vous êtes ! je suis sûre que, si j'ouvrais ce secrétaire-là...

D'ARTAGNAN.

Madeleine, n'allez pas commettre cette imprudence ; c'est un secrétaire à secret qui vient de famille, et qui a déjà tué trois femmes imprudentes, qui ont eu la témérité... Mais, chère madame Turquenne, vous m'avez parlé de fagots, je crois ; il ne faut pas que cela se passe en conversation...

MADELEINE.

Ah ! vous pouvez vous vanter, vous, d'avoir une manière de faire faire aux femmes ce que vous voulez...

D'ARTAGNAN.

C'est le résultat de quinze ans d'étude, madame Turquenne ; voilà le grand avantage du vin sur les femmes ; c'est que le vin, plus on en goûte, plus on le connaît, tandis que les femmes, au contraire...

MADELEINE.

C'est bon, c'est bon ; on va vous chercher vos deux bouteilles.

D'ARTAGNAN.

Allez donc, et fermez la porte.

SCÈNE III

D'ARTAGNAN, seul.

Hein! comme c'est dressé! Elle n'a qu'un défaut: c'est de n'avoir jamais assez de ses propres poches... Comme elle a senti tout de suite dans la mienne l'argent de Son Éminence!... Mais casse-cou! l'argent du Mazarin... Ladre vert, cuistre d'Italien, va!... cent pistoles!... Je croyais d'abord que c'était des roubles d'Espagne, cela en valait la peine! cent pistoles... « Oun à-compte, monsou d'Artagnan... » Mazarin maudit!... Oui, mon *ser* lieutenant, recommencez à vous faire briser les jambes, casser les bras; faites-vous traverser le ventre de grands coups d'épée, faites-vous trouer le moule de votre pourpoint avec forces pistolades, et je vous donnerai... quoi? *oun* à-compte... Et à quand le compte, pleutre que tu es?... Enfin je lui demande, quoi?... la moindre des choses, un brevet de baron pour Porthos, qui dessèche de ne pas être titré... Il prend un parchemin, il écrit les noms, il burine le titre, et me le rend sans signer... « Mais la signature? — A votre retour, mon ser monsou d'Artagnan. — Et si nous ne revenons pas?... — Dame, cela vous regarde... C'est à vous de revenir... » Et la reine, avec son grand nez, sa lèvre à l'autrichienne, et ses belles mains insolentes: « Monsieur d'Artagnan, soyez bien dévoué à Sa Majesté... » Je lui serai dévoué pour cent pistoles, au roi, et encore... qu'est-ce que je dis donc là! pour vingt-cinq, car les cent pistoles sont pour moi et mes trois amis: vingt-cinq pistoles pour Athos, vingt-cinq pistoles pour Porthos et vingt-cinq pistoles pour Aramis... (Il rit de pitié.) Il est vrai que, si je ne les retrouve pas... Oui, mais il faut que je les retrouve, ces dignes amis, que je n'ai pas vus depuis tant d'années! Quelle étrange chose!... on vit trois, quatre, cinq ans ensemble, il semble qu'on ne pourra pas se passer les uns des autres... on le dit, on le répète, on le croit... Puis vient une bourrasque qui vous pousse, l'un au midi, l'autre au nord; celui-ci à l'orient, celui-là à l'occident; on se perd de vue et tout est fini; à peine si une lettre... Cependant n'accusons pas: j'en ai reçu une d'Athos, c'était en 1643, six mois à peu près avant la mort du cardinal; voyons, où était-ce?...

Ah! c'était au siége de Besançon; je me rappelle, j'étais de tranchée... Que me disait-il donc? Ah! qu'il habitait une petite terre... Oui, mais où? J'en étais là quand un coup de vent a emporté la lettre d'Athos du côté de la ville : j'ai laissé le vent porter la lettre aux Espagnols, qui n'en ont que faire, et qui devraient bien me la renvoyer aujourd'hui que j'en ai besoin... Voyons donc, il faut songer non plus à Athos, mais à Porthos et à Aramis... Ils m'ont écrit aussi, eux... Où sont leurs lettres? Ah! probablement dans ma chère casaque!... (Il ouvre l'armoire.) Ah! Madeleine rangeait... Je suis bien aise de savoir de quelle façon elle range, je lui en ferai mon compliment... Pauvre casaque!... en voilà une qui a vu bien des aventures et qui a assisté à bien des batailles! aussi, elle en a gardé les cicatrices; voilà le trou du biscaïen qui m'a roussi la peau au bastion Saint-Gervais, lors de notre combat d'héroïque mémoire, quatre contre cent, vingt-cinq pour un, juste comme les pistoles de Son Éminence... Voici une couture glorieuse... Par quelle main a-t-elle été faite? Je ne me le rappelle pas... C'est singulier que, de tous les tissus, le plus solide, celui qui se recoud encore le plus facilement, c'est la peau humaine... Cette casaque de buffle n'est plus bonne à rien, et M. d'Artagnan vaut encore quelque chose... Mais, avec tout cela, je ne retrouve pas mes lettres, moi.... C'est donc le diable?... Ce sont ces pistoles de malheur qui m'ont ensorcelé; elles étaient dans cette poche-là, cependant, les lettres... Ah! j'y pense, Madeleine, qui range si bien... Madeleine! Madeleine!...

SCÈNE IV

D'ARTAGNAN, MADELEINE.

MADELEINE.

Me voici, me voici; j'ai voulu aller à la cave moi-même.

D'ARTAGNAN.

Fort bien. Dites-moi, Madeleine...

MADELEINE, à part.

Il a été au portemanteau. (Haut.) Cachet rouge. (A part.) Il aura découvert quelque chose... (Haut.) Cachet vert, regardez!

D'ARTAGNAN.

Chère madame Turquenne, vous me comblez... Mais posez les bouteilles sur la table, et venez ici.

MADELEINE.

Oh! qu'est-ce que ce sac?

D'ARTAGNAN.

L'argent du gouvernement, toujours... N'y touchez pas, ça brûle les doigts; d'ailleurs, nous avons à causer.

MADELEINE.

Eh bien, causons.

D'ARTAGNAN.

Madeleine, mon enfant, nous avons donc rangé dans la chambre de ce bon M. d'Artagnan?

MADELEINE, à part.

Nous y voilà! (Haut.) Mais oui, comme d'habitude... Je ne puis pas dire non : vous m'avez trouvée occupée...

D'ARTAGNAN.

A ranger, c'est cela,... De sorte qu'en rangeant, pour que tout fût bien rangé, nous avons retourné les poches.

MADELEINE.

Moi?... Non, non, jamais!

D'ARTAGNAN.

Madeleine, chère amie, entre autres qualités qui vous rendent précieuse à mes yeux, il y en a une dont je voudrais bien que vous trouvassiez à vous défaire : vous êtes horriblement jalouse, et, vous le savez, Madeleine, un grand prédicateur l'a dit, ou, s'il ne l'a pas dit, il aurait dû le dire: « La jalousie conduit les femmes à fouiller dans les tiroirs des tables et dans les poches des hauts-de-chausses. » Vous comprenez, Madeleine?

MADELEINE.

Ah! ce n'est point à moi qu'on peut faire ce genre de reproche.

D'ARTAGNAN.

N'importe, la morale n'est jamais perdue... Écoutez donc, ma chère Madeleine: si, comme vous le dites tous les jours, vous tenez à faire mon bonheur, sang-Dieu! ne me rendez pas le plus malheureux des hommes!

MADELEINE.

Je ne puis cependant pas répondre....

D'ARTAGNAN.

Elles étaient dans ma poche, Madeleine, dans cette poche-là ; trois lettres, entendez-vous bien ?... La poche n'est aucunement trouée... Elles étaient liées avec une faveur bleue.

MADELEINE.

Ah ! je conçois, c'était fort galant.

D'ARTAGNAN.

Ma petite Madeleine, vous voyez que je suis très-calme, très-charmant, que je n'ai pas la moindre canne à la portée de la main ; faisons donc les choses galamment ; avouez-moi qu'en secouant mes vieux habits, ce paquet de lettres est tombé, hein ? il est tombé, n'est-ce pas ? et vous l'avez ramassé... Voyons, rendez-le-moi, ventrebleu !

MADELEINE.

Vous savez bien, monsieur d'Artagnan, que je ne bats point les habits de mes locataires.

D'ARTAGNAN.

Morbleu ! Madeleine, je ne me fâche pas, non, non, non... je ne veux point me fâcher du moins ; mais, si l'on ne me retrouve pas l'adresse d'Athos, d'Aramis et de Porthos... de Porthos surtout... j'étranglerai tout l'hôtel !

MADELEINE.

Mais ne criez donc pas comme cela, monsieur d'Artagnan !

D'ARTAGNAN.

L'adresse de Porthos, sang-Dieu ! ventrebleu ! corbleu !

MADELEINE.

On croira que nous nous disputons... Tenez, voilà quelqu'un qui monte.

D'ARTAGNAN, écoutant.

Ah ! mon Dieu ! ce pas... Trois cents livres pesant !... (On monte lourdement.) Si j'étais assez fat pour croire que la Providence s'occupe de moi, je dirais que c'est le pas de Porthos... (On frappe.) Si je ne savais mon digne ami dans sa terre de je ne sais où, et dans son château de je ne sais quoi, je dirais que c'est le poing de Porthos.

MADELEINE.

Eh ! mais il va enfoncer ma porte, ce monsieur !

PORTHOS, en dehors.

Eh bien, on n'ouvre donc plus la porte à son ami ?

D'ARTAGNAN.

C'est la voix de Porthos... En voilà une chance !

SCÈNE V

LES MÊMES, PORTHOS, MOUSQUETON.

D'ARTAGNAN.

Porthos ! en chair et en os ! Ah ! cher ami !

(Il lui saute au cou.)

PORTHOS.

Avec mon fidèle Mouston, comme vous voyez... Ne me reconnaissez-vous pas ?

D'ARTAGNAN.

Si fait ; mais je remerciais le hasard...

PORTHOS.

Le hasard ?

D'ARTAGNAN.

Oui.

PORTHOS.

Ce n'est point le hasard qui m'amène ici, c'est votre lettre.

D'ARTAGNAN.

Comment, ma lettre ?...

PORTHOS.

Sans doute ; tenez ! (Il lui donne une lettre.) C'est bien à moi... « A monsieur du Vallon de Bracieux de Pierrefonds. »

D'ARTAGNAN.

Ah ! de Pierrefonds ! c'est cela, voilà le nom du château, je me le rappelle maintenant ; mais n'importe, ce n'est pas moi qui vous ai écrit.

PORTHOS.

Cependant... (Il lit.) « Trouvez-vous le 20 du mois d'octobre de la présente année 1648, à l'hôtel de la *Chevrette*, rue Tiquetonne, à Paris ; c'est là que demeure votre ami d'Artagnan, qui sera enchanté de vous voir. » C'est écrit.

D'ARTAGNAN.

Oui, mais ce n'est point écrit par moi, voilà tout ce que je puis vous dire.

MADELEINE.

C'est une lettre qui sera tombée des vieux habits de monsieur.

PORTHOS.

C'est possible! (Apercevant Madeleine.) Mais je vous demande pardon, madame, je n'avais pas eu l'honneur de vous voir.

D'ARTAGNAN.

Mon cher Porthos, je vous présente madame Madeleine Turquenne, la plus soigneuse hôtelière de France et de Navarre... une femme qui ne laisse jamais traîner les papiers de ses locataires... Mais ne parlons plus de cela; vous voilà, Porthos, c'est le principal... Pourquoi, comment êtes vous venu, peu importe, cela s'éclaircira... Ma chère madame Turquenne, M. Porthos va partager mon dîner.

MADELEINE.

Alors, deux cachets rouges et deux cachets verts; on va vous aller chercher cela.

D'ARTAGNAN.

Allez!

SCÈNE VI

D'ARTAGNAN, PORTHOS, MOUSQUETON.

D'ARTAGNAN.

Et maintenant, cher ami, en attendant le renfort qu'est allée nous chercher Madeleine, disons toujours un mot à ces deux bouteilles.

PORTHOS.

Oui, volontiers.

D'ARTAGNAN.

Sang-Dieu! comme vous vous portez, cher ami!

PORTHOS.

Mais oui, la santé est bonne.

(Il pousse un soupir.)

D'ARTAGNAN.

Et toujours fort?

PORTHOS.

Plus que jamais... Imaginez-vous que, dans mon château de Pierrefonds, j'ai une bibliothèque...

D'ARTAGNAN.

Bah! vous êtes donc bien riche. mon cher Porthos, que vous vous êtes livré à des dépenses si inutiles?

PORTHOS.

Elle faisait partie du château, que j'ai acheté tout meublé.

D'ARTAGNAN.

Bon! mais qu'a de commun cette bibliothèque avec votre force?

PORTHOS.

Attendez!... Dans cette bibliothèque, il y a un livre!

D'ARTAGNAN.

Comment! dans votre bibliothèque, il n'y a qu'un livre?

PORTHOS.

Non pas... attendez donc!... Mouston, combien y a-t-il de livres dans ma bibliothèque?

MOUSQUETON.

Six mille, monsieur.

PORTHOS.

Il y a six mille livres.

(Il pousse un second soupir.)

D'ARTAGNAN.

A la bonne heure!

PORTHOS.

Eh bien, parmi ces six mille livres, il y en a un fort intéressant qui traite des douze travaux d'Hercule, des exploits de Thésée, et des faits et gestes de Milon de Crotone... Eh bien, là-bas, pour me distraire, j'ai fait tout ce que Milon de Crotone avait fait.

D'ARTAGNAN.

Vous avez assommé un bœuf d'un coup de poing?

PORTHOS.

Oui.

D'ARTAGNAN.

Vous l'avez porté sur vos épaules pendant cinq cents pas?

PORTHOS.

Six cents...

D'ARTAGNAN.

Et vous l'avez mangé en un jour?

PORTHOS.

Presque... Il n'y a qu'une chose que je n'ai pu faire.

D'ARTAGNAN.

Laquelle?

PORTHOS.

Il est dit dans le livre que Milon ceignait son front d'une corde, et qu'en enflant ses muscles, il rompait cette corde.

D'ARTAGNAN.

Ah! c'est que votre force, à vous, n'est pas dans votre tête, Porthos.

PORTHOS.

Non, elle est dans mes bras.

D'ARTAGNAN.

Mordious! que vous êtes heureux, Porthos! riche, bien portant, et fort!

PORTHOS.

Oui, je suis heureux.

(Il pousse un troisième soupir.)

D'ARTAGNAN.

Porthos, voilà de bon compte trois soupirs que vous poussez.

PORTHOS.

Vous croyez?...

D'ARTAGNAN.

Tenez, mon ami, on dirait que quelque chose vous tourmente.

PORTHOS.

Vraiment?...

D'ARTAGNAN.

Auriez-vous des chagrins de famille?

PORTHOS.

Je n'ai pas de famille.

D'ARTAGNAN.

Feriez-vous mauvais ménage avec madame du Vallon?

PORTHOS.

Elle est morte il y a tantôt deux ans.

D'ARTAGNAN.

Ah! elle est morte?

PORTHOS.

Oui; n'est-ce pas, Mouston?

MOUSQUETON.

Il y a tantôt deux ans, oui, monsieur.

D'ARTAGNAN.

Mais, alors, mon cher, pourquoi soupirez-vous?

PORTHOS.

Écoutez, d'Artagnan, il me manque quelque chose.

D'ARTAGNAN.

Que diable peut-il vous manquer?... Vous avez des châteaux, des prairies, des terres, des bois, des montagnes; vous êtes riche, vous êtes veuf, vous êtes fort comme Milon de Crotone et vous n'avez pas la crainte d'être mangé un jour par des lions.

PORTHOS.

C'est vrai, j'ai tout cela; mais je suis ambitieux.

D'ARTAGNAN.

Vous ambitieux, Porthos?

PORTHOS.

Oui, tout le monde est quelque chose, excepté moi. Vous êtes chevalier, Aramis est chevalier, Athos est comte...

D'ARTAGNAN.

Et vous voudriez être baron?

PORTHOS.

Ah!

D'ARTAGNAN, tirant le brevet.

Allongez le bras, Porthos...

PORTHOS.

Pour quoi faire?

D'ARTAGNAN.

Allongez toujours... Encore... Bien!

PORTHOS.

Un brevet aux armes de France!

D'ARTAGNAN.

Lisez!

PORTHOS.

« Ordonnance royale qui accorde à M. du Vallon le titre de baron. »

D'ARTAGNAN.

Baron, c'est écrit.

PORTHOS.

Ah! oui; mais ce n'est pas signé.

D'ARTAGNAN.

On ne peut pas tout avoir en même temps; voilà d'abord le brevet, vous aurez la signature plus tard.

PORTHOS.

Et que faut-il faire pour avoir cette signature?

D'ARTAGNAN.

Ah! dame, quitter nos châteaux, reprendre le harnais, courir les aventures, laisser, comme autrefois, un peu de notre chair par les chemins.

PORTHOS.

Diable! c'est donc la guerre que vous me proposez?

D'ARTAGNAN.

Avez-vous suivi la politique, cher ami?

PORTHOS.

Moi? Pour quoi faire?

D'ARTAGNAN.

Êtes-vous pour les princes? êtes-vous pour Mazarin?

PORTHOS.

Moi, je serai pour celui qui me fera baron.

D'ARTAGNAN.

Bien répondu, Porthos; et vous êtes disposé à me suivre?

PORTHOS.

Jusqu'au bout du monde.

D'ARTAGNAN.

Eh bien, en attendant, allez jusqu'à votre hôtel, qui est sur la route, et revêtez le buffle et la cuirasse.

PORTHOS.

Dix minutes... dix minutes seulement, je ne vous demande que dix minutes.

D'ARTAGNAN.

Vous avez un bon cheval?

PORTHOS.

J'en ai quatre, n'est-ce pas Mouston?

MOUSQUETON.

Oui, monsieur : Bayard, Roland, Joyeuse et la Rochelle.

D'ARTAGNAN.

En ce cas, ne perdez pas de temps; peut-être partirons-nous aujourd'hui.

PORTHOS.

Bah!

D'ARTAGNAN.

J'allais vous chercher, mon cher, quand vous êtes arrivé.

PORTHOS.

Comme cela se trouve!... Et nous allons?...

D'ARTAGNAN.

Je n'en sais rien.

PORTHOS.

Mais, si vous ne savez pas où vous allez, nous nous perdrons indubitablement.

D'ARTAGNAN.

Soyez tranquille; M. de Mazarin nous enverra un guide.

PORTHOS.

Bon! et, en revenant, je serai nommé baron?

D'ARTAGNAN.

C'est dit; allez donc vous équiper.

PORTHOS.

Viens-tu, Mouston?

MOUSQUETON.

Oui, monsieur le baron.

PORTHOS, attendri.

Ah! Mouston, voilà un mot que je n'oublierai de ma vie.

D'ARTAGNAN, étonné, à part.

Mouston?

(Porthos sort.)

SCÈNE VII

D'ARTAGNAN, MOUSQUETON.

D'ARTAGNAN, arrêtant Mousqueton.

Pardon, mon cher Mousqueton, mais tu ne m'avais pas fait part du malheur que tu as eu de perdre une syllabe de ton nom... Comment diable cet accident t'est-il arrivé?

MOUSQUETON.

Monsieur, depuis que, de laquais, j'ai été élevé au grade d'intendant de monseigneur, j'ai pris ce dernier nom, qui est plus digne, et qui sert à me faire respecter de mes subordonnés.

D'ARTAGNAN.

Je comprends! ton maître et toi, vous avez chacun votre ambition : lui d'allonger son nom; toi, de raccourcir le tien... Allez, monsieur Mouston.

(Mousqueton sort.)

SCÈNE VIII

D'ARTAGNAN, seul.

Décidément, ce n'est pas si difficile qu'on le croit de mener les hommes. Étudiez les intérêts, flattez les amours-propres, piquez ferme et rendez la main, ils iront où vous voudrez; donc, voilà Porthos embauché pour le compte du cardinal, c'est toujours cela... Oui, mais ce n'est point assez : il nous faudrait Athos et Aramis. Oh! comme ils vont nous manquer, ces pauvres amis!... Il est vrai qu'Athos est peut-être bien vieilli ; c'était notre aîné à tous, et puis il buvait effroyablement, il sera complétement abruti; c'est fâcheux, une si noble nature, une si puissante intelligence, une si haute seigneurie, un homme qui semait de l'argent comme le ciel fait de la grêle, et qui vous mettait l'épée à la main avec un air vraiment royal... Eh bien, ce noble gentilhomme à l'œil fier... ce beau cavalier si brillant sous les armes, que l'on s'étonnait toujours qu'il tînt une simple épée à la main au lieu d'un bâton de commandement; eh bien, il sera transformé en quelque vieillard courbé, au nez rouge et aux yeux pleurants... Oh! l'affreuse chose que le vin (il boit), quand il est mauvais !

SCÈNE IX

D'ARTAGNAN, MADELEINE.

MADELEINE.

M. le comte de la Fère.

D'ARTAGNAN.

Qu'est-ce que cela, le comte de la Fère ?

MADELEINE.

Dame, je ne sais pas, un beau seigneur...

D'ARTAGNAN.

Jeune ?

MADELEINE.

Trente-cinq à quarante ans.

D'ARTAGNAN.

De haute mine ?

MADELEINE.

L'air d'un roi.

ATHOS, en dehors.

Eh bien, cher d'Artagnan, n'êtes-vous pas visible?

D'ARTAGNAN.

Ah! mon Dieu! l'on dirait sa voix... Fais entrer, Madeleine.

SCÈNE X

Les Mêmes, ATHOS.

D'ARTAGNAN.

Athos, mon ami!

ATHOS.

D'Artagnan, mon cher fils, ne vouliez-vous donc plus me revoir ?

(Ils s'embrassent.)

D'ARTAGNAN.

Oh! cher ami, non ; mais le nom de la Fère, que je ne vous ai jamais entendu donner...

ATHOS.

C'est le nom de mes ancêtres que j'ai repris; mais, si j'ai changé de nom, je n'ai pas changé de cœur, ni vous non plus, n'est-ce pas?

D'ARTAGNAN.

Athos, je pensais à vous aujourd'hui même... Aujourd'hui même, je demandais votre adresse à Porthos.

ATHOS.

Il est donc arrivé?

D'ARTAGNAN.

Oui ; saviez-vous qu'il dût venir?

ATHOS.

Continuez, d'Artagnan ; vous dites donc que vous demandiez mon adresse à Porthos ?

D'ARTAGNAN.

Oui, je voulais vous revoir.

ATHOS.

En effet, pauvre ami, il y a bien longtemps que nous ne nous étions vus.

D'ARTAGNAN.

Mais j'y pense, Athos, et moi qui ne vous offre rien... Voici de ce petit vin de Bourgogne dont vous avez fait avec Grimaud si rude consommation dans la cave de l'hôtelier de Beauvais... Où est-il, ce brave Grimaud? J'espère qu'il est toujours à votre service?

ATHOS.

Oui, mon ami ; mais, dans ce moment, il voyage.

D'ARTAGNAN.

Buvez donc, alors.

ATHOS.

Merci, d'Artagnan, je ne bois plus; ou du moins je ne bois plus que de l'eau.

D'ARTAGNAN.

Vous, Athos, devenu un buveur d'eau?... Impossible! vous, le plus intrépide buveur de bouteilles des mousquetaires de M. de Tréville.

ATHOS.

Trouviez-vous que je buvais comme tout le monde, mon ami?

D'ARTAGNAN.

Non, c'est vrai! vous aviez d'abord une manière de casser le goulot des bouteilles qui n'appartenait qu'à vous; et puis vous ne buviez pas à la manière des autres, vous. L'œil de tout buveur brille quand il porte le verre à sa bouche... Votre œil à vous ne disait rien... mais jamais silence n'a été si éloquent... Il me semblait l'entendre murmurer : « Entre, liqueur, et chasse mes chagrins. »

ATHOS.

C'est qu'en effet, c'était cela, mon ami.

D'ARTAGNAN.

Et la cause de ces chagrins?

ATHOS.

Elle n'existe plus, mon ami.

D'ARTAGNAN.

Tant pis.

ATHOS.

Tant pis?

D'ARTAGNAN.

Oui, j'allais vous proposer une distraction.

ATHOS.

Laquelle?

D'ARTAGNAN.

C'était de reprendre la vie d'autrefois. Voyons, Athos, si des avantages réels vous attendaient, ne seriez-vous pas bien aise de recommencer, en ma compagnie et en celle de notre ami Porthos, les exploits de notre jeunesse?

ATHOS.

C'est une proposition que vous me faites, alors?

D'ARTAGNAN.

Nette et franche.

ATHOS.

Pour entrer en campagne ?

D'ARTAGNAN.

Oui.

ATHOS.

De la part de qui... et contre qui ?

D'ARTAGNAN.

Ah ! diable ! vous êtes pressant.

ATHOS.

Et surtout précis... Écoutez, d'Artagnan, il n'y a qu'une cause à laquelle un homme comme moi puisse être utile... C'est celle du roi.

D'ARTAGNAN.

Précisément.

ATHOS.

Oui, mais entendons-nous... Si par la cause du roi vous voulez dire celle de M. Mazarin, nous cessons de nous entendre.

D'ARTAGNAN

Diable ! voilà que ça s'embrouille.

ATHOS.

Ne jouons pas au fin, d'Artagnan ; votre hésitation et vos détours me disent assez de quelle part vous venez... Cette cause, en effet, on ne peut l'avouer hautement, et, lorsqu'on recrute pour elle, c'est l'oreille basse et la voix embarrassée.

D'ARTAGNAN.

Ah ! mon cher Athos...

ATHOS.

Eh ! mon cher d'Artagnan, vous savez bien que je ne parle pas pour vous, pour vous qui êtes la perle des gens braves, des gens loyaux et hardis... Je parle de cet Italien mesquin et intrigant, de ce cuistre qui essaye de coiffer sa tête d'une couronne qu'il a volée chez la reine ; de ce faquin qui appelle son parti le parti du roi, et qui s'avise de faire mettre les princes du sang en prison, n'osant pas les tuer, comme faisait le grand Richelieu ; du fesse-Mathieu qui pèse ses écus d'or et garde les rognés, de peur, quoiqu'il triche, de les perdre à son jeu du lendemain ; d'un drôle, enfin, qui maltraite la reine, à ce qu'on assure, et qui va, d'ici à six semaines, nous faire une guerre civile pour garder ses pensions... Si c'est là le maître que vous me proposez, d'Artagnan, grand merci !

D'ARTAGNAN.

Vous en parlez fort à votre aise, mon cher ami ; vous êtes heureux, à ce qu'il paraît, dans votre médiocrité dorée. Porthos a cinquante ou soixante mille livres de rente, peut-être. Aramis doit avoir quinze duchesses qui se disputent l'Aramis de Noisy-le-Sec, comme elles se disputaient l'Aramis mousquetaire ; c'est encore un enfant gâté du sort ; mais, moi, que fais-je en ce monde ? Je porte ma cuirasse et mon buffle depuis vingt ans, cramponné à ce grade insuffisant, sans avancer, sans reculer, sans vivre. Je suis mort, en un mot ! Eh bien, lorsqu'il s'agit pour moi de ressusciter un peu, de passer, de lieutenant, capitaine, vous venez me dire : « C'est un faquin, un cuistre, un mauvais maître !... » Eh ! pardieu ! cher ami, je le sais aussi bien que vous... Mais trouvez-m'en un meilleur, ou faites-moi des rentes.

ATHOS.

Eh bien, c'est à quoi nous avons songé, Aramis et moi, mon ami ; et c'est pour cela que j'avais écrit à Porthos et à Aramis de se trouver aujourd'hui chez vous.

D'ARTAGNAN.

Ah ! je comprends maintenant cette coïncidence.

ATHOS.

Ne les avez-vous point vus déjà ?

D'ARTAGNAN.

Porthos, oui... Aramis, non.

ATHOS.

C'est étrange ! Aramis, le moins éloigné des trois... Aramis, qui n'a que trois ou quatre lieues de son couvent de Noisy-le-Sec à Paris.

D'ARTAGNAN.

Que voulez-vous, mon cher ! Aramis aura eu quelque pénitence à faire ; et puis, avec une vocation comme la sienne, on ne quitte pas facilement son couvent.

ATHOS.

Eh bien, vous vous trompez, mon ami ; Aramis est redevenu mousquetaire, et plus mousquetaire que jamais... Il boit, parle haut en buvant, compromet les femmes, se bat une fois le mois, et ne se fait appeler que le chevalier d'Herblay... Tenez, il est en retard... Eh bien, mon ami, je parie qu'il aura suivi quelque jupe qui lui aura fait perdre le chemin de la rue Tiquetonne.

SCÈNE XI

Les Mêmes, ARAMIS.

ARAMIS.

Ah ! mes bons amis, une aventure adorable !... Bonjour, comte ; bonjour, cher d'Artagnan.

D'ARTAGNAN.

Cher Aramis, vous voilà donc !

ARAMIS.

En personne. Imaginez-vous une femme charmante que j'ai rencontrée dans une église.

D'ARTAGNAN.

Et que vous avez suivie ?

ARAMIS.

Jusqu'à sa litière.

D'ARTAGNAN.

Et de sa litière ?...

ARAMIS.

Jusqu'à la porte d'un magnifique hôtel... Une adorable personne qui m'a rappelé la pauvre Marie Michon.

D'ARTAGNAN.

Mauvais sujet !

ATHOS.

Vous le voyez, toujours le même !

ARAMIS.

Moins l'hypocrisie ; car, autrefois, je l'avoue, mes amis, j'étais un franc hypocrite...

SCÈNE XII

Les Mêmes, PORTHOS, entrant armé en guerre.

PORTHOS.

C'est bien vrai, par exemple.

ARAMIS.

Ah ! c'est vous, Porthos ! Bonjour.

PORTHOS.

Mais c'est donc une surprise ?

D'ARTAGNAN.

Oui, mon cher Porthos, une surprise ménagée par Athos, et des plus agréables, comme vous voyez.

PORTHOS, pressant Aramis sur sa poitrine.

Ah ! cher Aramis, laissez-moi vous presser sur mon cœur, cher ami...

ARAMIS, étouffé.

Eh ! dites donc, ce n'est pas sur votre cœur que vous me pressez, c'est sur votre cuirasse.

ATHOS, donnant la main à Porthos.

Partez-vous donc pour les croisades, mon cher du Vallon ?

PORTHOS.

Ma foi, je n'en sais rien ; je sais que je pars, voilà tout.

D'ARTAGNAN.

Chut ! ils ne sont pas des nôtres.

PORTHOS.

Bah !

ARAMIS, bas, à Athos.

Leur avez-vous parlé de MM. les princes, et du voyage que de Winter fait à Paris ?

ATHOS, bas.

Inutile, ils sont à Mazarin.

ARAMIS, bas.

Nous agirons sans eux.

PORTHOS, bas, à d'Artagnan.

Comment ferons-nous, alors ?

D'ARTAGNAN, bas.

Nous nous passerons d'eux.

MADELEINE, qui, pendant ce temps, a mis le couvert.

Messieurs, la table est prête.

D'ARTAGNAN.

Alors, profitons des biens que Dieu nous envoie ; c'est la véritable sagesse, n'est-ce pas, Aramis ? A table, messieurs, à table !

PORTHOS.

C'est d'autant mieux raisonné que je meurs de faim.

ATHOS, s'asseyant.

Qu'est-ce que cette serviette ?

D'ARTAGNAN.

Ne la reconnaissez-vous pas, Athos ?

14.

ARAMIS.

C'est celle du bastion Saint-Gervais.

PORTHOS.

Sur laquelle l'autre cardinal a fait broder les armes de France aux endroits où elle avait été trouée par trois balles.

ATHOS.

Pourquoi cette serviette à moi, amis?

D'ARTAGNAN.

Parce que vous êtes le plus grand, le plus noble et le plus brave de nous, toujours!

ATHOS.

Alors, messieurs, par ce drapeau, le seul que nous devons suivre au milieu des discordes civiles qui vont jaillir assurément, et qui vont nous séparer peut-être, jurons-nous de rester les uns aux autres de bons seconds pour les duels, des amis dévoués pour les affaires graves, et de joyeux compagnons pour le plaisir.

D'ARTAGNAN.

Oh! bien volontiers!

ATHOS.

Et, si jamais le hasard fait que nous nous trouvions dans deux camps opposés, chaque fois que nous nous rencontrerons dans la mêlée, à ce seul mot: « Mousquetaire! » passons notre épée dans la main gauche et tendons-nous la main droite, fût-ce au milieu du carnage.

ARAMIS.

Oui, morbleu! oui!

PORTHOS.

Oh! que c'est bien dit, Athos, et que vous êtes éloquent, toujours! j'en ai les larmes aux yeux, parole d'honneur!

ATHOS, d'un air sombre.

Et puis n'y a-t-il pas entre nous un autre pacte que celui de l'amitié? n'y a-t-il pas celui du sang?...

D'ARTAGNAN.

Vous voulez parler de milady?

ATHOS.

Et vous, vous y pensiez, d'Artagnan.

D'ARTAGNAN.

Tenez, Athos, vous êtes terrible avec votre coup d'œil... Eh bien, oui, messieurs... je vous le demande, en pensant parfois à cette terrible nuit d'Armentières, à cet homme enveloppé dans un manteau rouge, qui était le bourreau ; à cette exécution nocturne, à cette rivière qui semblait couler des flots de sang, et à cette voix qui cria au milieu de la nuit: « Laissez passer la justice de Dieu ! » n'avez-vous pas quelquefois éprouvé des mouvements de terreur qui ressemblent...?

ATHOS.

A du remords, n'est-ce pas? j'achève votre pensée... D'Artagnan, est-ce que vous avez du remords, vous?

D'ARTAGNAN.

Non, je n'ai pas de remords, parce que, si nous l'eussions laissée vivre, elle eût sans aucun doute continué son œuvre de destruction ; mais une chose qui m'a toujours étonné, mon ami... voulez-vous que je vous le dise?...

ATHOS.

Dites...

D'ARTAGNAN.

C'est que vous, vous trouvant le seul d'entre nous à qui cette femme n'eût rien fait, le seul qui n'eût pas à se plaindre d'elle, ce soit vous, vous, Athos, si bon, qui vous soyez chargé de tout préparer pour cette expédition d'Armentières, qui ayez été chercher le bourreau, qui nous ayez conduits à la chaumière ; que ce soit vous enfin qui, comme l'envoyé des justices divines, ayez prononcé le jugement sur elle ; et, quand moi-même, le corps frissonnant, la voix haletante, les yeux en pleurs, j'étais prêt à pardonner, que ce soit vous qui ayez dit de frapper.

ATHOS.

Cela vous a toujours étonné, n'est-ce pas?

D'ARTAGNAN.

Oui, je l'avoue ; si vous ne nous en eussiez pas parlé, j'eusse gardé le silence... Mais vous vous en êtes ouvert à moi le premier ; alors, je vous ai dit ce que je pensais. Excusez-moi, Athos, si cela peut en quelque point vous blesser.

ATHOS.

Amis, laissez-moi vous raconter un épisode de ma vie, que je n'ai jamais raconté à personne... Cela vous expliquera peut-être tout...

ARAMIS.

Dites, cher ami.

ATHOS.

Je ne vous recommande pas la discrétion ; quand vous

aurez entendu ce que je vais vous dire, vous jugerez la chose assez terrible, je pense, si non pour l'oublier, du moins pour l'ensevelir au plus profond de votre cœur.

D'ARTAGNAN.

Nous vous écoutons, Athos !

ATHOS.

Écoutez... J'avais vingt-cinq ans, j'étais comte, j'étais le premier de ma province, sur laquelle mes ancêtres avaient régné presque en rois ; j'avais une fortune princière, tous les rêves d'amour, de bonheur et de gloire qu'on a à vingt-cinq ans ; au reste, libre entièrement de ma personne, de mon nom et de ma fortune. Un jour, je rencontrai, dans un de mes villages, une jeune fille de seize ans, belle comme les amours et comme les anges à la fois. A travers la naïveté de son âge perçait un esprit ardent, un esprit non pas de femme, mais de poëte ; elle ne plaisait pas, elle enivrait. Elle vivait près de son frère, jeune homme mélancolique et sombre : tous deux étaient arrivés dans le pays depuis six mois ; ils venaient on ne sait d'où ; mais, en les voyant, elle si belle, lui si pieux, on ne songeait pas à leur demander d'où ils venaient. J'étais le seigneur du pays, j'aurais pu la séduire ou l'enlever à mon gré... Malheureusement, j'étais honnête homme, je l'épousai.

D'ARTAGNAN.

Puisque vous l'aimiez...

ATHOS.

Attendez ! Je l'emmenai dans mon château, j'en fis la première dame de la province... Oh ! il faut lui rendre justice, elle tenait parfaitement sa place.

D'ARTAGNAN.

Eh bien ?

ATHOS.

Eh bien, un jour que nous chassions à courre, son cheval, effrayé par la vue d'un poteau, fit un écart, elle tomba évanouie... Nous étions seuls ; je m'élançai à son secours, et, comme elle étouffait dans ses habits, je les fendis avec mon poignard... Devinez ce qu'elle avait sur l'épaule, d'Artagnan ? Une fleur de lis... Elle était marquée !

D'ARTAGNAN.

Horreur !... que dites-vous là, Athos ?

ATHOS.

La vérité pure... Mon cher, l'ange était un démon, la belle et naïve jeune fille avait volé les vases sacrés de l'église, avec son prétendu frère, qui n'était autre que son amant; je sus tout cela depuis, le frère ayant été pris et condamné.

D'ARTAGNAN.

Mais elle, qu'en fîtes-vous?...

ATHOS.

Oh! elle... J'étais, comme je vous l'ai dit, un grand seigneur, d'Artagnan; j'avais sur mes terres droit de justice basse et haute; j'achevai de déchirer les habits de la comtesse, je pris une corde, et je la pendis à un arbre.

D'ARTAGNAN.

Un meurtre!...

ATHOS.

Non pas, malheureusement; car, tandis que je m'éloignais au galop de cet endroit fatal et de ce pays maudit, quelqu'un vint sans doute, qui la sauva. Elle quitta la France alors, passa en Angleterre; elle épousa un lord, et elle en eût un fils; puis le duc mourut et elle revint en France, se mit à la solde de Richelieu, coupa dans un bal les ferrets de la reine, fit assassiner Buckingham par Felton... et, pardonnez-moi, cher d'Artagnan, de rouvrir cette blessure en votre cœur, empoisonna au couvent des Augustines de Béthune, cette femme que vous adoriez, cette charmante Constance Bonacieux.

D'ARTAGNAN.

Ainsi, c'était la même?...

ATHOS.

La même! tout le mal qui nous avait été fait nous venait d'elle; une fois, elle m'avait échappé pour commettre trois meurtres... Cette fois, je jurai qu'elle ne m'échapperait plus et qu'elle avait fini le cours de ses scélératesses; voilà pourquoi j'allai chercher le bourreau de Béthune, voilà pourquoi je vous conduisis tous à la chaumière où elle était cachée, voilà pourquoi je prononçai la sentence; voilà pourquoi, lorsque vous hésitiez, vous, Porthos; lorsque vous frémissiez, vous, Aramis; lorsque vous pleuriez, vous d'Artagnan... voilà pourquoi je dis: « Frappe!... »

D'ARTAGNAN.

Corbleu! je comprends tout, maintenant...

PORTHOS.

Et moi aussi!...

ARAMIS.

Bah!... c'était une infâme, n'y pensons plus...

D'ARTAGNAN.

Heureusement que, de ce passé, il ne reste aucune trace...

ATHOS.

Elle avait un fils de ce lord de Winter... frère de celui que nous connaissons.

D'ARTAGNAN.

Je le sais bien, puisqu'au moment de sa mort vous vous êtes écrié : « Elle n'a pas même songé à son fils ! »

ARAMIS.

Eh! qui sait ce qu'il est devenu? Mort le serpent, morte la couvée. Croyez-vous que de Winter, notre compagnon, celui qui nous guida dans l'accomplissement de l'acte de justice, se sera amusé à recueillir le fils ?... D'ailleurs, si le fils existe, il était en Angleterre; à peine s'il connaissait sa mère... Puis tout a été fait dans le silence et dans la nuit, chacun de nous avait intérêt à garder le secret et l'a gardé... Ce fils ne sait rien, il ne peut rien savoir.

(Ils s'asseyent.)

PORTHOS.

Bah! l'enfant est mort, ou le diable m'emporte! il fait tant de brouillard dans cette maudite Angleterre... Mangeons.

MADELEINE, entrant.

L'envoyé de Son Éminence...

ATHOS.

Qu'y a-t-il?...

D'ARTAGNAN.

Rien!...

ARAMIS.

Si c'est une femme, cher ami, nous vous laissons.

D'ARTAGNAN.

Non pas, messieurs, c'est un homme.

PORTHOS.

Eh bien, si c'est un homme, qu'il entre et qu'il se mette à table.

D'ARTAGNAN.

Non pas; ce serait sans doute trop mauvaise compagnie... pour Athos et pour Aramis; il s'agit d'un envoyé de Mazarin, quelque pleutre comme lui ; il n'a qu'un mot à me dire ; demeurez là, et ne vous fâchez pas si nous parlons à voix basse.

PORTHOS.

Sans doute ; mais expédiez-le promptement, que diable ! il est temps que nous déjeunions.

(Les trois amis se retirent dans un coin.)

D'ARTAGNAN.

Faites entrer, madame Turquenne.

SCÈNE XIII

Les Mêmes, MORDAUNT, en costume de puritain.

Madeleine seule peut entendre ce que disent d'Artagnan et l'envoyé de Mazarin.

MORDAUNT.

M. le chevalier d'Artagnan ?

D'ARTAGNAN.

C'est moi, monsieur.

MORDAUNT.

Lieutenant aux mousquetaires de Sa Majesté, compagnie Tréville ?

D'ARTAGNAN.

C'est moi.

MORDAUNT.

N'attendiez-vous pas quelque chose, monsieur ?

D'ARTAGNAN.

Oui ; un message de Son Éminence, message qu'il devait m'envoyer par un homme de confiance.

MORDAUNT, lui remettant une lettre.

Voici le message, monsieur, et c'est moi qui suis le messager.

D'ARTAGNAN, lisant.

« Faites ce que vous dira le porteur, et, quant à la dépêche qu'il doit vous remettre, ne l'ouvrez qu'en pleine mer ! »

MADELEINE, à part.

Tiens ! en pleine mer... Me voilà encore veuve, moi.

MORDAUNT.

Vous avez lu ?

D'ARTAGNAN.

Oui.

MORDAUNT.

Vous êtes prêt à obéir aux ordres que Son Éminence vous transmet par ma voix?

D'ARTAGNAN.

Sans doute; ne suis-je pas à son service?

MORDAUNT.

Alors, équipez-vous en guerre, et trouvez-vous seul avec les amis que vous avez promis à M. le cardinal de rattacher à son parti, jeudi prochain, à huit heures du soir, sur la digue de Boulogne.

MADELEINE, à part.

Sur la digue de Boulogne... Il paraît que c'est en Angleterre qu'ils vont...

D'ARTAGNAN.

Jeudi, dites-vous, monsieur? Nous sommes aujourd'hui samedi... C'est dans cinq jours... A merveille, j'y serai.

MORDAUNT.

A jeudi, huit heures du soir, à Boulogne, et songez que, si vous n'étiez pas arrivé au jour et à l'heure dits, je n'ai pas le droit de vous attendre une minute de plus.

D'ARTAGNAN.

Il est inutile de recommander l'exactitude à un soldat.

MORDAUNT.

Adieu, monsieur.

D'ARTAGNAN.

Au revoir...

(Mordaunt sort en faisant un léger salut aux trois amis.)

SCÈNE XIV

Les Mêmes, hors MORDAUNT.

MADELEINE.

A nous deux, maintenant.

D'ARTAGNAN.

Vous nous écoutiez?

MADELEINE.

Moi? Oh! par exemple... Il paraît que vous allez quitter la France?

D'ARTAGNAN.

C'est probable, madame Turquenne.

MADELEINE.

Et que vous allez passer en Angleterre?

D'ARTAGNAN.

C'est possible, chère amie.

MADELEINE.

Eh bien, je vais profiter de cela, pour vous faire une recommandation.

D'ARTAGNAN.

Une recommandation?

MADELEINE.

Oui; ma sœur tient l'hôtellerie de la *Corne du cerf*, sur la place du Parlement, à Londres; si vous y allez...

D'ARTAGNAN.

Elle aura ma pratique.

MADELEINE.

C'est dit?

D'ARTAGNAN.

Et redit.

MADELEINE.

Merci.

(Elle sort.)

PORTHOS.

Si nous déjeunions...

D'ARTAGNAN.

Me voici.

ATHOS.

Quand je vous disais, d'Artagnan, que le Mazarin était un vilain homme.

D'ARTAGNAN.

Pourquoi?

ATHOS.

C'est qu'en vérité ses envoyés sont de vilaines gens. Comment! il y a dans ce coin trois gentilshommes, et il fait pour nous trois un salut qui suffirait à peine à un seul!

D'ARTAGNAN.

Messieurs, il faut lui pardonner; je crois que c'est un puritain.

ATHOS.

Il vient d'Angleterre?

D'ARTAGNAN.

Je l'en soupçonne.

ATHOS.

Alors, ce serait quelque envoyé de Cromwell?

D'ARTAGNAN.

Peut-être.

ATHOS.

En tout cas, il ne me revient pas le moins du monde, votre envoyé.

PORTHOS.

Ni à moi.

ARAMIS.

Ni à moi.

ATHOS.

Et comment s'appelle-t-il, ce monsieur?

D'ARTAGNAN.

Je ne sais pas.

PORTHOS.

Messieurs, déjeunons !

SCÈNE XV

Les Mêmes, GRIMAUD.

GRIMAUD, en dehors.

Au cinquième, n'est-ce pas? la porte à gauche...

MADELEINE.

Oui !...

GRIMAUD, en dehors.

Bien !

D'ARTAGNAN.

Au cinquième, la porte à gauche, c'est ici.

ATHOS.

C'est la voix de Grimaud.

D'ARTAGNAN.

Il parle donc, maintenant?

ARAMIS.

Oui, dans les grandes circonstances.

(Grimaud entre précipitamment.)

ATHOS.

Oh! messieurs! il est arrivé quelque chose... Grimaud, pourquoi cette pâleur, pourquoi cette agitation?

GRIMAUD.

Messieurs, milady de Winter avait un enfant; l'enfant est devenu un homme... La tigresse avait un petit; le tigre est lancé, il vient à vous, prenez garde!

D'ARTAGNAN.

Que veux-tu dire?

ATHOS.

Que dis-tu?

GRIMAUD.

Je dis, monsieur le comte, que le fils de milady a quitté l'Angleterre, qu'il est en France et qu'il vient à Paris, s'il n'y est déjà.

ARAMIS.

Diable! Et tu es sûr?...

PORTHOS.

Eh bien, après tout, quand il viendrait à Paris, nous en avons vu bien d'autres; qu'il vienne!

D'ARTAGNAN.

Et, d'ailleurs, c'est un enfant.

GRIMAUD.

Un enfant, messieurs!... Savez-vous ce qu'il a fait, cet enfant? Déguisé en moine, il a appris du bourreau de Béthune toute l'histoire de sa mère, qu'il ignorait, et, après l'avoir confessé, il lui a, pour absolution, planté dans le cœur le poignard que voici... Tenez, il est encore rouge et humide!

ARAMIS.

L'as-tu vu, lui?

GRIMAUD.

Oui.

D'ARTAGNAN.

Sais-tu comment il s'appelle?

GRIMAUD.

Je ne sais pas.

ATHOS, se levant.

Je le sais, moi!... Il s'appelle le vengeur!

DEUXIÈME TABLEAU

Un salon chez lord de Winter, à la place Royale.

SCÈNE PREMIÈRE

DE WINTER, ATHOS.

DE WINTER.
Vous dites donc, comte?
ATHOS.
Je dis que Grimaud est arrivé comme il expirait, qu'il nous a rapporté le poignard tout fumant encore.
DE WINTER.
Alors, il sait tout?
ATHOS.
Tout, excepté nos noms.
DE WINTER.
Mais comment, mais pourquoi a-t-il quitté l'Angleterre?
ATHOS.
Il était donc en Angleterre?
DE WINTER.
Eh! oui.
ATHOS.
Qu'y faisait-il?
DE WINTER.
C'est un des sectateurs les plus ardents d'Olivier Cromwell.
ATHOS.
Comment s'est-il rallié à cette cause? Son père et sa mère étaient catholiques, je crois.
DE WINTER.
Le roi, sur ma demande, l'a déclaré bâtard, l'a dépouillé de ses biens et lui a défendu de porter le nom de Winter. Sa haine pour Charles 1er l'a poussé vers Cromwell.
ATHOS.
Et comment s'appelle-t-il maintenant?
DE WINTER.
Mordaunt.

ATHOS.

C'est bien, je m'en souviendrai... La Providence nous a prévenus, tenons-nous sur nos gardes. Mais, voyons, revenons à l'affaire qui vous amène à Paris, milord.

DE WINTER.

Deux mots d'abord... Vous avez toujours pour amis MM. Porthos et Aramis?

ATHOS.

Ajoutez d'Artagnan, milord ; nous sommes toujours comme autrefois quatre amis dévoués les uns aux autres... Seulement, lorsqu'il s'agit d'être frondeurs, nous ne sommes plus que deux, Aramis et moi.

DE WINTER.

Je vous reconnais bien là ! vous avez adopté la cause des princes, la grande cause ; c'était la seule qui pût aller à votre caractère noble et généreux. Je ne vous cacherai pas que j'étais venu en France dans cet espoir.

ATHOS.

Sommes-nous donc pour quelque chose dans votre voyage?

DE WINTER.

Oui, comte, j'ai besoin de vous deux... Vous avez prévenu M. Aramis?

ATHOS.

Tenez, le voici.

SCÈNE II

Les Mêmes, ARAMIS.

DE WINTER.

Bonjour, chevalier ; vous arrivez à merveille, j'allais demander à M. le comte la permission de vous présenter tous deux à la reine d'Angleterre.

ARAMIS.

A la reine d'Angleterre?

ATHOS.

A madame Henriette de France?... Pardon, milord, je ne connais de Sa Majesté que ses malheurs là-bas, et son exil ici.

DE WINTER.

Mais je vous connais, vous... et je lui ai promis, ce matin, de vous conduire près d'elle.

ATHOS.

Au Louvre?...

DE WINTER.

Non, aux Carmélites... Êtes-vous prêts, messieurs?

ATHOS.

A vos ordres, milord.

SCÈNE III

Les Mêmes, TOMY, puis PARRY.

DE WINTER.

Que voulez-vous, Tomy?

TOMY.

Le valet de chambre de Sa Majesté la reine d'Angleterre demande à remettre à Votre Seigneurie une lettre de son auguste maîtresse.

DE WINTER.

Entrez, Parry, entrez. Quelle nouvelle de Sa Majesté?

PARRY.

Bien portante de corps, mais bien triste de cœur, milord.

DE WINTER.

Vous êtes chargé de quelque chose pour moi?

PARRY.

Cette lettre, milord.

DE WINTER brise le cachet, ouvre la lettre et lit.

« Milord, je crains, si vous venez me trouver au Louvre ou aux Carmélites, que vous ne soyez suivi, ou que nous ne soyons écoutés; j'aime donc mieux me rendre chez vous. Plus la démarche que je fais est contre les habitudes royales, moins elle sera épiée... Attendez-moi donc chez vous au lieu de me venir trouver; j'y serai presque en même temps que mon messager. Votre affectionnée, Henriette. » Bien!... Parry, j'attends votre maîtresse.

TOMY.

Milord permet-il un dernier mot?

DE WINTER.

Dites.

TOMY.

Je viens d'interroger M. Parry... et cet homme qui, ce matin, nous a suivis jusqu'ici...

DE WINTER.

Eh bien?

TOMY.

Il est encore au coin de la rue... M. Parry l'a vu, et l'a reconnu au signalement que je lui ai donné.

DE WINTER.

Et vous ne savez pas qui cet homme peut être?

TOMY.

A ma vue, il s'est détourné, et, depuis ce matin, vous m'avez retenu ici, milord.

DE WINTER.

C'est bien, je me garderai; allez!... Merci, Parry!

ATHOS.

Cette lettre dérange-t-elle quelque chose à vos projets, milord?

DE WINTER.

Non, comte.

ATHOS.

Elle semblait vous contrarier.

DE WINTER.

Elle m'étonnait seulement, à cause du grand honneur qu'elle m'annonce.

PARRY, rouvrant la porte.

Milord...

DE WINTER.

Serait-ce la personne qui m'a fait l'honneur de m'écrire?

PARRY.

Justement; sa litière s'arrête à la porte.

DE WINTER.

Allez la recevoir, Parry, allez.

ARAMIS.

Une femme?

DE WINTER.

Non, une reine.

ATHOS.

Sa Majesté madame Henriette?

DE WINTER.

Oui, messieurs.

ATHOS.

Alors, nous nous retirons, milord.

DE WINTER, levant une tapisserie.

Non pas; au contraire, entrez ici et écoutez ce qui va se dire entre Sa Majesté et moi; vous serez libres de vous montrer ou de demeurer cachés; si vous vous montrez, c'est que vous acceptez; si vous demeurez cachés, c'est que vous refusez.

ARAMIS.

Mais, milord, nous ne comprenons pas.

DE WINTER.

Vous comprendrez plus tard...Entrez, entrez!...

(Ils entrent; de Winter laisse retomber la tapisserie.)

SCÈNE IV

Les Mêmes, LA REINE, tout en noir.

DE WINTER.

Ouvrez les deux battants de la porte, Tomy.

(Tomy ouvre en s'inclinant.)

LA REINE, soulevant son voile.

Ah! milord, c'est donc bien vous! je croyais avoir mal lu, je craignais que les lettres dont se compose votre nom ne m'eussent trompée. Vous venez de la part du roi, milord?... Parlez vite! qu'avez-vous à me dire?

DE WINTER.

J'ai à remettre ce message à Votre Majesté.

(Il s'agenouille, et présente à la Reine un étui d'or.)

LA REINE, ouvrant l'étui et en tirant une lettre.

Milord, vous m'apportez trois choses que je n'avais pas vues depuis bien longtemps: de l'or, une lettre et un ami dévoué... Relevez-vous, milord... (Lui donnant la main.) Merci, mon ami, merci!

DE WINTER.

Votre Majesté me comble.

LA REINE.

Et maintenant, voyons ce que contient cette précieuse lettre... Ah! c'est bien l'écriture, c'est bien la signature de mon Charles... (Lisant.) « Madame et chère épouse, nous voici arrivés au terme ; toutes les ressources dont je dispose sont concentrées dans ce camp de Newcastle, d'où je vous écris : là, j'attends l'armée de mes sujets rebelles, et, avec le secours de mes braves Écossais, je vais lutter une dernière fois contre eux. Vainqueur, je prolonge la lutte ; vaincu, je suis perdu complétement ; dans ce dernier cas, je n'aurai qu'à gagner les côtes de France ; mais voudra-t-on y recevoir un roi malheureux, qui apportera un si funeste exemple dans un pays déjà soulevé par les discordes civiles ? Le porteur des présentes, que vous connaissez comme un de mes vieux et de mes plus fidèles amis... » (Elle s'interrompt et tend la main à de Winter.) Oh ! oui, milord !... (Continuant.) « Le porteur des présentes vous dira, madame, ce que je ne puis confier aux risques d'un accident. Il vous expliquera quelle démarche j'attends de vous, et je le charge aussi de ma bénédiction pour ceux de mes chers enfants qui sont en France, et de tous les sentiments de mon cœur pour vous, madame et chère épouse. CHARLES, *encore roi*. — Dieu permet que nos deux enfants, la princesse Élisabeth, et le duc de Glocester, qui sont à Londres, se portent bien. » Ah ! mon Dieu ! qu'il ne soit plus roi, qu'il soit vaincu, exilé, proscrit, mais qu'il vive ! que mes enfants renoncent au trône de leur père, mais qu'ils vivent ! Oh ! dites-moi, milord, la position du roi est donc bien désespérée ?

DE WINTER.

Plus désespérée certainement qu'il ne le croit lui-même, madame.

LA REINE.

Et qu'attend-t-il de moi, dans cette extrémité ? Voyons, dites vite.

DE WINTER.

Que Votre Majesté demande des secours à Mazarin, ou tout au moins un refuge en France.

LA REINE.

Hélas ! milord, croyez-vous que j'aie attendu cette lettre pour faire, de ce côté, tout ce que j'ai pu faire ?

DE WINTER.

Eh bien ?

LA REINE.

Eh bien, secours, asile... argent, M. Mazarin m'a tout refusé.

15.

DE WINTER.

Comment! il a refusé un asile au roi Charles, au beau-frère du roi Louis XIII, à l'oncle du roi Louis XIV?

LA REINE.

Hélas! je l'inquiète et le fatigue bien assez... Ma présence et celle de ma fille lui pèsent... à plus forte raison celle du roi... Milord, écoutez... c'est triste et presque honteux à dire, mais nous avons passé l'hiver au Louvre, Henriette et moi, sans argent, sans linge, presque sans pain... restant souvent couchées une partie de la journée faute de feu!... de sorte que nous serions peut-être mortes toutes deux de faim et de misère, sans les aumônes qu'a bien voulu nous accorder le parlement.

DE WINTER.

Horreur! la fille de Henri IV mourant de faim dans cette patrie où son père voulait que le dernier paysan eût plus que le nécessaire!... Que ne vous adressiez-vous au premier de nous, madame?... Il eût partagé sa fortune avec vous, ou plutôt, il eût mis tout ce qu'il possédait aux pieds de sa reine.

LA REINE.

Vous voyez bien, de Winter, que je ne puis plus qu'une seule chose : c'est de repasser en Angleterre avec vous.

DE WINTER.

Pour quoi faire, madame?

LA REINE.

Pour mourir avec le roi, puisque je ne puis le sauver.

DE WINTER.

Ah! madame, voilà surtout ce que le roi craignait, voilà ce qu'il vous prie et, au besoin, ce qu'il vous ordonne de ne pas faire.

LA REINE.

Milord, le roi parle en cœur qui craint et non pas en cœur qui aime... Ignore-t-il donc que la pire douleur, c'est l'incertitude?... On s'habitue à un malheur que l'on envisage en face; car, lorsqu'on le connaît, ce malheur, on peut trouver des ressources contre lui... Mais à un malheur vague, éloigné, indéfini, insaisissable, inconnu, il n'y a d'autre remède que la prière... et j'ai tant prié, milord, sans que rien ait changé dans le sort du roi ou dans le mien, que je commence à désespérer... Milord, si le roi, dans l'extrémité où il se trouve, veut m'éloigner de lui, c'est que le roi ne m'aime pas.

DE WINTER.

Oh! madame, vous savez vous-même qu'une pareille accusation est injuste. Non, le roi craint que tant de dangers... tant de fatigues...

LA REINE.

Les dangers, les fatigues... Eh! n'y suis-je pas habituée?... N'ai-je pas, seule, sous prétexte de conduire ma fille en Hollande, été solliciter de Guillaume d'Orange des secours d'armes et d'argent?... A mon retour, n'ai-je point été assaillie par une tempête terrible, comme si, contre notre malheureuse cause, se déchaînaient à la fois la colère des hommes et la colère de Dieu?... Au milieu de cette tempête, ai-je quitté le pont du bâtiment? à toutes les représentations du capitaine et de l'équipage que j'encourageais par ma présence, ai-je répondu autre chose, sinon qu'il n'y avait point d'exemple dans l'histoire qu'une reine se fût jamais noyée?... Enfin, après avoir perdu deux vaisseaux, une partie des secours que j'apportais, repoussée sur les côtes de la Hollande, ai-je hésité, au premier souffle de vent favorable, à me remettre en mer?... Cette fois, Dieu se tait, lassé de me poursuivre!... J'abordai... Mais, à peine à terre... la maison dans laquelle je m'étais réfugiée fut cernée, attaquée; vous le savez, milord, puisque c'est vous qui vîntes me délivrer... Où m'avez-vous trouvée, milord? Dites!... sur la brèche que le canon venait de faire à cette maison croulante... au milieu du feu, des blessés, des morts, toute sanglante du sang de mes défenseurs et du mien, car un éclat de bois m'avait blessée... En vous voyant, milord, ai-je songé à moi?... Pour qui a été mon premier mot? Pour Charles... Quand il m'a fallu, pour arriver jusqu'à lui, revêtir des habits d'homme, ai-je hésité?... Trois jours et trois nuits, vous m'avez vue à vos côtés... Ai-je poussé un soupir?... ai-je proféré une plainte?... ai-je demandé autre chose que ce que demandait le dernier de vos officiers?... Non; car fatigues, privations, dangers, tout fut oublié quand je revis mon époux et mon roi... Une année tout entière, je la passai près de lui... dans les montagnes, au camp, presque toujours sous la tente, bien rarement dans une maison... De palais, hélas! depuis longtemps il n'en était plus question pour nous!... Qui m'a forcée de le quitter?... La volonté seule de Dieu et l'amour de mon enfant... J'allais devenir mère... Je ne craignais pas de mourir, je craignais de tuer ma pauvre petite Henriette... Je vous parlais de misère, milord!... mais, à ce moment, n'ai-je pas été la plus misérable des femmes?... Ici, du moins, j'ai le Louvre, tout dénué qu'il m'est offert; le couvent des Carmélites, tout sombre qu'il est. Qu'avais-je à Exeter?... Une simple chaumière... Ma pauvre enfant vit le jour sur un grabat, sans matelas ni couverture. Ce fut alors qu'il m'arriva un messager de la reine ma sœur; ce messager m'apportait deux cent mille livres... Ai-je gardé une pistole pour moi, milord?... Non, jusqu'au dernier écu, j'ai tout envoyé à Charles, parce que Charles, c'est tout pour moi, voyez-vous... Aussi, lorsqu'il m'a fallu le quitter pour revenir en France... eh! milord, vous étiez encore là, vous avez vu ma douleur, mes larmes, mon désespoir!... Et, quand vous venez me dire que sa position est plus désespérée encore qu'il ne le croit lui-même, que sa liberté est menacée, sa vie peut-être!... vous me parlez de dangers et de fatigues, à moi dont le règne a été une longue fatigue et la vie un long danger?... Ah! milord, si le roi vous a dit cela, le roi manque de mémoire, et, si vous vous opposez à ce que je le rejoigne, vous, milord, oh! vous manquez de pitié!

DE WINTER.

C'est justement parce qu'il se souvient de tout ce que vous avez souffert, que le roi veut que vous restiez en France; c'est justement, pardonnez-moi le mot, parce que j'ai pitié de ma reine, que je ne veux pas qu'elle passe en Angleterre.

LA REINE.

Eh bien, n'en parlons plus, milord; je ne veux pas vous mettre entre la déférence que vous devez à votre reine et l'obéissance que vous devez à votre roi... Parlons de vous... parlons de lui... N'avez-vous pas d'autre but, en venant en France, que celui que vous m'avez exposé?

DE WINTER.

Si fait, madame.

LA REINE.

Eh bien, dites, voyons...

DE WINTER.

J'ai connu en France, autrefois, quatre gentilshommes.

LA REINE, avec tristesse.

Quatre gentilshommes! et voilà le secours que vous comptez reporter à un roi sur le point de perdre son trône?

DE WINTER.

Ah! si je les avais tous quatre, je répondrais de bien des choses, madame... Avez-vous entendu parler de quatre gentilshommes qui soutinrent autrefois la reine Anne d'Autriche contre le cardinal de Richelieu?

LA REINE.

Oui, c'est une tradition de la cour.

DE WINTER.

De quatre gentilshommes qui traversèrent la France à travers toutes les embûches, tachant de leur sang la route qu'ils suivaient pour aller chercher en Angleterre ces fameux ferrets de diamants qui faillirent perdre Anne d'Autriche?

LA REINE.

Oui.

DE WINTER.

Ces quatre gentilshommes, si je vous disais tout ce qu'ils ont fait, madame, vous croiriez que je vous raconte un chapitre de l'Arioste ou que je vous lis un chant du Tasse... Mais, hélas! de ces quatre vaillants, je l'ai appris ce matin, il n'en reste plus que deux!

LA REINE.

Les deux autres sont morts?...

DE WINTER.

Pis que cela... Les deux autres sont au cardinal Mazarin.

LA REINE.

Et les deux qui restent?...

DE WINTER.

Les deux qui restent, madame, je ne sais pas encore s'ils ne sont point invinciblement à Paris, ou même si, étant libres, ils ne s'effrayeront pas des dangers qui menacent une pareille entreprise, et s'ils consentiront à me suivre en Angleterre.

SCÈNE V

Les Mêmes, ATHOS, ARAMIS.

ATHOS, sortant du cabinet avec Aramis.

Milord, dites à Sa Majesté que, pour une si belle cause, nous irons jusqu'au bout du monde.

LA REINE.

Oh! mon Dieu! ces messieurs nous écoutaient...

DE WINTER.

Et vous voyez, madame, que l'on pouvait tout dire devant eux.

LA REINE.

Merci, messieurs, merci!... Milord, les noms de ces deux braves gentilshommes, que je les garde religieusement dans ma mémoire...

DE WINTER.

M. le comte de la Fère, M. le chevalier d'Herblay.

LA REINE.

Messieurs, j'avais autour de moi, il y a quelques années, des courtisans, des armées, des trésors... A un signe de ma main, tout cela s'employait pour mon service... Aujourd'hui, regardez autour de moi : pour accomplir un dessein d'où dépend le salut du royaume et la vie d'un roi, je n'ai plus que lord de Winter, un ami de vingt ans, et vous, messieurs, que je ne connais que depuis quelques secondes.

ATHOS.

C'est assez, madame, si la vie de trois hommes peut, aux regards du Seigneur, racheter celle de votre royal époux... Maintenant, ordonnez, que faut-il que nous fassions?...

LA REINE, à Aramis.

Mais vous, monsieur, avez-vous donc, comme le comte de la Fère, compassion de tant de malheur?

ARAMIS.

Moi, madame, d'habitude, partout où va M. le comte de la Fère, je le suis, sans même lui demander où il va... Mais, lorsqu'il s'agit du service de Votre Majesté, je ne le suis pas, madame, je le précède.

LA REINE.

Eh bien, messieurs, puisque vous voulez bien vous dévouer

au service d'une pauvre princesse que le monde entier abandonne, voici ce qu'il s'agit de faire... Le roi est seul au milieu d'Écossais dont il se défie, quoiqu'il soit Écossais lui-même. Je demande beaucoup, je demande trop, peut-être, quoique je n'aie aucun titre pour demander... mais enfin, si vous consentez à servir cette grande cause de la royauté attaquée dans le roi Charles... passez en Angleterre, messieurs, joignez le roi... soyez ses amis, soyez ses gardiens, marchez à ses côtés dans la bataille, marchez devant et derrière lui dans sa maison, où des embûches se pressent, plus périlleuses que tous les risques de la guerre... Et, en échange de ce sacrifice que vous me ferez, messieurs, je vous promets, non de vous récompenser, ce mot vous blesserait, j'en suis sûre; d'ailleurs, il sied mal à l'exilé qui implore de parler de récompense, mais de vous aimer comme une sœur vous aimerait, et de vous préférer à tout ce qui ne sera pas mes enfants ou mon époux.

ATHOS.

Madame, quand faut-il que nous partions?

LA REINE.

Ainsi, vous consentez?... Ah! messieurs, voici le premier moment d'espoir que j'aie éprouvé depuis cinq ans... Vous le comprenez, ce n'est plus son trône, ce n'est plus sa couronne que je vous recommande : c'est la vie de mon Charles, de mon époux, de mon roi, que je remets entre vos mains.

ATHOS.

Madame, tout ce que deux hommes qui ne reculeront devant aucun danger peuvent faire, attendez-le de nous.

LA REINE, leur tendant sa main, que les deux gentilshommes baisent à genoux.

Encore une fois, oh! de toute mon âme, merci, messieurs!

DE WINTER.

Votre Majesté veut-elle que je la reconduise?

LA REINE.

Non, vous pourriez être reconnu.

ATHOS.

Mais nous, madame, nous ne courons pas le même risque.

LA REINE.

J'ai ma litière, messieurs.

ATHOS, s'inclinant.

Alors, nous suivrons humblement, et de loin, la litière de Votre Majesté.

LA REINE.

Adieu, comte; dites au roi que mes jours ne sont plus qu'une longue souffrance, mes nuits qu'une longue insomnie... que toute ma vie n'est qu'une éternelle prière, mais qu'au moment où Dieu nous réunira... soit sur la terre, soit au ciel... tout sera oublié.

(Elle sort, suivie un instant après par Athos et Aramis.)

SCÈNE VI

DE WINTER, puis MORDAUNT.

DE WINTER, regardant par la fenêtre.

Pauvre reine! (Mordaunt paraît et se tient debout sur le seuil de la porte; de Winter quitte la fenêtre, et, apercevant Mordaunt.) Qui est là?... que voulez-vous, monsieur?...

MORDAUNT.

Oh! oh! ne me reconnaîtriez-vous point, par hasard?

DE WINTER.

Si fait, monsieur... et la preuve, c'est que je vous répéterai à Paris ce que je vous ai dit à Londres : votre persécution me lasse, retirez-vous donc! ou je vais appeler mes gens.

MORDAUNT.

Ah! mon oncle!

DE WINTER.

Je ne suis pas votre oncle, je ne vous connais pas.

MORDAUNT.

Appelez vos gens, si vous voulez; vous ne me ferez pas chasser à Paris, comme vous l'avez fait à Londres. Quant à nier que je suis votre neveu, vous y regarderez à deux fois, maintenant que j'ai appris certaines choses que j'ignorais il y a un an.

DE WINTER.

Eh! que m'importe, à moi, ce que vous avez appris!

MORDAUNT.

Oh! il vous importe beaucoup, j'en suis sûr, et vous allez être de mon avis tout à l'heure. Quand je me suis présenté chez vous pour la première fois à Londres, c'était pour vous demander ce qu'était devenu mon bien ; quand je me suis présenté chez vous pour la seconde fois, c'était pour vous demander ce qui avait souillé mon nom... Et ces deux fois, je le reconnais comme vous l'avez dit, vous m'avez fait chasser... Mais, cette fois, je me présente chez vous pour vous faire une question bien autrement terrible que toutes ces questions... Je me présente pour vous dire, comme Dieu a dit au premier meurtrier : « Caïn, qu'as-tu fait de ton frère ?... » Milord, qu'avez-vous fait de votre sœur ?

DE WINTER.

De votre mère ?

MORDAUNT.

Oui, de ma mère, milord.

DE WINTER.

Cherchez ce qu'elle est devenue, malheureux, et demandez-le à l'enfer, peut-être que l'enfer vous répondra.

MORDAUNT, s'avançant vers de Winter.

Je l'ai demandé au bourreau de Béthune, et le bourreau de Béthune m'a répondu... Ah ! vous me comprenez maintenant ; avec ce mot, tout s'explique ; avec cette clef, l'abîme s'ouvre... Ma mère avait hérité de son mari, vous avez assassiné ma mère... Mon nom m'assurait le bien paternel, vous m'avez dégradé de mon nom... Je ne m'étonne plus maintenant que vous ne me reconnaissiez pas, il est malséant d'appeler son neveu, quand on est spoliateur, l'homme qu'on a fait pauvre... quand on est meurtrier, l'homme qu'on a fait orphelin.

DE WINTER.

Vous voulez pénétrer dans cet horrible secret, monsieur ? Eh bien, soit ; sachez donc quelle était cette femme dont vous venez aujourd'hui me demander compte... Cette femme avait empoisonné mon frère ; et, pour hériter de moi, elle allait m'assassiner à mon tour... Que direz-vous à cela ?

MORDAUNT.

Je dirai que c'était ma mère.

DE WINTER.

Elle a fait poignarder, par un homme autrefois bon, juste et pur, le malheureux duc de Buckingham... Que direz-vous à ce crime dont j'ai la preuve ?

MORDAUNT.

C'était ma mère !

DE WINTER.

Revenue en France après cet assassinat, elle a empoisonné, dans le couvent des Augustines de Béthune, une femme qu'aimait un de ses ennemis ; ce crime vous persuadera-t-il de la justice du châtiment... Ce crime, j'en ai la preuve.

MORDAUNT.

C'était ma mère !

DE WINTER.

Enfin, chargée de meurtres, de débauches, odieuse à tous, menaçante encore comme une panthère altérée de sang, elle a succombé sous les coups d'hommes qu'elle avait désespérés, et qui jamais ne lui avaient causé le moindre dommage... Elle a trouvé, à défaut de ses juges naturels, des juges que ses attentats hideux ont évoqués. Et ce bourreau qui vous a tout raconté... s'il vous a, en effet, tout raconté, a dû vous dire qu'il a tressailli de joie en vengeant sur elle la honte et le suicide de son frère... Fille pervertie, épouse adultère, sœur dénaturée, homicide, empoisonneuse, exécrable à tous les gens qui l'avaient connue, à toutes les nations qui l'avaient reçue dans leur sein, elle est morte maudite du ciel et de la terre ; voilà ce qu'était cette femme.

MORDAUNT.

Taisez-vous, monsieur ; c'était ma mère ! ses désordres, je ne les connais pas ; ses vices, je ne les connais pas ; ses crimes, je ne les connais pas ; c'était ma mère ! Donc, je vous en préviens, écoutez bien les paroles que je vais vous dire, et qu'elles se gravent dans votre mémoire de manière que vous ne les oubliiez jamais... Ce meurtre qui m'a tout ravi, qui m'a fait sans nom, qui m'a fait pauvre ; ce meurtre qui m'a fait corrompu, méchant, implacable... j'en demanderai compte à vos complices quand je les connaîtrai, à tous mes ennemis enfin, sans en excepter le roi Charles Ier.

DE WINTER.

Voulez-vous m'assassiner, monsieur? En ce cas, je vous reconnaîtrai véritablement pour mon neveu ; car vous serez véritablement le fils de votre mère.

MORDAUNT.

Non, je ne vous tuerai pas, en ce moment du moins ; car, sans vous, je ne découvrirais pas les autres... Mais, quand je saurai le nom des quatre hommes d'Armentières, tremblez, monsieur, tremblez pour vous et pour vos complices ! J'en ai déjà poignardé un sans pitié, sans miséricorde, et c'était le moins coupable de vous tous.

(Il sort.)

DE WINTER.

Mon Dieu ! je vous remercie... Qu'il ne connaisse que moi !

TROISIÈME TABLEAU

La digue de Boulogne. — On voit à droite, au premier plan, une maison de pêcheur ; au troisième plan, le brick *le Parlement*. Au fond, à l'ancre, la corvette *l'Éclair* ; à gauche, un escalier qui conduit au phare.

SCÈNE PREMIÈRE

MORDAUNT, se promenant sur la digue ; ANDRÉ, patron du brick *le Parlement*.

MORDAUNT, à André, qui entre.

Eh bien, patron André ?

ANDRÉ.

Personne encore, monsieur.

MORDAUNT.

Vous avez été à l'hôtel des *Armes d'Angleterre*, cependant...

ANDRÉ.

Oui, monsieur.

MORDAUNT.

Et vous avez demandé si deux gentilshommes, nommés MM. d'Artagnan et du Vallon, n'étaient point arrivés de Paris ?

ANDRÉ.

On ne les a pas vus encore.

MORDAUNT.

Ni personne qui leur ressemble ?

ANDRÉ.

Trois gentilshommes arrivaient juste au moment où je

causais avec l'hôtelier ; j'ai eu un moment d'espoir, mais je me trompais : ils allaient loger à *l'Épée du grand Henri* ; encore un seul des trois y est-il entré... Les deux autres n'ont fait que jeter la bride de leurs chevaux aux mains de leurs laquais et demander le chemin du port.

MORDAUNT.

Qu'ils y réfléchissent bien, je leur ai donné jusqu'à huit heures du soir ; je ne les attendrai pas une minute de plus... A huit heures juste, capitaine André, vous appareillez.

ANDRÉ.

Bien, monsieur ; je suis à vos ordres.

SCÈNE II

Les Mêmes, PARRY.

PARRY, s'approchant d'André.

Monsieur, n'êtes-vous pas le patron de ce bâtiment ?

ANDRÉ.

Oui, monsieur.

PARRY.

Vous partez ce soir ?

ANDRÉ.

A huit heures.

PARRY.

Pouvez-vous me donner passage, à moi et à ma sœur ?

ANDRÉ, bas, à Mordaunt.

Vous entendez.

MORDAUNT, bas.

Sachez quelle est cette sœur.

ANDRÉ, à Parry.

Mais connaissez-vous notre destination ?

PARRY.

Oui, vous allez à Newcastle, et, comme Newcastle est frontière d'Écosse, nous n'aurons que la Tyne à traverser pour nous trouver dans notre pays.

ANDRÉ, à Mordaunt.

Que faut-il faire ?

MORDAUNT.

Voyez cette femme, tâchez de savoir qui elle est, ce qu'elle veut, et ensuite, s'il est nécessaire, je la verrai moi-même.

ANDRÉ.

Où est votre sœur?

PARRY, montrant la petite maison à dorite.

Dans cette maison; dois-je l'appeler?

ANDRÉ.

Non, ne la dérangez pas; je vais lui parler moi-même.

MORDAUNT.

Allez!... Ah! ah! je crois que voici nos hommes.

ANDRÉ, regardant.

Non, ce sont les deux voyageurs qui ont demandé le chemin du port, à l'hôtel de *l'Épée du grand Henri.*

MORDAUNT.

Ils venaient par la route de Paris?

ANDRÉ.

Oui.

MORDAUNT.

Je tirerai peut-être d'eux quelques nouvelles. Allez donc... Mais, vous comprenez, ne promettez rien que je n'aie vu moi-même.

ANDRÉ.

Oh! soyez tranquille. (A Parry.) Venez, monsieur.

SCÈNE III

MORDAUNT, seul.

Non, ce n'est pas eux. Mais, en vérité, si je ne me trompe pas, ce sont leurs deux amis... les mêmes qui étaient avec eux dans la chambre de M. d'Artagnan quand j'y suis entré. Ne nous faisons pas connaître d'abord.

SCÈNE IV

MORDAUNT, sur le devant; ATHOS et ARAMIS, traversant sur une écluse, et s'arrêtant au milieu.

ARAMIS.

Que dites-vous de ce bâtiment, Athos?...

ATHOS.

Qu'il est en partance aussi, mais que ce ne peut être le nôtre; celui-ci est un brick, et le nôtre est une corvette; celui-ci est dans le port, et le nôtre nous attend en mer; celui-ci se nomme *le Parlement*, et le nôtre, à ce que nous a dit de Winter, du moins, s'appelle *l'Éclair*.

MORDAUNT.

De Winter!... Est-ce qu'ils n'ont pas prononcé le nom de Winter?

ARAMIS.

Chut!... Il y a un homme là qui semble nous écouter...

ATHOS.

Il aura perdu son temps; car nous n'avons rien dit, ce me semble, qui ne puisse être entendu.

ARAMIS.

N'importe, parlons d'autre chose, d'autant plus, tenez, que cet homme s'approche de nous.

MORDAUNT, attendant Athos et Aramis à leur arrivée.

Pardon, messieurs; je ne me trompe pas, je présume; j'ai eu l'honneur de vous voir à Paris, je crois.

ATHOS.

Vous, monsieur? Je ne me rappelle pas, pour mon compte, avoir eu cet honneur.

ARAMIS.

Ni moi, monsieur.

MORDAUNT.

Chez M. d'Artagnan, il y a quatre jours.

ATHOS.

Ah! c'est vrai, monsieur, je me rappelle parfaitement; excusez, je vous prie, ce défaut de mémoire.

ARAMIS.

Très-bien!

MORDAUNT.

Pourriez-vous me dire si M. d'Artagnan est toujours à Paris?...

ATHOS.

Nous l'avons quitté il y a trois jours à l'hôtel de la *Chevrette*.

MORDAUNT.

Et il ne vous a point dit qu'il se préparait pour quelque voyage?

ATHOS.

Non, monsieur.

MORDAUNT.

Excusez-moi donc, messieurs, pour vous avoir dérangés, et recevez mes remerciments sur votre complaisance.

(Il salue et sort.

SCÈNE V

ATHOS, ARAMIS.

ARAMIS.

Que dites-vous de ce questionneur?

ATHOS.

C'est un provincial qui s'ennuie.

ARAMIS.

Ou un espion qui s'informe.

ATHOS.

C'est possible.

ARAMIS.

Et vous lui avez répondu ainsi ?

ATHOS.

Rien ne m'autorisait à lui répondre autrement; il a été poli envers nous et je l'ai été envers lui.

ARAMIS.

N'importe, dans notre position, Athos, il faut nous défier de tout le monde.

ATHOS.

C'est bien plutôt à vous qu'il faut faire cette recommandation ; vous avez prononcé le nom de Winter.

ARAMIS.

Eh bien?

ATHOS.

Eh bien, c'est à ce nom que le jeune homme s'est arrêté.

ARAMIS.

Vous avez remarqué cela?

ATHOS.

Parfaitement.

ARAMIS.

Raison de plus alors, quand il nous a parlé, pour l'inviter à passer son chemin.

ATHOS.

Une querelle ?

ARAMIS.
Et depuis quand une querelle vous fait-elle peur?
ATHOS.
Une querelle me fait toujours peur quand on m'attend quelque part et que cette querelle peut m'empêcher d'arriver... D'ailleurs, voulez-vous que je vous avoue une chose?
ARAMIS.
Laquelle?
ATHOS.
J'avais parfaitement reconnu le jeune homme pour le messager de M. Mazarin.
ARAMIS.
Ah! vraiment!
ATHOS.
Mais je voulais le voir de près.
ARAMIS.
Pourquoi cela?
ATHOS.
Aramis, vous allez vous moquer de moi... Aramis, vous allez dire que je répète toujours la même chose... Aramis, vous allez me prendre pour le plus peureux des visionnaires.
ARAMIS.
Après?
ATHOS.
A qui trouvez-vous que ce jeune homme ressemble, autant toutefois qu'un homme peut ressembler à une femme?
ARAMIS.
Oh! pardieu! je crois que vous avez raison, Athos; cette bouche fine et rentrée, ce nez taillé comme le bec d'un oiseau de proie, ces yeux qui semblent toujours aux ordres de l'esprit et jamais à ceux du cœur... Si c'était le moine!...
ATHOS.
Malgré moi, j'ai eu cette pensée.
ARAMIS.
Et vous n'avez pas écrasé le serpenteau?
ATHOS.
Êtes-vous fou!... sans savoir?... D'ailleurs, fussions-nous certains, ce jeune homme ne nous a rien fait.
ARAMIS.
Ah! voilà où je reconnais mon Athos!... puéril à force de grandeur, imprudent à force de loyauté... Eh bien, que je

sache que c'est lui, moi, et je lui brise la tête contre la première pierre que je trouve!

ATHOS.

Chut! de Winter.

ARAMIS.

Si nous lui en parlions! il doit connaître son neveu, lui.

ATHOS.

Nous aurions l'air d'enfants peureux.

ARAMIS.

C'est vrai... Laissons aller les choses et défions-nous du jeune homme, si nous le retrouvons... Mais est-ce bien de Winter?

ATHOS.

Oui, vous voyez; voilà nos laquais qui débouchent à vingt pas derrière lui, à l'angle du bastion. Je reconnais Grimaud à sa tête roide et à ses longues jambes, et mon petit Blaisois à son air provincial. C'est lui qui porte nos carabines.

ARAMIS.

C'est vrai. Mais qu'a donc notre ami? Il ressemble à ces damnés du Dante, à qui Satan a disloqué le cou et qui regardent leurs talons... Que cherche-t-il donc ainsi derrière lui?

SCÈNE VI

Les Mêmes, DE WINTER, puis GRIMAUD, BLAISOIS et un autre Valet, puis un Batelier.

La nuit vient, on allume le phare.

DE WINTER.

Ah! vous voici, messieurs! je suis bien aise de vous avoir rejoints; nous allons partir, n'est-ce pas, à l'instant même?

ARAMIS.

Ce n'est pas nous qui vous retiendrons, milord... quoique j'aime peu la mer pendant le jour et encore moins la nuit... Mais qu'avez-vous donc qui vous essouffle ainsi?

DE WINTER, regardant derrière lui.

Rien, rien... Cependant, en passant derrière le bastion, il m'a semblé... Mais partons... Tenez, voyez-vous, là-bas, ce bâtiment au delà du phare?... C'est notre corvette qui est à l'ancre; je voudrais déjà être embarqué!

ARAMIS.

Ah çà! vous oubliez donc quelque chose, milord?

DE WINTER.

Non; c'est une préoccupation.

ATHOS, à Aramis.

Il l'a vu.

DE WINTER.

Descendons, messieurs!... Holà! patron!... (Un homme couché dans une barque se lève.) Vous êtes le batelier qui doit nous conduire à la corvette *l'Éclair*, n'est-ce pas?

LE BATELIER.

Oui, monsieur.

DE WINTER.

Aidez nos laquais, alors.

LE BATELIER.

Venez par ici.

(Mordaunt reparait de l'autre côté de la jetée, et monte l'escalier qui mène a phare. Les trois Gentilshommes s'embarquent.)

ARAMIS, à Athos.

Oh! oh! voici encore notre jeune homme... Voudrait-il s'opposer à notre embarquement?

ATHOS.

Comment voulez-vous qu'il ait cette intention?... Il est seul et nous sommes sept, y compris le batelier.

ARAMIS.

N'importe, il nous en veut assurément.

DE WINTER.

Qui cela?

ARAMIS.

Le jeune homme.

DE WINTER.

Quel jeune homme?

ARAMIS.

Tenez, celui qui est là-bas, au bord du phare.

DE WINTER.

C'est lui!... J'avais bien cru le reconnaître!

ATHOS.

Qui, lui?

DE WINTER.

Le fils de milady.

GRIMAUD.

Le moine!

MORDAUNT, de la jetée, d'où il domine la barque.

Oui, c'est moi, mon oncle! moi le fils de milady, moi le moine, moi le secrétaire et l'ami de Cromwell, et je vous connais, vous et vos compagnons!

ARAMIS.

Ah! ah! c'est là le neveu! c'est là le moine! c'est là le fils de milady!

DE WINTER.

Hélas! oui.

ARAMIS.

Attendez, alors!...

(Il prend sa carabine et met Mordaunt en joue.)

GRIMAUD.

Feu!

ATHOS, détournant le canon.

Que faites-vous, ami?

ARAMIS.

Le diable vous emporte! Je le tenais si bien au bout de mon mousquet; je lui eusse mis la balle en pleine poitrine!

ATHOS.

C'est bien assez d'avoir tué la mère!

(La barque commence à marcher.)

MORDAUNT.

Ah! c'est bien vous! c'est bien vous, messieurs! je vous reconnais maintenant, et nous nous retrouverons en Angleterre! (La barque disparaît; il la suit un moment des yeux.) Allez! allez!... (Il redescend.) Oh! c'est la Providence qui me les a fait reconnaître; c'est la Providence qui les conduit là-bas, où je suis tout-puissant!... Deux sur quatre, c'est toujours cela... Ne désespérons point de retrouver les deux autres...

SCÈNE VII

MORDAUNT, D'ARTAGNAN, PORTHOS, MOUSQUETON.

PORTHOS.

Je crois décidément que nous sommes en retard.

D'ARTAGNAN.

C'est votre faute, mon cher : avec votre appétit démesuré, nous n'en finissons jamais.

PORTHOS.

Ce n'est pas moi, c'est ce drôle de Mouston qui a toujours faim... Mouston, avez-vous les provisions de bouche ?

MOUSQUETON.

Oui, monsieur le baron.

MORDAUNT.

Ah ! ah ! il me semble que voici nos deux gentilhommes.

D'ARTAGNAN.

Où diable allons-nous trouver notre M. Mordaunt, maintenant ?

PORTHOS.

Sur la jetée... N'est-ce pas là qu'il nous a donné rendez-vous ?

D'ARTAGNAN.

Oui, mais jusqu'à huit heures...

PORTHOS.

Eh ! voilà huit heures qui sonnent !

MORDAUNT.

Oui, messieurs, et je suis bien aise de voir que vous êtes exacts.

D'ARTAGNAN.

C'est une habitude militaire qui date de vingt ans, monsieur.

MORDAUNT.

Je vous en félicite. Rien ne s'oppose à ce que nous partions, n'est-ce pas ?

D'ARTAGNAN.

Quand vous voudrez, nous sommes prêts.

PORTHOS.

Un instant, monsieur... Le bâtiment est-il suffisamment pourvu de vivres ?

MORDAUNT.

Oui, monsieur ; d'ailleurs, nous n'avons que trois jours de traversée.

PORTHOS.

En trois jours, on peut avoir très-faim.

MORDAUNT.

Soyez tranquilles, messieurs, et, si vous n'avez pas d'autre objection à faire...

D'ARTAGNAN.

Aucune autre.

MORDAUNT.

Alors, passez à bord.

D'ARTAGNAN.

Venez, Porthos.

(Porthos et d'Artagnan traversent la planche.)

MOUSQUETON.

Comment, monsieur, il faut que je passe là-dessus?

PORTHOS.

Sans doute.

D'ARTAGNAN.

Nous y sommes bien passés, nous.

MOUSQUETON.

Ah! vous, c'est autre chose, vous êtes très-braves.

D'ARTAGNAN.

Allons donc! allons donc!...

PORTHOS.

Donne-moi la main, mon pauvre Mouston... Ah! tu te fais vieux!

(Mousqueton passe.)

SCÈNE VIII

MORDAUNT, sur le devant ; ANDRÉ.

MORDAUNT.

Eh bien, patron André, cette femme?...

ANDRÉ.

Elle est toujours là, monsieur.

MORDAUNT.

Faites-la venir.

ANDRÉ.

A l'instant même... (A la porte de la petite maison.) Venez, madame.

MORDAUNT.

Allez faire les apprêts du départ; il faut que nous soyons hors du port avant neuf heures.

16.

SCÈNE IX

MORDAUNT, LA REINE, PARRY.

LA REINE, en femme écossaise.

Monsieur, vous êtes, m'a-t-on dit, le patron de ce bâtiment?

MORDAUNT.

Non, pas précisément, madame; mais je l'ai loué.

LA REINE.

Vous en êtes le maître, c'est ce que je voulais dire.

MORDAUNT.

A peu près... Que désirez-vous, madame?

LA REINE.

Vous me rendriez un grand service en me donnant passage, à moi et à mon frère.

MORDAUNT.

Vous allez en Angleterre?

LA REINE.

En Écosse.

MORDAUNT.

Mais, nous, c'est à Newcastle que nous allons.

LA REINE.

Je le sais, monsieur; mais, de Newcastle, j'espère me rendre facilement dans le comté de Perth.

MORDAUNT.

C'est avec grand plaisir, madame; mais nous n'avons plus qu'une place disponible.

LA REINE.

Ah! mon Dieu, que me dites-vous là, monsieur!

MORDAUNT.

La vérité.

LA REINE.

Mon frère a le plus grand désir de m'accompagner, monsieur, et il passera, n'importe à quelle place, avec les matelots, avec les domestiques.

MORDAUNT.

Impossible.

LA REINE.

Monsieur, ni prières ni argent...?

MORDAUNT.

Rien.

LA REINE.

Il faut donc se résigner... Je passerai seule, monsieur.

MORDAUNT.

En ce cas, madame, ne perdez pas de temps.

LA REINE, à Parry.

Adieu, mon pauvre Parry ; il faut que nous nous quittions ; je vais à Newcastle, et, de là, je gagnerai le camp du roi partout où il sera... Passez en Angleterre par la première occasion, et venez nous rejoindre.

PARRY.

Oh! madame, quitter Votre Majesté !

LA REINE.

Il le faut, mon ami.

PARRY.

Ah! Votre Majesté m'a appelé...

LA REINE.

Son ami... Des serviteurs comme vous, Parry, valent mieux que beaucoup d'amis comme ceux que nous connaissons.

PARRY, presque à genoux et lui baisant sa robe.

Ah! madame!

MORDAUNT.

C'est la reine, je m'en étais douté... Allons, allons, le ciel me les livre tous !... (A la Reine.) Voulez-vous prendre mon bras, madame? On n'attend plus que nous.

(On entend tous les commandements qui constituent l'appareillage ; et la toile tombe au moment où la Reine traverse la planche qui doit la conduire au bâtiment.)

ACTE DEUXIÈME

QUATRIÈME TABLEAU

La grand'chambre d'une maison occupée à Newcastle par Cromwell.

SCÈNE PREMIÈRE

CROMWELL, GROSLOW.

CROMWELL.

Et vous dites, colonel?

GROSLOW.

Je dis, monsieur Cromwell, que, si vous le voulez, aujourd'hui même, ou demain au plus tard, le roi Charles Ier est à nous.

CROMWELL.

Et comment cela, voyons, colonel?

GROSLOW.

Parce que les secours qu'il attendait de France lui manquent, parce qu'au lieu d'une armée et des trésors que devait lui ramener son ami de Winter, son ami de Winter ne lui a rapporté que quelques diamants, dernières ressources de madame Henriette, et ramené deux gentilshommes, dernier secours, je ne dirai pas que la royauté de France lui envoie pour lui rendre sa couronne, mais que la noblesse lui dépêche pour le voir mourir.

CROMWELL.

C'est bien, colonel; je songerai à ce que vous me dites, et, dans ma première dépêche, j'instruirai le parlement de votre zèle.

GROSLOW.

Mais, général, il me semble qu'à votre place...

CROMWELL.

Monsieur, j'attends des nouvelles de France; moi aussi, j'ai envoyé quelqu'un à M. Mazarin.

GROSLOW.

Votre envoyé peut tarder, général; les flots et les vents ne sont aux ordres de personne... et l'occasion manquée...

CROMWELL.

Vous vous trompez, monsieur, les flots et les vents sont aux ordres de l'Éternel; c'est pour cela qu'on l'appelle le Dieu des tempêtes, et l'Éternel est pour nous.

GROSLOW.

Général...

CROMWELL, s'asseyant.

Regardez par cette fenêtre.

GROSLOW.

Oui, monsieur.

CROMWELL.

Elle donne sur le port, n'est-ce pas?

GROSLOW.

Oui.

CROMWELL.

Eh bien, que voyez-vous de nouveau dans le port?

GROSLOW.

Un navire qui vient de jeter l'ancre.

CROMWELL.

Et, sur la route du port, ne vient-il pas quelqu'un?

GROSLOW.

Deux hommes enveloppés dans des manteaux, et qui paraissent étrangers.

CROMWELL.

Maintenant, écoutez; qu'entendez-vous?

GROSLOW.

Quelqu'un qui monte.

CROMWELL.

Ce bâtiment qui est dans le port, c'est le navire *le Parlement;* ces deux hommes qui sont sur la route, ce sont les envoyés de M. Mazarin; cet homme qui monte (on frappe à la porte) et qui frappe, c'est mon secrétaire, M. Mordaunt. Si vous en doutez, colonel, allez ouvrir, et vous verrez.

GROSLOW, allant ouvrir.

Vous êtes vraiment inspiré, monsieur.

SCÈNE II

Les Mêmes, MORDAUNT.

CROMWELL.

Soyez le bienvenu, Mordaunt! quelque chose m'avait dit cette nuit que je vous verrais ce matin.

MORDAUNT.

C'était la voix du Seigneur; le Seigneur parle à ceux qu'il a chargés de parler en son nom.

CROMWELL.

Qu'apportez-vous de France, mon fils?

MORDAUNT.

De riches nouvelles, monsieur.

CROMWELL.

Soyez deux fois le bienvenu alors! Avez-vous vu le cardinal?

MORDAUNT.

Je l'ai vu.

CROMWELL.

Et il vous a fait une réponse?

MORDAUNT.

Oui.

CROMWELL.

Verbale?

MORDAUNT.

Écrite.

CROMWELL.

Il vous l'a remise?

MORDAUNT.

Pour que la chose ait plus de poids près de vous, il vous l'envoie par le lieutenant des mousquetaires du roi et par un seigneur de la cour.

CROMWELL.

On les nomme?

MORDAUNT.

Le lieutenant, M. le chevalier d'Artagnan; le seigneur, M. du Vallon.

CROMWELL.

Deux espions qu'il accrédite près de moi.

MORDAUNT.

Le génie de l'Éternel est en vous, monsieur; on n'espionne pas Dieu.

CROMWELL.

Et ces deux hommes sont en bas?

MORDAUNT.

Ils attendent vos ordres.

CROMWELL.

Vous entendez, colonel Groslow, je crois que le moment que vous désiriez est venu.

GROSLOW.

Qu'ordonnez-vous, général?

CROMWELL.

Faites mettre les côtes de fer sous les armes, ordonnez à votre régiment de se tenir prêt au premier son de la trompette, et qu'il en soit ainsi de toute l'armée.

GROSLOW.

J'obéis.

CROMWELL.

En passant, dites à ces deux gentilshommes de monter.

(Groslow sort.)

SCÈNE III

MORDAUNT, CROMWELL.

CROMWELL.

Vous avez encore autre chose à me dire, mon fils?

MORDAUNT.

Oui, monsieur, j'avais à vous dire que, sur le même bâtiment que nous, une femme est passée en Angleterre.

CROMWELL.

Une femme! quelle est cette femme?

MORDAUNT.

Le général Cromwell la verra. Un chef doit tout voir par lui-même.

CROMWELL.

Et comment la verrai-je?

MORDAUNT.

J'ai donné ordre qu'on la surveillât, et qu'au moment où

elle tenterait de sortir de la ville, on la conduisit près de Votre Honneur.

CROMWELL.

Vous croyez donc cette femme de quelque importance.

MORDAUNT.

Vous en jugerez.

CROMWELL.

Silence! on vient.

SCÈNE IV

Les Mêmes, D'ARTAGNAN, PORTHOS.

MORDAUNT.

Entrez, messieurs; vous êtes devant le général Cromwell.

CROMWELL.

Monsieur Mordaunt, si vous n'êtes pas trop fatigué du voyage...

MORDAUNT.

Je ne suis jamais fatigué, monsieur, vous le savez.

CROMWELL.

En ce cas, prenez cette lettre préparée pour vous, lisez-la, et exécutez à l'instant même les conditions qu'elle renferme. Après avoir lu, vous brûlerez.

MORDAUNT, s'inclinant.

Quel que soit l'ordre que contient cette lettre, il sera exécuté, milord.

CROMWELL.

Silence, mon fils! nous ne sommes plus seuls.

D'ARTAGNAN, pendant que Cromwell suit des yeux Mordaunt.

Eh bien, qu'en dites-vous, Porthos?

PORTHOS.

De qui?...

D'ARTAGNAN.

Du général Cromwell?

PORTHOS.

Je dis qu'il a l'air d'un boucher qu'il est.

D'ARTAGNAN.

Vous vous trompez, c'est le colonel Harrison qui est un boucher.

PORTHOS.

Ah! oui, lui, c'est...

D'ARTAGNAN, voyant que Cromwell se retourne.

Lui, c'est le général Olivier Cromwell... Laissez-moi dire.

(Mordaunt sort.)

CROMWELL.

Salut, messieurs. Je ne puis croire à ce que me dit M. Mordaunt.

D'ARTAGNAN.

Il ne vous a dit que la vérité cependant, monsieur, s'il vous a dit que nous venions à vous comme envoyés de l'illustrissime cardinal.

CROMWELL.

Vous me pardonnerez, mais je ne puis croire à tant d'honneur. Le nom du pauvre brasseur de Huntington est donc connu de l'autre côté du détroit?

PORTHOS, à lui-même.

Ah! c'est vrai, c'est brasseur qu'il était.

D'ARTAGNAN, bas.

Chut! (Haut.) Ce n'est pas le nom du brasseur de Huntington qui est connu de l'autre côté du détroit, monsieur, c'est celui du vainqueur de Marston-Moor et de Newbury.

PORTHOS.

Bravo! ce diable de d'Artagnan, où va-t-il prendre tout ce qu'il dit?

CROMWELL.

On voit, monsieur, que vous arrivez de la cour la plus courtoise de l'Europe... Comment se portait la reine, à votre départ?

D'ARTAGNAN.

La reine Anne d'Autriche?

CROMWELL.

Non, notre reine à nous, Sa Majesté Henriette de France, femme de Charles Ier, que les fidèles enfants de l'Angleterre ont le regret de combattre en ce moment.

D'ARTAGNAN.

Mais je crois que Sa Majesté se portait bien; depuis longtemps, je n'ai pas eu l'honneur de la voir.

CROMWELL.

Ne vient elle plus au Palais-Royal?

D'ARTAGNAN.

Je ne sais si elle y vient, mais voilà plus d'un an que je ne l'y ai vue.

CROMWELL.

Alors, M. de Mazarin va lui faire sa cour?

D'ARTAGNAN.

M. de Mazarin n'a pas le temps; il faut qu'il écrive, et cela me rappelle que je suis porteur d'une lettre.

CROMWELL.

Pour moi, c'est vrai?

D'ARTAGNAN.

Pour vous, monsieur.

CROMWELL.

Donnez. (A part.) Allons, M. de Mazarin choisit bien ses hommes; c'est un homme d'esprit que ce chevalier d'Artagnan.

PORTHOS, bas, à d'Artagnan.

Dites donc, d'Artagnan!

D'ARTAGNAN.

Quoi?

PORTHOS.

Il ne me paraît pas fort, votre général Olivier; et puis voyez donc comme il est vêtu.

D'ARTAGNAN.

Il était encore plus mal vêtu que cela lorsqu'il se présenta à la chambre des communes, et que le fameux Hampden dit, en le voyant : « Vous voyez ce paysan si mal vêtu; ce sera, si je ne me trompe, un des plus grands hommes de notre temps. »

PORTHOS.

Et qu'était-ce que le fameux Hampden?

D'ARTAGNAN.

C'était le premier de l'Angleterre avant que Cromwell l'en eût fait le second.

CROMWELL, après avoir lu.

Merci, messieurs; j'ai trouvé M. de Mazarin tel que je l'attendais. C'est un grand politique que M. de Mazarin.

PORTHOS.

Tiens, c'est drôle, on ne dit pas cela de lui en France.

D'ARTAGNAN.

Et nous ferez-vous l'honneur de nous charger d'une réponse, monsieur?

CROMWELL.

Vous devez être fatigués, messieurs ; prenez d'abord quelque repos... et demain...

D'ARTAGNAN.

Vous nous donnerez une lettre, général?

CROMWELL.

Non; demain, vous partirez... et vous direz... vous direz tout simplement ce que vous aurez vu... Salut, messieurs.

D'ARTAGNAN.

Eh bien, qu'en dites-vous, Porthos?

PORTHOS.

Je dis qu'il a bien fait de nous congédier ; j'ai très-faim.

D'ARTAGNAN.

Aurons-nous l'honneur de vous revoir avant notre départ?

CROMWELL.

Ma maison est la vôtre, messieurs, et, toutes les fois que, pendant votre séjour en Angleterre, court ou long, vous en franchirez le seuil, vous me ferez honneur et plaisir.

SCÈNE V

CROMWELL, seul.

Allons, tout marche au but, tout concourt à la réussite. Mazarin l'abandonne et les Écossais le vendent... Un homme seul restait entre le trône et moi ; cet homme va disparaître, oui, mais pour faire place à un spectre... Voyons, à tout prendre, est-ce bien mon intérêt que Charles Ier tombe dans l'abîme et se tue en tombant? Une fois délivrée de son roi l'Angleterre aura-t-elle besoin de son général? n'est-ce pas Stuart qui rend Cromwell nécessaire, et, Stuart, en tombant, n'entraînera-t-il pas Cromwell? Oui, cela pourrait être s'il y avait en Angleterre un seul homme qui pût à son tour précipiter Cromwell comme Cromwell a précipité Stuart ; mais que peuvent les Harrison? que peuvent les Pridge? que peuvent les Fairfax?... Des instruments, des machines à qui je donne l'impulsion, des automates à qui j'imprime le mouvement... Le parlement... oui, je le sais bien, là est l'opposition... C'est un coup à frapper, voilà tout ; je casserai le parlement. La royauté est de trois siècles plus vieille que le parlement, et j'aurai bien brisé la royauté? Mais aussi c'est que les Anglais sont las de la royauté!... Est-ce de la royauté ou du roi qu'ils sont las? C'est du roi... Est-ce même du roi? C'est du nom... Il faudrait trouver un nom qui n'eût pas encore été usé. Consul, il faudrait avoir les vertus d'un Brutus; dictateur, il ne faudrait pas avoir les vices d'un Sylla... Je voudrais une charge qui permît à celui qui la remplit d'obtenir tous les honneurs sans en imposer aucun; il faudrait avoir l'air de protéger l'Angleterre, quoique l'Angleterre n'eût plus besoin de protecteur... Eh bien, mais, protecteur, voilà un nom, voilà un titre, voilà une appellation inconnue, nouvelle, simple et hautaine à la fois... où l'on peut indifféremment être appelé *monsieur... milord... altesse...* Parti d'en bas, pour arriver en passant par la bourgeoisie, par les communes, par l'armée, j'ai fait sur ma route une triple station assez longue pour connaître les bourgeois, les parlementaires et les soldats... Il ne me reste donc qu'à étudier la noblesse. Bah! la noblesse, je la verrai à mes genoux quand je serai protecteur... Que demande-t-elle? Non pas à être vaincue, mais à faire semblant de croire que ce n'est pas moi qui lui aurai tué son roi... Eh bien, mais j'ai joué ce rôle-là jusqu'à présent et je n'ai qu'à continuer... Charles Ier lui-même ne me regarde pas comme son ennemi, et souvent il m'a pris pour intermédiaire entre lui et le parlement. Intermédiaire... oui... (avec un sourire), comme la hache est l'intermédiaire entre le patient et le bourreau!... Ah! quelqu'un... Protecteur, c'est décidément un excellent titre. Qui vient là?

SCÈNE VI

CROMWELL, DEUX SOLDATS, LA REINE, avec le même déguisement que sur la digue de Boulogne.

UN SOLDAT.
Général, c'est une femme...

CROMWELL.
Ah! oui, j'avais oublié... Quelle est cette femme?

LE SOLDAT.
Une femme arrivée par le navire *le Parlement*, et que nous avons arrêtée comme elle s'apprêtait à passer dans le camp royaliste... Et nous vous l'amenons.

CROMWELL.

Bien, mes amis, faites entrer.

LE SOLDAT, à la cantonade.

Entendez-vous ? le général vous appelle.

LA REINE, entrant.

Le général !... Quel général, messieurs ?

LE SOLDAT.

Il n'y a, par toute l'Angleterre, qu'un général, non pas qui porte, mais qui mérite ce titre : c'est le général Cromwell.

LA REINE.

C'est donc au général Cromwell que je dois demander justice de la violence qui m'a été faite ?

CROMWELL.

Oui, madame, et c'est le général Cromwell qui vous l'accordera, soyez-en certaine, si effectivement il y a eu violence.

LA REINE.

Il y a eu violence, monsieur, si la loi anglaise garantit toujours la liberté de tous.

CROMWELL.

La loi anglaise garantit la liberté de tous les bons Anglais.

LA REINE.

Mais où sont les bons Anglais ? est-ce dans le camp du général Olivier Cromwell ? est-ce dans le camp du roi Charles Ier?

CROMWELL.

Il y a de bons Anglais partout, madame.

LA REINE.

Même parmi ceux qui font la guerre à leur souverain ?

CROMWELL.

Nous ne faisons pas la guerre à notre souverain ; nous faisons la guerre à ses ministres ; nous faisons la guerre aux Straffort, aux Land, aux Windebanck ; nous respectons la royauté dans le roi, le roi dans l'homme... Maintenant, qui êtes-vous ?

LA REINE.

Je suis Catherine Parry.

CROMWELL.

Où allez-vous ?

LA REINE.

En Écosse.

CROMWELL.

Dans quel but?

LA REINE.

Pour recueillir, en mon nom et au nom de mon frère, la succession de mon père, qui vient de mourir.

CROMWELL.

Vous êtes donc du comté de Perth?

LA REINE.

Oui.

CROMWELL.

Vous êtes donc la fille de William Parry?

LA REINE.

Oui.

CROMWELL.

Vous êtes donc la sœur de John Parry?

LA REINE.

Oui; comment savez-vous cela?

CROMWELL.

Je le sais, vous voyez bien. Pourquoi n'avez-vous pas dit cela à ceux qui vous ont arrêtée?

LA REINE.

Je l'ai dit.

CROMWELL.

Et ils n'ont pas voulu vous croire?

LA REINE.

Non!...

CROMWELL.

Que voulez-vous! ils ont été si souvent trompés, qu'ils sont devenus défiants.

LE SOLDAT.

Cette femme disait donc la vérité, général?

CROMWELL.

Oui.

LE SOLDAT.

Alors, nous avons eu tort de l'arrêter et de vous l'amener?

CROMWELL.

Non; c'est à moi de reconnaître les bons d'entre les mauvais... C'est pour cela que l'Éternel m'a fait ce que je suis.

LE SOLDAT.

Alors, elle pourra passer librement?

CROMWELL.

Librement... Allez.

(Ils sortent.)

SCÈNE VII

CROMWELL, LA REINE.

LA REINE.

Ainsi, je puis donc les suivre?

CROMWELL, se levant et se découvrant.

Un instant encore, si Votre Majesté le permet !

LA REINE.

Grand Dieu ! que dites-vous là, monsieur?

CROMWELL.

Je dis que c'est bien imprudent à la fille du roi Henri IV, à la sœur du roi Louis XIII, à la femme du roi Charles Ier, de venir en Angleterre en ce moment, et de débarquer justement dans une ville que tient le général Olivier Cromwell.

LA REINE.

Vous vous trompez, monsieur, je ne suis ni fille, ni sœur, ni femme de roi ; je suis fille d'un pauvre highlander.

CROMWELL.

William Parry n'avait qu'un fils et une fille.

LA REINE.

Eh bien, cette fille...

CROMWELL.

Cette fille, dont vous avez pris le nom, est morte il y a six mois, et votre père, dont vous allez toucher l'héritage, vit encore.

LA REINE.

Mais vous connaissez donc tout le monde en Angleterre et en Écosse?

CROMWELL.

Oui ! tous ceux que c'est mon intérêt ou mon devoir de connaître, madame ; comment alors Votre Majesté veut-elle que je ne la connaisse pas?

LA REINE.

C'est bien ; je ne nierai pas plus longtemps : je suis, non pas une reine qui vient régner sur son royaume, car, en réalité, Charles Ier n'est plus roi... mais une femme qui vient partager le sort de son époux. Maintenant, faites de moi ce que vous voudrez.

CROMWELL.

C'est à moi à attendre les ordres de ma souveraine.

LA REINE.

Que dites-vous?

CROMWELL.

Je dis que, pour mes collègues, je dis que, pour le parlement, je dis que, pour la nation même, Charles Ier n'est peut-être plus que Charles Stuart; mais, pour moi, Charles Stuart est toujours roi.

LA REINE.

En vérité, vous me confondez, monsieur.

CROMWELL.

Je dis, madame, que la Providence ne fait rien sans raison, et que c'est la Providence qui vous a envoyée vers moi, pour que je vous envoie vers votre mari.

LA REINE.

Comment! je suis donc libre d'aller le rejoindre?

CROMWELL.

Oui, madame, et vous lui direz ce que vous allez entendre de ma bouche, et ce que vous n'avez encore entendu de celle de personne, la vérité!... Vous lui direz que, s'il livre la bataille, il est perdu.

LA REINE.

Mais le parlement...?

CROMWELL.

Vous lui direz que, s'il traite avec le parlement, il est perdu.

LA REINE.

Mon Dieu!

CROMWELL.

Vous lui direz que, par toute l'Angleterre, il n'y a peut-être, à cette heure, qu'un homme qui désire sincèrement le salut du roi Charles Ier, et que cet homme, c'est le général Olivier Cromwell.

LA REINE.

Parlez-vous franchement, monsieur?...

CROMWELL.

Oui; mais qu'il y prenne garde, derrière la volonté, il y a le destin; derrière la Providence, il y a la fatalité, et moi, madame, moi, je suis l'homme du destin, l'homme de la fatalité. Qu'il parte!

LA REINE.

Mon Dieu!...

CROMWELL.

Madame, il y a dix ans, j'allais quitter l'Angleterre pour l'Amérique, j'avais déjà le pied sur le bâtiment qui devait m'emmener... Un ordre du roi m'a défendu de quitter l'Angleterre, où l'avenir m'attendait... Qu'il parte!

LA REINE.

Mais c'est renoncer à toute espérance.

CROMWELL.

Madame, à l'âge de quinze ans, une femme m'est apparue; elle tenait à la main une tête couronnée, elle a pris la couronne sur cette tête, et l'a mise sur la mienne... Qu'il parte!

LA REINE.

Mais vous avouez donc, alors...?

CROMWELL.

Madame, ma nourrice avait une tache de sang qui lui prenait à l'épaule et qui ne finissait qu'au bout du sein, de sorte que, lorsqu'elle me donnait à boire, j'avais l'air de boire, non pas du lait, mais du sang... Qu'il parte!... qu'il parte!

LA REINE.

Il partira, monsieur; mais comment parviendrai-je près du roi?...

CROMWELL.

Je vous donnerai un sauf-conduit.

LA REINE.

Mais, si je m'égare... voici la nuit qui vient...

CROMWELL.

Je vous donnerai un guide.

LA REINE.

Quand cela?

CROMWELL.

Tout de suite; attendez...

LA REINE.

Ah! monsieur...

CROMWELL.

Prenez garde; si l'on entrait, on pourrait croire que je

fais grâce et non pas justice... (Il écrit quelques lignes.) Voici un laissez passer pour une femme se rendant à l'armée royale.

LA REINE.

Merci ! merci !...

CROMWELL.

Ce n'est pas tout... (Il frappe dans ses mains.) Findley... (Un Serviteur entre.) Findley, vous accompagnerez madame, sous quelque costume qu'il lui plaise de prendre, jusqu'aux premiers postes du camp royaliste.

FINDLEY.

Oui, général.

CROMWELL.

Quelque chose qu'elle veuille vous offrir, vous ne recevrez rien.

FINDLEY.

Non, général.

CROMWELL.

Il vous faut deux heures pour arriver au camp... (Findley fait un mouvement.) Vous entendez, deux heures, pas plus, pas moins.

FINDLEY.

Bien, général.

CROMWELL, à la Reine.

Maintenant, j'espère, vous ne pourrez plus dire à celui vers qui je vous envoie que je suis son ennemi.

LA REINE.

Dieu veuille que vous disiez la vérité, monsieur ; en attendant, merci !...

(La Reine sort avec Findley.)

SCÈNE VIII

CROMWELL, seul.

Dans deux heures, il sera trop tard pour que Charles profite du conseil... Mais le conseil n'en aura pas moins été donné.

CINQUIÈME TABLEAU

Le camp de Charles Ier.—A droite, la tente royale, fermée par une large tapisserie aux armes d'Angleterre et d'Écosse. A gauche, une maison dont le rez-de-chaussée est fermé d'une fenêtre garnie de barreaux de fer, et d'une porte à laquelle on arrive par trois marches. La fenêtre est en retour à gauche. Au fond, paysage de plaines et de montagnes.

SCÈNE PREMIÈRE

DE WINTER, couché dans son manteau devant l'entrée de la tente du Roi; ARAMIS, UNE SENTINELLE, puis ATHOS, puis MORDAUNT, à la tête d'UNE PATROUILLE ; GROSLOW, SOLDATS, etc.

ARAMIS, à la Sentinelle.
Et vous dites, mon ami, que, depuis deux ans, vous n'êtes point payé ?

LA SENTINELLE.
Non, monsieur... et c'est dur, avec une guerre comme celle que nous faisons.

ARAMIS.
Oui, je le sais bien.... Mais, lorsque le roi Charles remontera sur le trône, il récompensera ses fidèles Écossais.

LA SENTINELLE.
Oui, s'il y remonte.

ARAMIS.
Espérons que Dieu donnera l'avantage à la cause de la justice.

ATHOS, s'avançant vivement par derrière la maison.
Aramis !

ARAMIS.
Eh bien ?

ATHOS.
Pas un instant à perdre, il faut prévenir le roi.

ARAMIS.
Que se passe-t-il donc ?

ATHOS.
Ce serait trop long à vous dire... Où est de Winter ?

ARAMIS.

Venez... (Donnant une demi-pistole à la Sentinelle.) Tenez, mon ami, voici une demi-pistole pour boire à la santé du roi.

LA SENTINELLE.

Qu'elle soit la bienvenue; il y avait longtemps que je n'avais vu la pareille de la dernière qui m'est passée entre les mains.

ATHOS, touchant de Winter à l'épaule.

De Winter!... de Winter!...

DE WINTER, s'éveillant.

Ah! c'est vous, comte!... c'est vous, chevalier!... Avez-vous remarqué comme le soleil est rouge en se couchant, ce soir?

ATHOS.

Milord, dans une position aussi précaire que la nôtre, c'est la terre qu'il faut examiner et non le ciel... Avez-vous étudié nos Écossais?

DE WINTER.

Quels Écossais?...

ATHOS.

Eh! pardieu! les nôtres... les Écossais du comte de Lœven.

DE WINTER.

Non.

ATHOS.

Vous croyez donc à leur fidélité?

DE WINTER.

Sans doute! (On entend la marche d'une Patrouille.) Voyez avec quelle régularité le service se fait... (On entend tinter l'heure dans le lointain.) Sept heures... et, à l'heure sonnante, voilà qu'on relève les sentinelles.

ATHOS.

En effet.

(On relève successivement les Sentinelles; enfin la Patrouille s'approche de la tente du roi Charles.)

LA SENTINELLE.

Qui vive?

MORDAUNT, à la tête de la Patrouille.

Charles et Loyauté... La consigne?

LA SENTINELLE.

Ne laisser approcher de la tente du roi que ceux qui auront le mot d'ordre.

MORDAUNT, donnant une bourse à la Sentinelle.

Tiens, voilà ce qui a été promis.

ATHOS, qui a écouté.

De l'argent !

SCÈNE II

Les Mêmes, hors MORDAUNT et la Patrouille.

DE WINTER, à Aramis, tandis qu'Athos fait quelques pas pour s'assurer que la Patrouille s'éloigne.

Dites-moi, chevalier, n'est-ce pas une tradition en France que, la veille du jour où il fut assassiné, Henri IV, qui jouait aux échecs avec M. de Bassompierre, vit des taches de sang sur l'échiquier ?

ARAMIS.

Oui, milord... et le maréchal m'a, dans ma jeunesse, mainte fois raconté la chose à moi-même.

DE WINTER.

C'est cela, et, le lendemain, Henri IV fut tué.

ARAMIS.

Quel rapport cette vision a-t-elle avec vous, comte ?

DE WINTER.

Aucun... Seulement, vous savez, chevalier, que l'homme le plus fort a des heures de tristesse, pendant lesquelles il n'est pas maître de lui-même... Mais ne parlons plus de cela; comte, vous aviez quelque chose à me dire.

ATHOS.

Je voulais parler au roi.

DE WINTER.

Après avoir travaillé toute la soirée, le roi dort.

ATHOS.

Milord, j'ai à lui révéler des choses de la plus haute importance.

DE WINTER.

Ces choses ne peuvent être remises à demain ?

ATHOS.

Il faut qu'il les sache à l'instant même, et peut-être est-il déjà trop tard.

DE WINTER, *soulevant le rideau de la tente.*

Alors, entrez, comte.

(A la lueur d'une lampe, on voit une table chargée de papiers. Le Roi dort appuyé sur cette table.)

SCÈNE III

LES MÊMES, LE ROI.

ATHOS, en soupirant.

Sire!

LE ROI, s'éveillant.

C'est vous, comte?

ATHOS.

Oui, sire.

LE ROI

Vous veillez tandis que je dors, et vous venez m'apporter quelque nouvelle.

ATHOS.

Hélas! oui, Votre Majesté a deviné juste.

LE ROI.

Alors, la nouvelle est mauvaise?

ATHOS.

Oui, sire.

LE ROI, se levant.

N'importe! le messager est le bienvenu, et vous ne pouvez entrer chez moi sans me faire toujours plaisir, vous dont le dévouement ne connaît pas de patrie et résiste au malheur; vous qui m'êtes envoyé par ma bonne Henriette, que Dieu fasse là-bas plus heureuse que je ne le suis ici!... Parlez donc avec assurance, monsieur.

ATHOS.

Sire, M. Cromwell est arrivé hier à Newcastle.

LE ROI.

Je le sais.

ATHOS.

Votre Majesté sait-elle pourquoi il est venu?

LE ROI.

Pour me combattre.

ATHOS.

Pour vous acheter.

LE ROI.

Que dites-vous, comte?

ATHOS.

Je dis, sire, qu'il est dû à l'armée écossaise quatre cent mille livres sterling.

LE ROI.

Pour solde arriérée, oui... Depuis plus de deux ans, mes braves et fidèles Écossais se battent pour l'honneur.

ATHOS.

Eh bien, sire, quoique l'honneur soit une belle chose, ils se sont lassés de se battre pour lui... Et, ce soir...

LE ROI.

Eh bien, ce soir?...

ATHOS.

Ce soir, ils ont vendu Votre Majesté pour deux cent mille livres sterling, c'est-à-dire pour la moitié de ce qui leur est dû.

DE WINTER.

Que dit-il?

ARAMIS.

Je m'en doutais.

LE ROI.

Les Écossais m'ont vendu?... Impossible!... Les Écossais vendre leur roi pour deux cent mille livres!...

ATHOS.

Les Juifs ont bien vendu leur Dieu pour trente deniers.

LE ROI.

Et quel est le Judas qui a fait ce marché?

ATHOS.

Le comte de Lœven.

LE ROI.

Et avec qui a-t-il été fait?

ATHOS.

Avec le secrétaire de M. Cromwell.

DE WINTER.

Avec Mordaunt?

ATHOS.

Oui, milord.

LE ROI.

N'est-ce pas ce jeune homme qui me poursuit avec tant d'acharnement, de Winter?

DE WINTER.

Hélas! oui!...

LE ROI.

Que lui ai-je donc fait? Je ne me le rappelle plus.

DE WINTER.

Sur ma demande, Votre Majesté l'a déclaré bâtard, et lui a défendu de prétendre aux biens et de porter le nom de son père.

LE ROI.

Ah! c'est vrai... Mais c'était justice, et je ne me repens pas... (A Athos.) Vous dites donc, monsieur le comte?

ATHOS.

Je dis, sire, que, couché près de la tente du comte de Lœven, j'ai tout vu, tout entendu.

LE ROI.

Et quand doit se consommer cet odieux marché?

ATHOS.

Cette nuit même... Comme Votre Majesté le voit, il n'y a pas de temps à perdre.

LE ROI.

Pas de temps à perdre! pour quoi faire, puisque vous dites que je suis vendu?...

ATHOS.

Pour profiter de la nuit, sire, pour traverser la Tyne, pour rejoindre lord Montrose, qui ne vous vendra pas, lui.

LE ROI.

Et que ferai-je en Écosse? Une guerre de partisan! Comte, une pareille guerre est indigne d'un roi.

ATHOS.

L'exemple de Robert Bruce est là pour vous absoudre, sire.

LE ROI.

Non, comte, non, il y a trop longtemps que je lutte... je suis au bout de mes forces; ils m'ont vendu, qu'ils me livrent, et que la honte de leur trahison retombe sur eux.

ATHOS.

Sire, peut-être est-ce ainsi que doit parler un roi; mais ce n'est point ainsi que doit agir un époux et un père... Sire, nous avons traversé la mer; sire, nous sommes venus au nom de votre femme et de vos enfants; je vous dis : Venez sire, Dieu le veut!

LE ROI.

Vous l'emportez, comte; que me conseillez-vous?

ATHOS.

Sire, Votre Majesté a-t-elle dans toute l'armée un régiment, un seul, sur lequel elle puisse compter?

LE ROI.

De Winter, croyez-vous à la fidélité du vôtre?

DE WINTER.

Sire, ce ne sont que des hommes... et ces hommes sont devenus bien faibles ou bien méchants... Je crois à leur fidélité, mais je n'en réponds pas... Je leur confierais ma vie, mais j'hésite à leur confier celle de Votre Majesté.

ATHOS.

Eh! ne comptons que sur nous, alors; nous sommes trois hommes dévoués et résolus, nous suffirons... Que Votre Majesté monte à cheval, qu'elle se place au milieu de nous... Nous traverserons la Tyne, nous gagnerons l'Écosse, et nous sommes sauvés.

LE ROI.

Est-ce votre avis, de Winter?

DE WINTER.

Oui, sire!

LE ROI.

Est-ce le vôtre, monsieur d'Herblay?

ARAMIS.

Oui, sire!

LE ROI.

Qu'il soit donc fait comme vous le désirez; partons.

ATHOS.

Attendez, sire.

LE ROI.

Quoi donc?

ATHOS.

Les sentinelles qui veillent à la porte de Votre Majesté pourraient donner l'alarme en voyant s'éloigner le roi... Il faut les enlever.

LE ROI.

Les sentinelles?

ATHOS.

Sire, j'ai vu tout à l'heure l'officier qui les a placées où elles sont, leur compter de l'argent.

LE ROI.

Oh! mon Dieu!

DE WINTER.

Et comment les enlever?...

ATHOS.

Avez-vous seulement quatre hommes sur lesquels vous puissiez compter, milord?

DE WINTER.

Oui, mais dans mes propres serviteurs.

ATHOS.

Allez les prendre, et faites le coup.

DE WINTER.

J'y vais.

(Il sort de la tente.)

ARAMIS.

Et nous, comte, qu'allons-nous faire pendant ce temps?

LE ROI.

Venez, messieurs; je vais vous occuper à quelque chose.

(Il va à une armoire; il en tire deux plaques de l'ordre de la Jarretière.)

ATHOS.

Que faites-vous, sire?

LE ROI.

A genoux, comte.

ATHOS.

Sire, ces ordres ne peuvent être pour nous.

LE ROI.

Et pourquoi cela?...

ATHOS.

Ces ordres sont presque royaux.

LE ROI.

Passez en revue tous les rois du monde, mes frères... qui m'abandonnent en ce moment, et trouvez-moi plus grands cœurs que les vôtres! Non, non, messieurs, vous ne vous rendez pas justice; mais cela me regarde, moi... A genoux, comte.

ATHOS.

Vous l'ordonnez, sire?

LE ROI, tirant son épée.

Je ne vous dirai pas: « Je vous fais chevalier, soyez brave, fidèle et loyal; » Je vous dirai: « Vous êtes brave, fidèle et loyal, je vous fais chevalier... » A votre tour, monsieur d'Herblay...

(Aramis se met à genoux; au même moment, de Winter paraît au fond avec quatre Hommes.)

LA SENTINELLE.

Qui vive?

DE WINTER.

Charles et Loyauté.

LA SENTINELLE.

Avancez à l'ordre.

ARAMIS, se relevant.

Merci, sire.

ATHOS, étendant la main vers les Sentinelles.

Écoutez!...

(Pendant ce temps, de Winter et ses Hommes se sont emparés d'une des Sentinelles; mais l'autre, qui a entendu le bruit, met sa pique en arrêt.)

LA SENTINELLE.

Qui vive?

ARAMIS, qui est sorti de la tente derrière elle, lui mettant son poignard sur la poitrine.

Si tu dis un mot, tu es mort.

ATHOS, aux Hommes de Winter.

Emmenez ces deux sentinelles, et gardez-les à vue.

ARAMIS.

Et, au premier mot, au premier signe, au premier geste qu'elles feront pour donner l'alarme, tuez-les.

DE WINTER.

Maintenant, sire, nous sommes prêts.

(On emmène les deux Sentinelles.)

LE ROI.

Il faut donc fuir!

ATHOS.

Fuir à travers une armée, sire, dans tous les pays du monde, cela s'appelle charger.

LE ROI.

Allons donc, messieurs!

DE WINTER, à Aramis.

Est-ce que l'un de nous est blessé? Je vois à terre des taches de sang.

ATHOS, qui a déjà fait quelques pas en dehors.

Écoutez, sire, écoutez.

LE ROI.

Qu'y a-t-il?

ATHOS.

J'entends le piétinement d'une troupe nombreuse, j'entends le hennissement des chevaux.

ARAMIS.

Il est trop tard; nous sommes cernés.

DE WINTER fait deux pas en avant, tandis que le Roi et ses deux compagnons écoutent, puis il revient.

C'est l'ennemi!

LE ROI.

Ainsi, tout est perdu!

ATHOS.

Il y a encore un moyen, sire.

LE ROI.

Lequel?

ATHOS.

Que Votre Majesté, au lieu de garder son costume si connu, prenne celui de l'un de nous et nous donne le sien; tandis qu'on s'acharnera à celui qu'on prendra pour le roi, peut-être le roi parviendra-t-il à se sauver.

ARAMIS.

L'avis est bon, sire, et, si Votre Majesté veut bien faire à l'un de nous cet honneur...

LE ROI.

Que pensez-vous de ce conseil, de Winter?

DE WINTER.

Je pense que, s'il y a un moyen au monde de vous sauver, le comte de la Fère vient de le proposer.

LE ROI.

Mais c'est la mort ou tout au moins la prison pour celui qui prendra ma place.

DE WINTER.

C'est l'honneur d'avoir sauvé son roi... Choisissez, sire.

LE ROI.

Venez, de Winter.

DE WINTER.

Oh! merci, mon roi!

ATHOS.

C'est juste; il y a plus longtemps qu'il le sert que nous.

ARAMIS.

Hâtez-vous, sire! nous garderons l'entrée de votre tente.

(Tous deux se placent en sentinelle, l'épée à la main; pendant ce temps, le Roi donne à de Winter son cordon du Saint-Esprit, son chapeau et son pourpoint; en échange, de Winter donne au Roi les mêmes objets, plus la cuirasse de cuivre. Au moment où l'échange se termine et où le Roi sort par le fond de la tente, on voit venir une Patrouille composée de six hommes.)

SCÈNE IV

Les Mêmes, D'ARTAGNAN, PORTHOS, MORDAUNT.

ARAMIS.

Qui vive?

ATHOS.

Qui vive?

D'ARTAGNAN, à Mordaunt, au fond.

Singulier pays que le vôtre, monsieur, où l'on tire toujours la bourse et jamais l'épée!

PORTHOS.

Il paraît que c'est l'usage en Angleterre.

MORDAUNT.

Par l'épée ou par l'argent, peu importe, messieurs; vous voyez que le camp est à nous.

D'ARTAGNAN.

C'est égal, voilà une étrange guerre.

ATHOS et ARAMIS.

Qui vive, donc?

MORDAUNT.

Charles et Loyauté.

ARAMIS et ATHOS.

On ne passe pas.

MORDAUNT.

Comment, on ne passe pas?

D'ARTAGNAN.

A la bonne heure! cela se gâte à la fin, et je commence à croire que nous tirerons l'épée.

MORDAUNT.

Qui donc a changé le mot d'ordre?

ARAMIS.

Le roi!

MORDAUNT.

Pourquoi cela?

ATHOS.

Parce que vous êtes des traîtres.

D'ARTAGNAN.

Des traîtres?

PORTHOS.

Il a dit des traîtres, je crois.

D'ARTAGNAN.

Voilà une dure parole, messieurs, et nous allons, j'en ai peur, vous la faire rentrer dans la gorge.

ARAMIS.

Venez-y!

MORDAUNT.

Bien!... Faites tête, messieurs! Nous, à la tente du roi! (A ses Hommes.) Venez! (Athos combat d'Artagnan, Aramis Porthos. Tous quatre sont d'égale force. — Tout à coup, Mordaunt paraît au fond de la tente. Les hommes qui suivent Mordaunt prennent de Winter et crient : « Le roi! le roi! prenez-le vivant! » regardant de Winter comme le Roi.) Non, ce n'est pas le roi!... non, vous vous trompez. N'est-ce pas, milord de Winter, que vous n'êtes pas le roi? n'est-ce pas, milord de Winter, que vous êtes mon oncle?

DE WINTER, reculant devant Mordaunt.

Le vengeur!

MORDAUNT.

Souviens-toi de ma mère!...

(Il tue de Winter d'un coup de pistolet. A la lueur des flambeaux, les quatre amis se reconnaissent.

ARAMIS, PORTHOS, D'ARTAGNAN et ATHOS, passant l'épée de la main gauche dans la main droite.

Mousquetaires!

D'ARTAGNAN, bas, à Athos.

Rendez-vous, Athos; vous rendre à moi, ce n'est pas vous rendre.

PORTHOS.

Aramis, vous comprenez!

ARAMIS.

Je me rends.

MORDAUNT, agenouillé près du corps de Winter.

Deux !

ATHOS, montrant Mordaunt.

Voyez-vous ce jeune homme?

D'ARTAGNAN.

Le fils de milady, n'est-ce pas ?

PORTHOS.

Le moine ?

ARAMIS.

Oui !

D'ARTAGNAN.

Ne soufflez pas un mot, ne faites pas un geste, ne risquez point un regard pour moi ni Porthos... car milady n'est pas morte, et son âme vit dans le corps de ce démon.

(Pendant ce temps, le Roi a été entouré, repoussé sur le devant de la scène.)

SCÈNE V

Les Mêmes, GROSLOW.

LE ROI.

Qui de vous osera le premier porter la main sur son roi ?

GROSLOW, entrant.

Charles Stuart, rendez-moi votre épée.

LE ROI.

Colonel Groslow, le roi ne se rend pas ; l'homme cède à la force, voilà tout.

(Il brise son épée.)

GROSLOW.

Victoire, messieurs! le roi est prisonnier, nous tenons le roi.

MORDAUNT, se retournant.

Le roi !... Le roi est-il pris?

PLUSIEURS VOIX.

Oui ! oui !

MORDAUNT.

Bien ! il ne nous manque plus que...

(Il aperçoit les quatre amis.)

ATHOS.

Il nous a vus.

ARAMIS.

Laissez-moi le tuer.

D'ARTAGNAN, regardant ses amis.

Mordious!... (A Mordaunt.) Bonne prise, ami Mordaunt, bonne prise!... nous en tenons chacun un, M. du Vallon et moi... Des chevaliers de la Jarretière, rien que cela.

MORDAUNT.

Mais ce sont des Français, ce me semble.

D'ARTAGNAN.

Des Français?...

ATHOS.

Je le suis.

D'ARTAGNAN.

Eh bien, ils sont prisonniers de compatriotes.

LE ROI, à Athos et à Aramis.

Salut, messieurs; la nuit a été malheureuse, mais ce n'est pas votre faute, Dieu merci. Où est mon vieux de Winter?...

MORDAUNT.

Cherche où est Straffort!

LE ROI, apercevant le cadavre.

En effet... comme Straffort, il a reçu le prix de sa fidélité! (Il s'agenouille devant de Winter, lui soulève la tête et l'embrasse au front.) Adieu, cœur fidèle, qui es allé chercher là-haut la récompense du dévouement et me préparer celle du martyre; Adieu!

D'ARTAGNAN.

De Winter est donc tué?

ATHOS.

Oui, par son neveu.

D'ARTAGNAN.

C'est le premier de nous qui s'en va; qu'il dorme en paix, c'était un brave!

LE ROI.

Maintenant, messieurs, conduisez-moi où vous voudrez.

GROSLOW.

L'ordre du général Cromwell est de vous conduire à Londres.

LE ROI.

Quand dois-je partir?

GROSLOW.

A l'instant même.

LE ROI.

Allons!

ATHOS, au Roi qui s'éloigne.

Salut à la Majesté tombée.

D'ARTAGNAN.

Mordious! Athos, vous nous ferez tous égorger.

(Le Roi sort de scène, ainsi que Groslow.)

SCÈNE VI

ATHOS, ARAMIS, MORDAUNT, D'ARTAGNAN, PORTHOS, puis LE SERGENT HARRY.

MORDAUNT, à d'Artagnan et à Porthos.

Venez-vous chez le général, messieurs? Il aura des compliments à vous faire.

D'ARTAGNAN.

Avec bien du plaisir, monsieur... Mais il faut d'abord que nous mettions nos prisonniers en lieu de sûreté... Savez-vous, monsieur, que ces gentilshommes valent chacun deux mille pistoles?

MORDAUNT.

Oh! soyez tranquille; mes soldats les garderont, et les garderont bien... Je vous réponds d'eux!

D'ARTAGNAN.

Je ne voudrais pas leur donner cette peine, et je les garderai encore mieux moi-même... D'ailleurs, que faut-il? Une bonne chambre fermée de barreaux... comme celle-ci, par exemple, avec des sentinelles, ou leur simple parole qu'ils ne chercheront pas à fuir; car, dans notre pays, la parole vaut le jeu, dit un proverbe... Je vais mettre ordre à cela, monsieur; après quoi, j'aurai l'honneur de me présenter chez le général, et de lui demander ses ordres pour retourner en France.

MORDAUNT.

Vous comptez donc partir bientôt?

D'ARTAGNAN.

Notre mission est finie, et rien ne nous arrête plus en Angleterre, que le bon plaisir du grand homme près lequel nous avons été envoyés.

MORDAUNT.

Bien, messieurs. (A un Sergent.) Sergent Harry, prenez dix hommes avec vous et gardez cette porte... et sous aucun prétexte ne laissez sortir les deux prisonniers.

LE SERGENT.

Et les deux autres?

MORDAUNT.

Ils sont libres... Maintenant, connaissez-vous cette maison?

LE SERGENT.

J'y ai commandé un poste.

MORDAUNT.

A-t-elle une autre sortie que celle-ci?

LE SERGENT.

Non.

MORDAUNT.

Ils ne peuvent donc fuir?

LE SERGENT.

Impossible!

MORDAUNT.

Bien. Savez-vous où est le général Cromwell?

LE SERGENT.

A Newcastle, probablement.

MORDAUNT, sortant.

Mon cheval! mon cheval!

(Pendant ce temps, d'Artagnan a fait rentrer les deux amis dans la maison, dont il a fermé la porte et a mis la clef dans sa poche. Porthos le regarde faire.)

SCÈNE VII

LES MÊMES, hors ATHOS, ARAMIS et MORDAUNT.

D'ARTAGNAN.

Ami Porthos, pendant que je vais garder religieusement le seuil de cette porte, vous allez me faire le plaisir... Approchez-vous plus près, que ces deux drôles-là n'entendent pas ce que nous disons... Vous allez me faire le plaisir de réunir Grimaud, Mousqueton et Blaisois.

PORTHOS.

C'est facile; je leur ai indiqué un endroit où ils doivent s'occuper de nous préparer à souper.

D'ARTAGNAN.

Bon ! nous souperons demain matin... Allez les trouver, Porthos ; qu'ils tiennent nos chevaux prêts à tout événement derrière cette maison.

PORTHOS.

Pourquoi ne couchons-nous pas ici ?

D'ARTAGNAN.

Parce que l'air y est malsain.

PORTHOS.

Bah !

D'ARTAGNAN.

C'est comme j'ai l'honneur de vous le dire.

PORTHOS.

Alors, c'est autre chose.

(Il s'éloigne.)

D'ARTAGNAN, seul sur le plus haut degré.

Maintenant, voyons ce que font là ces drôles... (Il descend une marche, puis, s'adressant au sergent Harry et à ses Hommes, qui se sont établis devant la maison.) Mes amis, désirez-vous quelque chose ?

LE SERGENT.

Non, monsieur.

D'ARTAGNAN.

Alors, pourquoi vous tenez-vous là, s'il vous plaît ?

LE SERGENT.

Parce que nous avons l'ordre de vous aider à garder les prisonniers.

D'ARTAGNAN.

Vraiment !... et qui vous a donné cet ordre ?

LE SERGENT.

M. Mordaunt.

D'ARTAGNAN.

Je le reconnais à cette attention délicate... Tenez, mon ami.

LE SERGENT.

Qu'est-ce que cela ?

D'ARTAGNAN.

Une demi-couronne, mon ami, pour boire à la santé de M. Mordaunt.

LE SERGENT.

Les puritains ne boivent pas.

(Il met la pièce dans sa poche.)

PORTHOS, reparaissant.

C'est fait!

D'ARTAGNAN.

Silence donc!

PORTHOS.

Je n'ai pas dit ce qui était fait.

D'ARTAGNAN

Il vaudrait mieux... Tenez, Porthos, rentrez et ne sortez plus que quand vous m'entendrez tambouriner sur la porte la *Marche des Mousquetaires*.

PORTHOS.

Bien, je rentre... Mais vous, que faites-vous là?

D'ARTAGNAN.

Moi? Rien... je regarde la lune.

SCÈNE VIII

Les Mêmes, CROMWELL, puis MORDAUNT.

Cromwell entre lentement dans la tente par le fond.

CROMWELL.

Il y a deux portes à cette tente : l'une par laquelle il est sorti, et qui conduit à l'échafaud; l'autre par laquelle j'entre, et qui mène au trône; me voilà où il était... Peut-être vais-je où il va. Orgueilleux Charles Stuart!... qui l'eût dit, il y a dix ans, il y a un mois, il y a une heure, qu'ici, sur cette table, avec ce papier préparé pour toi, avec cette plume que tu as trempée dans l'encre, j'écrirais aux rois de l'Europe : « Charles Stuart n'est plus votre frère. » Écrivons. (Mordaunt apparaît sur la porte de droite. Avec un léger mouvement d'impatience.) J'avais dit que je voulais être seul.

MORDAUNT.

On n'a pas cru que cette défense regardât celui que vous appelez votre fils, monsieur... Cependant, si vous l'ordonnez, je suis prêt à sortir.

CROMWELL.

Ah! c'est vous, Mordaunt! Puisque vous voilà, c'est bien, restez.

MORDAUNT.

Je vous apporte mes félicitations, monsieur.

CROMWELL.

Vos félicitations? et de quoi?

MORDAUNT.

De la prise de Charles Stuart... Vous êtes maintenant le maître de l'Angleterre.

CROMWELL.

Je l'étais bien mieux il y a deux heures.

MORDAUNT.

Comment cela, général?

CROMWELL.

Il y a deux heures, l'Angleterre avait besoin de moi pour prendre le tyran... Maintenant, le tyran est pris. Le colonel du régiment des gardes de Charles Stuart, celui qui avait pris le costume du roi, a été tué, m'a-t-on dit.

MORDAUNT.

Oui, monsieur.

CROMWELL.

Par qui?

MORDAUNT.

Par moi.

CROMWELL.

Comment se nommait-il?

MORDAUNT.

Lord de Winter.

CROMWELL.

C'était votre oncle.

MORDAUNT.

Les traîtres à l'Angleterre ne sont pas de ma famille.

CROMWELL, avec mélancolie.

Mordaunt, vous êtes un terrible serviteur.

MORDAUNT.

Quand le ciel ordonne, il n'y a pas à marchander avec ses ordres.

CROMWELL, s'inclinant.

Vous êtes fort parmi les forts, Mordaunt... Allez...

18.

MORDAUNT.

Avant de m'en aller, j'ai quelques questions à vous adresser, monsieur, et une demande à vous faire, mon maître.

CROMWELL.

A moi?

MORDAUNT, s'inclinant.

A vous! Je viens à vous, mon héros, mon protecteur, mon père, et je vous dis : Maître, êtes-vous content de moi?

CROMWELL, le regardant avec étonnement.

Sans doute; car, depuis que je vous connais, vous avez fait non-seulement votre devoir, mais encore plus que votre devoir... Vous avez été fidèle ami, adroit négociateur... bon soldat; mais où voulez-vous en venir?...

MORDAUNT.

A vous dire, milord, que le moment est venu où vous pouvez d'un seul mot récompenser tous mes services.

CROMWELL.

Ah! c'est vrai, monsieur, j'oubliais que tout service mérite sa récompense... que vous m'avez servi, et que vous n'êtes pas encore récompensé.

MORDAUNT.

Monsieur, je puis l'être à l'instant même, et au delà de mes souhaits.

CROMWELL.

Comment cela?

MORDAUNT.

Monsieur, m'accorderez-vous ma demande?

CROMWELL.

Voyons d'abord si cela est possible.

MORDAUNT.

Lorsque vous avez eu un désir, et que vous m'ayez chargé de son accomplissement, vous ai-je jamais répondu : « Ce que vous voulez est impossible, monsieur? »

CROMWELL.

Eh bien donc, Mordaunt, je vous promets de faire droit à votre demande.

MORDAUNT.

Monsieur, avec le roi, on a fait deux autres prisonniers; je vous les demande.

CROMWELL.

Des Anglais?

MORDAUNT.

Des Français.

CROMWELL.

Ils ont donc offert une rançon considérable?

MORDAUNT.

Je ne me suis pas occupé s'ils avaient offert une rançon.

CROMWELL.

Mais ce sont des amis à vous?

MORDAUNT.

Oui, monsieur, vous avez dit le mot, des amis à moi, et des amis bien chers!... si chers, que je donnerais ma vie pour avoir la leur.

CROMWELL.

Bien, Mordaunt; je te les donne; fais-en ce que tu voudras.

MORDAUNT, se jetant à genoux.

Merci, monsieur! merci! Ma vie est désormais à vous, et, en la perdant, je vous serais encore redevable; merci; vous venez de payer magnifiquement mes services.

CROMWELL.

Quoi! pas de récompense, pas de titres, pas de grade?

MORDAUNT.

Vous m'avez donné tout ce que vous pouviez me donner, milord!... et, de ce jour, je vous tiens quitte du reste. (Il s'élance hors de la tente. Au Sergent.) Les prisonniers sont toujours là?

LE SERGENT.

Oui, monsieur.

MORDAUNT.

Prenez-les, et conduisez-les à l'instant même à mon logement.

D'ARTAGNAN.

Plaît-il, monsieur?

MORDAUNT.

Ah! vous êtes là?

D'ARTAGNAN.

Oui.

MORDAUNT.

Vous avez entendu, alors?

D'ARTAGNAN.

Oui; mais je n'ai pas compris.

MORDAUNT.

Monsieur, j'ai chargé cet homme de conduire les prisonniers à mon logement.

D'ARTAGNAN.

A votre logement?... comment dites-vous cela, s'il vous plaît?... Pardon de la curiosité; mais, vous comprenez, je désire savoir pourquoi les prisonniers faits par M. du Vallon et M. d'Artagnan doivent être conduits chez M. Mordaunt.

MORDAUNT.

Parce que les prisonniers sont à moi, et que j'en dispose à ma fantaisie.

D'ARTAGNAN.

Permettez... vous faites erreur; les prisonniers sont à ceux qui les ont pris...Vous pouviez prendre monsieur votre oncle : vous l'avez tué... vous en étiez le maître... Nous pouvions tuer MM. de la Fère et d'Herblay : nous les avons pris... chacun son goût.

PORTHOS, qui écoute de l'intérieur.

Oh! oh!

MORDAUNT.

Monsieur, vous feriez une résistance inutile; ces prisonniers m'ont été donnés par le général Olivier Cromwell.

D'ARTAGNAN.

Ah! monsieur Mordaunt... que ne commenciez-vous par me dire cela! En vérité, vous venez de la part de M. Olivier Cromwell, l'illustre capitaine?

MORDAUNT.

Oui, monsieur.

D'ARTAGNAN.

En ce cas, je m'incline; prenez-les.

PORTHOS.

Eh! mais que dit-il donc?

MORDAUNT.

Merci!

D'ARTAGNAN.

Mais, si le général Cromwell vous a, en réalité, fait don de nos prisonniers, monsieur, il vous a sans doute fait par écrit cet acte de donation; il vous a remis quelque petite lettre pour moi... un chiffon de papier qui atteste que vous venez en son nom... Veuillez me montrer cette lettre, veuillez me confier ce chiffon.

MORDAUNT.

Lorsque je vous dis une chose, monsieur, me ferez-vous l'injure d'en douter?

D'ARTAGNAN.

Moi, douter de ce que vous me dites, cher monsieur Mordaunt? Dieu m'en garde!... Mais, vous comprenez, si j'abandonne mes compatriotes, il me faut une excuse... De retour en France, on peut me reprocher de les avoir vendus, par exemple, et je dois répondre à cette accusation en montrant l'ordre de M. Cromwell.

MORDAUNT.

C'est juste, monsieur ; cet ordre, vous l'aurez.

PORTHOS.

Que dit-il donc?

MORDAUNT.

Mais, en attendant, laissez-moi toujours prendre les prisonniers.

D'ARTAGNAN.

Oh! monsieur, le général Cromwell est là, dans la tente du roi Charles... C'est un retard de cinq minutes à peine, voilà tout.

(Il tambourine sur la porte de la maison avec une baguette.)

MORDAUNT.

Savez-vous, monsieur, que je commande ici?

(Porthos sort et se place sur le seuil.)

D'ARTAGNAN.

Non, je ne le savais pas.

MORDAUNT.

Et que, si je le voulais, avec ces dix hommes...?

D'ARTAGNAN.

Oh! monsieur, on voit bien que vous ne nous connaissez pas, quoique nous ayons eu l'honneur de voyager dans votre compagnie : nous sommes Français, nous sommes gentilshommes... nous sommes capables, M. du Vallon et moi, de vous tuer, vous et vos soldats. N'est-ce pas, monsieur du Vallon?

PORTHOS.

Oui!

D'ARTAGNAN.

Pour Dieu, ne vous obstinez pas, monsieur Mordaunt...

car, lorsqu'on s'obstine, je m'obstine aussi; alors, je deviens d'un entêtement féroce, et voilà M. du Vallon qui, dans ce cas-là, est encore bien plus entêté et bien plus féroce que moi... N'est-ce pas, monsieur du Vallon?

PORTHOS.

Plus entêté et plus féroce, c'est le mot.

D'ARTAGNAN.

Sans compter que nous sommes envoyés par M. le cardinal Mazarin, lequel représente le roi de France... ce qui fait qu'en ce moment nous représentons le roi et M. le cardinal... Il en résulte qu'en notre qualité d'ambassadeurs, nous sommes inviolables... chose que M. Olivier Cromwell, aussi grand politique qu'il est grand général, est homme à parfaitement comprendre.

MORDAUNT.

Eh bien, alors, monsieur, suivez-moi chez lui.

D'ARTAGNAN.

Oh! je n'oserais le déranger... De pareilles familiarités sont bonnes pour vous qui êtes son secrétaire, son ami... c'est bon pour vous qu'il appelle son fils.

MORDAUNT.

C'est bien; attendez-moi là, monsieur; j'y vais.

D'ARTAGNAN.

Comment donc!...

MORDAUNT.

Ne perdez pas de vue ces deux hommes.

LE SERGENT.

Soyez tranquille.

(Mordaunt entre dans la tente.)

MORDAUNT, à Cromwell.

Monsieur...

CROMWELL, écrivant.

Un instant, Mordaunt; j'ai fini.

D'ARTAGNAN.

Ami Porthos, avez-vous toujours ce joli poignet qui faisait de vous l'égal de Milon de Crotone?

PORTHOS.

Toujours.

D'ARTAGNAN.

Feriez-vous toujours, comme autrefois, un cerceau avec

une barre de fer, et un tire-bouchon avec le manche d'une pelle à feu?

PORTHOS.

Certainement.

D'ARTAGNAN.

Alors, rentrez, tirez à vous un des barreaux de la fenêtre jusqu'à ce qu'il vienne... entendez-vous? jusqu'à ce qu'il vienne.

PORTHOS.

Il viendra.

D'ARTAGNAN.

Faites passer par ce barreau... Athos le premier, Aramis ensuite, vous le troisième.

PORTHOS.

Bien! mais vous?

D'ARTAGNAN.

Ne vous inquiétez pas de moi.

PORTHOS.

Bon!

(Il entre dans la maison.)

CROMWELL.

Que demandez-vous, Mordaunt?

MORDAUNT.

L'ordre écrit, monsieur, l'ordre de prendre les deux hommes... On refuse de me les remettre si je n'apporte cet ordre écrit de votre main.

CROMWELL.

Mais...

MORDAUNT.

Ah! vous m'avez promis ces deux hommes, monsieur... Me les refuserez-vous maintenant?

CROMWELL.

Vous avez raison.

(Il prend un papier et écrit.)

MORDAUNT, de la tente, au Sergent.

Ils y sont toujours?

LE SERGENT

Oui.

MORDAUNT.

Rien ne bouge?

(En ce moment, Athos descend.)

LE SERGENT.

Rien!

MORDAUNT.

Bon!

(Aramis passe à son tour.)

D'ARTAGNAN, entr'ouvrant la porte.

Eh bien?

PORTHOS, à moitié sorti.

C'est fait!

D'ARTAGNAN.

Bravo, Porthos!

CROMWELL, à Mordaunt.

Voici l'ordre.

D'ARTAGNAN.

Y êtes-vous?

PORTHOS.

Oui.

D'ARTAGNAN.

A mon tour, alors.

(Il rentre et ferme la porte au verrou.)

MORDAUNT, sortant de la tente.

Monsieur d'Artagnan! monsieur d'Artagnan! me voilà!... (Il monte les degrés.) La porte est fermée!

SCÈNE IX

CROMWELL, MORDAUNT, FINDLEY, D'ARTAGNAN.

FINDLEY entre dans la tente.

Général, cette femme vient d'arriver au camp... Qu'ordonnez-vous d'elle?

CROMWELL.

Elle est libre d'aller où elle voudra; nous ne faisons pas la guerre aux femmes.

D'ARTAGNAN, qui a passé par la fenêtre.

Serviteur, monsieur Mordaunt!

MORDAUNT.

Monsieur d'Artagnan!... A moi, sergent! aidez-moi à enfoncer cette porte... (On l'enfonce. Mordaunt s'élance dans l'intérieur, et voit le barreau enlevé.) Ah!... Aux armes! aux armes!...

CROMWELL, se levant.

Qu'y a-t-il ?

MORDAUNT.

Ces hommes... ces prisonniers, ces démons... A moi !... Évadés !... Ah ! aux armes ! aux armes !...

(Il sort en courant, suivi d'une foule de Soldats.)

CROMWELL, à lui-même.

C'était pour tuer ces deux hommes qu'il me les demandait ! quels sont donc mes serviteurs ?

ACTE TROISIÈME

SIXIÈME TABLEAU

La place du Parlement. — A gauche, la façade de l'hôtellerie de la *Corne-du-cerf*; à droite, l'entrée du Parlement.

SCÈNE PREMIÈRE

LE PEUPLE, traversant la scène ; FINDLEY, TOM LOWE, ATHOS, ARAMIS, D'ARTAGNAN, PORTHOS.

LE PEUPLE.

Au parlement ! au parlement !

FINDLEY, en faction à la porte du Parlement.

On ne passe pas.

TOM LOWE.

Comment, on ne passe pas ?... On refuse au peuple l'entrée du Parlement ?... Camarades, enfonçons les portes !

LE PEUPLE.

Enfonçons les portes !

(Ils forcent l'entrée et passent malgré les Gardes.)

ATHOS, sortant de l'hôtellerie avec Aramis.

Chevalier, je n'y tiens plus... Le peuple vient d'entrer au Parlement, il faut que nous voyions par nous-mêmes.

ARAMIS.

Et d'Artagnan qui ne revient pas !

D'ARTAGNAN, arrivant en costume d'ouvrier.

Me voici, me voici! Eh bien, nous sommes donc prêts?

ATHOS, vêtu en homme du peuple.

Oui, cher ami.

ARAMIS, en costume bourgeois.

Il n'y a plus que Porthos, qui cherche un miroir. Allons, Porthos!

D'ARTAGNAN.

Eh bien, que dites-vous des nouveaux costumes que je vous ai trouvés?

ATHOS.

Je dis que nous sommes affreux.

ARAMIS.

Nous devons puer le puritain à faire frémir !

D'ARTAGNAN.

Moi, je me sens une énorme envie de prêcher.

PORTHOS, entrant.

Brrr! j'ai froid à la tête, et ce maudit brouillard m'a pénétré jusqu'aux os, en dépit de cette vile casaque qui cache notre habit de mousquetaire.

ATHOS, à d'Artagnan.

Vous venez de la séance?

D'ARTAGNAN.

J'arrive.

ATHOS.

Qu'avez-vous appris?

D'ARTAGNAN.

Que l'arrêt sera rendu aujourd'hui, et qu'on le rend peut-être en ce moment.

ATHOS.

Qui donc?

D'ARTAGNAN.

Le parlement pur.

ARAMIS.

Comment, le parlement pur? Il y a donc deux parlements?

D'ARTAGNAN.

Par le parlement pur, cher ami, on entend le parlement que M. le colonel Pridge a épuré.

ARAMIS.

Ah! vraiment, ces gens-là sont du plus suprême ingénieux... D'Artagnan, il faudra, quand vous reviendrez en France, que vous donniez ce moyen à M. de Mazarin... et à M. le coadjuteur; l'un épurera au nom de la cour, l'autre au nom du peuple; de sorte qu'à force d'épuration, il n'y aura plus de parlement du tout.

PORTHOS.

Qu'est-ce que le colonel Pridge, d'abord?

D'ARTAGNAN.

Le colonel Pridge, mon cher Porthos, est un ancien charretier, homme de beaucoup d'esprit, lequel avait remarqué une chose en conduisant sa charrette : c'est que, lorsqu'une pierre se trouvait sur sa route, il était plus court d'enlever la pierre que de faire passer la roue par-dessus. Or, sur deux cent cinquante et un membres dont se composait le parlement, cent quatre-vingt-onze le gênaient, et auraient pu faire verser sa charrette politique... Il les a pris, comme autrefois il prenait sa pierre, et les a jetés hors de la chambre.

PORTHOS.

Joli !

D'ARTAGNAN.

Commencez-vous à croire que c'est une cause perdue, Athos?

ATHOS.

Je le crains ; mais cela ne changera rien à ma résolution.

D'ARTAGNAN.

Et, par conséquent, à la mienne. Vous savez ce qui est convenu entre nous, Athos : partout où vous allez, je vous suis ; ce que vous faites, je le fais ; entre nous, même passé, même avenir, et, puisque nous avons même cœur, ayons même sort... Mais, vous le savez, Athos, tout cela est à une condition...

ATHOS.

Laquelle?

D'ARTAGNAN.

C'est que, si jamais M. Mordaunt me tombe entre les mains, vous ne serez pas là pour vous opposer à ce que nous fassions de lui selon notre plaisir.

ATHOS.

D'Artagnan, pourquoi vous acharner sur ce jeune homme?

D'ARTAGNAN.

Vous êtes charmant, sur mon honneur! Pourquoi m'acharner sur un serpent, sur un tigre enragé? Sans compter que vous ne l'avez pas vu regarder le roi Charles d'une certaine façon... Si vous aviez surpris ce regard-là comme moi, Athos, je vous déclare que vous écraseriez M. Mordaunt sans pitié ni miséricorde, car ce regard voulait dire : « Roi Charles, je te tuerai comme j'ai tué le bourreau de Béthune, comme j'ai tué mon oncle. » Quand il tua de Winter, nous l'avons tous entendu compter deux... Prenez garde qu'il ne compte trois, Athos!

PORTHOS.

A quoi bon revenir là-dessus, puisque c'est une chose décidée?...

ATHOS.

Voyons, je vous prie, des nouvelles du roi.

(Rumeurs du Peuple.)

CRIS.

Vive le parlement!

TOM LOWE, sortant du Parlement.

Condamné! condamné!

LE PEUPLE.

Vive le parlement!... vive M. Cromwell!

ATHOS.

Le roi condamné à mort!

D'ARTAGNAN.

Venez, Athos, venez; tout n'est pas perdu, que diable!... On est Gascon... et l'on a plus d'un tour dans son sac... Eh bien, nous allons voir.

ATHOS.

Ami, tout est fini pour le roi.

D'ARTAGNAN.

Et moi, je vous dis que non.

LES GARDES.

Place! place!

SCÈNE II

Les Mêmes, PARRY, LE ROI.

PARRY, sortant le premier.

Sire, au nom du ciel !... Sire, ne regardez pas à votre droite en sortant.

Il cherche à détourner l'attention du Roi, qui descend l'escalier du Parlement.)

LE ROI.

Et pourquoi cela, mon bon Parry ?

PARRY.

Ne regardez pas, je vous en supplie, mon roi...

LE ROI.

Mais qu'y a-t-il donc ?

PARRY.

Ah ! que vous importe !

LE ROI.

N'as-tu pas entendu qu'ils me reprochaient de n'avoir rien vu par mes yeux... Parry, je n'ai plus que trente-six heures à vivre... Je veux voir... (Il écarte Parry et regarde dans la coulisse.) Ah ! ah ! la hache !... épouvantail ingénieux et bien digne de ceux qui ne savent pas ce que c'est qu'un gentilhomme... Eh bien, hache du bourreau, tu ne me fais pas peur (il frappe le billot avec sa canne), et je te frappe, en attendant patiemment et chrétiennement que tu me le rendes !... Allons !... (Il se remet en marche.) Que de gens !... et pas un ami !

ATHOS.

Salut à la Majesté tombée !

LE PEUPLE, en tumulte.

Ah ! ah !... Mort aux stuartistes !

LE ROI.

Qu'ai-je vu ?

D'ARTAGNAN et PORTHOS, se jetant de chaque côté d'Athos.

Arrière !

ARAMIS, se glissant près du Roi.

Tout n'est pas perdu encore, sire ; nous veillons.

TOM LOWE.

Salut ? Qu'est-ce qu'il dit donc ?... Tiens, Majesté, voilà comme Tom Lowe te salue.

(Il ramasse une pierre qu'il jette au Roi ; on le retient.)

LE ROI.

Le malheureux! pour une demi-couronne, il en eût fait autant à son père.

ATHOS, prêt à s'élancer.

Oh! le misérable!

D'ARTAGNAN.

Pas un mot, Athos; je me charge de cet homme.

LE ROI.

Mon Dieu! donnez-moi la résignation!... soutenez-moi jusqu'au bout de mon martyre!

SCÈNE III

Les Mêmes, LA REINE.

LA REINE.

Non, non, laissez-moi, je veux le voir, je veux lui parler...

ATHOS.

La reine! la reine à Londres!

ARAMIS.

Comte, un peu de patience!

LA REINE.

Charles, mon roi!

(Elle se précipite, fend la foule et arrive jusqu'à Charles.)

LE ROI.

Henriette!... toi ici... mon ange bien-aimé... Ah! je puis mourir maintenant, puisque je t'ai revue.

TOM LOWE.

Une femme... Quelque maîtresse... quelque courtisane... Place à la maîtresse de Stuart!

LE ROI.

Vous vous trompez, c'est... ce n'est ni une courtisane ni ma maîtresse... (Il lui arrache son voile.) Saluez tous, c'est votre reine! vous ne l'avez pas condamnée, elle! (Silence profond.) Merci, cœur fidèle et dévoué... pour qui la mauvaise fortune n'existe point... pour qui la mer n'est pas un obstacle, et qui, pareil aux envoyés du Seigneur, te plais à planer au-dessus des abîmes, merci!

LA REINE.

Mon Charles! bénissez-moi!

LE ROI.

Oh! oui... oui!... reçois la triple bénédiction de celui qu. va mourir... Reine, je te bénis!... épouse, je te bénis!... mère, je te bénis!... ton martyre est plus douloureux que le mien, car tu vivras, toi.

LA REINE.

Mon Dieu! mon Dieu! protégez-le.

LE ROI, l'embrassant au front.

Insultez-la maintenant, si vous l'osez... Allons, messieurs, je vous suis.

(La Reine veut suivre Charles; Athos et Aramis la font entrer dans l'auberge de la *Corne-du-cerf*. Charles s'éloigne; tous le suivent, excepté les quatre amis et Tom Lowe, lequel reste avec un de ses compagnons.)

SCÈNE IV

D'ARTAGNAN, ATHOS, PORTHOS, ARAMIS, TOM LOWE,
UN HOMME DU PEUPLE.

UN DES HOMMES DU PEUPLE.

Tu as eu tort de l'insulter, Tome Lowe... Il m'a fait peine, à moi!

TOM LOWE.

Ah! parce que tu as le cœur d'un lâche; mais ce serait à refaire, que je le ferais encore.

L'HOMME.

C'est comme cela? Eh bien, adieu!

(Il sort.)

TOM LOWE, essayant de passer, et rencontrant toujours quelqu'un.

Que me voulez-vous?

D'ARTAGNAN.

Je vais te le dire.

TOM LOWE, reculant jusqu'à Porthos.

Hein?

D'ARTAGNAN, le touchant du doigt à la poitrine.

Tu as été lâche!... tu as insulté un homme sans défense, tu vas mourir!... (Aramis écarte son manteau et tire une épée.) Non, pas de fer... Le fer est bon pour les gentilshommes... Porthos, assommez-moi ce misérable d'un coup de poing.

(Tom Lowe recule; Porthos et lui entrent dans la coulisse. On entend un cri et le bruit d'un corps qui tombe.)

D'ARTAGNAN.

Ainsi meurent tous ceux qui oublient qu'un homme enchaîné est une tête sacrée !

ATHOS.

Et qu'un roi captif est deux fois le représentant du Seigneur !

PORTHOS, rentrant.

S'il en revient, cela m'étonnera beaucoup.

D'ARTAGNAN.

Maintenant, que chacun se tienne prêt.

TOUS.

Qu'y a-t-il ?

D'ARTAGNAN.

J'ai un projet !

SEPTIÈME TABLEAU

Une chambre au palais de Whitehall. — A droite, une fenêtre; à gauche, un lit de repos; au fond, grande porte.

SCÈNE PREMIÈRE

LE ROI, PARRY, assoupi dans un fauteuil.

LE ROI, s'arrêtant devant Parry.

Il dort ! le dévouement a cédé à la fatigue... Pauvre vieux serviteur, qui m'a couché dans mon berceau, et qui me couchera dans ma tombe... Dors, bon Parry !... il me semble que je rêve, moi... et que tout ce qui m'est arrivé depuis quinze jours est un songe de mon délire. (Il va à la fenêtre.) Mais non, tout est bien réel; je vois reluire les mousquets des sentinelles, je vois travailler des hommes près de la fenêtre... J'ai été condamné hier par le parlement... je suis prisonnier à Whitehall, et voici les portraits de mes ancêtres, qui semblent prendre des regards vivants pour me voir mourir. Soyez tranquilles, mes nobles aïeux... soyez tranquilles, vous serez contents de moi. (Il s'assied devant une table.) Hélas ! si j'avais du moins, pour m'assister à ce moment suprême, une de ces lumières de l'Église dont l'âme a sondé tous les mystères de la vie, toutes les petitesses de la grandeur, peut-être sa voix étoufferait-elle la voix du père et de l'époux qui se lamente dans mon âme... Mais j'aurai quelque prêtre à l'esprit vulgaire, dont ma chute aura brisé la carrière et la fortune, et qui me parlera de Dieu et de la mort comme il en a parlé à d'autres mourants... sans comprendre que ce mourant royal a plus de choses que les autres à regretter dans ce monde d'où on l'arrache violemment.

(L'heure sonne.)

PARRY, s'éveillant.

Ah! mon Dieu!... Pardon, pardon, sire! je dormais; mais, au milieu de mon sommeil... j'ai entendu sonner l'heure... Quelle heure était-ce, sire?

LE ROI.

Six heures; rassure-toi, nous avons encore quelques instants à demeurer ensemble; ce n'est qu'à huit heures...

PARRY.

Oh! mon roi, il me semble qu'ils n'oseront pas commettre un pareil sacrilége.

LE ROI.

Que t'ont-ils répondu pour mes enfants?

PARRY.

Que Votre Majesté pourrait les voir.

LE ROI.

Et pour mon confesseur?

PARRY.

Que, puisque Votre Majesté avait choisi M. Juxon, M. Juxon recevrait l'autorisation de pénétrer jusqu'à elle... Seulement, leur puritanisme s'effraye de voir pénétrer un prêtre jusqu'à Votre Majesté dans son costume ecclésiastique; ils exigent que M. Juxon soit vêtu en laïque.

LE ROI.

Et Juxon a-t-il consenti?...

PARRY.

Pour accomplir les derniers désirs de Votre Majesté, il a dit qu'il était prêt à tout.

LE ROI.

Allors, ils sont meilleurs encore que je ne l'espérais. Parry, je n'ai pas dormi cette nuit, et je suis bien fatigué.

PARRY.

Sire, jetez-vous un instant sur votre lit, je veillerai sur vous, et j'espère qu'ils respecteront votre sommeil.

LE ROI.

Oui, un instant seulement pour prendre des forces.

(Il se couche; on entend clouer près de la fenêtre.)

PARRY.

Ah! mon Dieu! il ne manquait plus que cela!

LE ROI.

Parry, est-ce qu'il n'y aurait pas moyen d'obtenir que ces ouvriers frappassent moins fort?

(Le bruit redouble.)

PARRY.

Oui, sire, je vais le leur demander.

(Il ouvre la fenêtre.)

SCÈNE II

Les Mêmes, une Sentinelle, ATHOS et D'ARTAGNAN.

LA SENTINELLE.

On ne passe pas.

PARRY.

Pardon... c'était seulement pour dire à ces ouvriers que le roi les prie de faire moins de bruit.

LA SENTINELLE.

Ah! si c'est pour cela, parlez-leur.

PARRY.

Mes amis, voulez-vous frapper plus doucement? Le roi dort, et il a besoin de sommeil. (On voit paraître Athos, qui met son doigt sur sa bouche.) M. le comte de la Fère!

LA VOIX DE D'ARTAGNAN.

C'est bien, c'est bien; dis à ton maître que, s'il dort mal cette nuit, il dormira mieux la nuit prochaine.

PARRY, se reculant.

Grand Dieu! est-ce que je rêve?

(Il ferme la fenêtre.)

SCÈNE III

LE ROI, PARRY.

LE ROI.

Eh bien ?

PARRY.

Sire, savez-vous quel est cet ouvrier qui fait tant de bruit ?

LE ROI.

Comment veux-tu que je le sache ? est-ce que je connais cet homme, moi ?

PARRY.

Sire, c'est le comte de la Fère.

LE ROI.

Parmi ces ouvriers ! es-tu fou, Parry ?

PARRY.

Oui, parmi ces ouvriers, et qui n'est là sans doute que pour faire un trou à la muraille.

LE ROI.

Chut ! tu l'as vu ?

PARRY.

Et Votre Majesté elle-même eût pu le voir si elle eût regardé du côté de la fenêtre.

LE ROI, descendant du lit.

En effet, n'est-ce pas lui qui m'a salué au moment où je sortais du Parlement ?

PARRY.

Oui, sire, c'est lui-même.

LE ROI.

Ils auront beau dire que je suis un tyran ; un homme qui a de tels dévouements autour de lui sera vengé par la postérité.

PARRY.

Sire !

LE ROI.

Quoi ?

PARRY.

J'entends du bruit dans le corridor.

LE ROI.

Qui peut venir ?

UNE VOIX.

M. Juxon !

SCÈNE IV

Les Mêmes, ARAMIS, enveloppé d'un manteau noir et coiffé d'un chapeau à larges bords; puis GROSLOW.

LE ROI.

Juxon! soyez le bienvenu, Juxon... Allons, Parry, ne pleure plus ; voici Dieu qui vient à nous... Entrez, mon père !... venez, mon dernier ami! je n'espérais pas qu'ils vous permettraient de me voir.

ARAMIS.

Quel est cet homme, sire ?

LE ROI.

Parry, mon vieux serviteur... un homme dévoué et que je vous recommande après ma mort.

ARAMIS.

Alors, si c'est Parry, je n'ai plus rien à craindre ; permettez-moi donc, sire, de saluer Votre Majesté, et de lui dire pour quelle cause je viens.

(Il se découvre.)

LE ROI.

Le chevalier d'Herblay ! Ah ! comment êtes-vous parvenu jusqu'ici... Mon Dieu ! s'ils vous reconnaissaient, vous seriez perdu !

ARAMIS.

Ne songez pas à moi, ne songez qu'à vous, sire ; vos amis veillent, vous le voyez.

LE ROI.

Je le savais, mais je n'y pouvais croire.

ARAMIS.

Comment le saviez-vous, sire ?

LE ROI.

Parmi les ouvriers, Parry a reconnu le comte de la Fère.

ARAMIS.

Bien !

LE ROI.

Mais comment cela se fait-il? Expliquez-moi cela ; est-il donc seul ?

ARAMIS.

Non, sire; il est avec deux de nos amis qui se sont joints à nous et se sont dévoués à votre cause.

LE ROI.

Mais que s'est-il fait?... que comptez-vous faire?

ARAMIS.

Sire, hier au soir, au moment où, devant les fenêtres de Votre Majesté, s'arrêtaient les voitures des charpentiers, vous avez dû entendre un cri.

LE ROI.

Oui, je me souviens.

ARAMIS.

Ce cri, c'est le chef des travaux qui l'a poussé; une poutre a roulé de la voiture et lui a brisé la cuisse.

LE ROI.

Eh bien?

ARAMIS.

Pour que la besogne allât plus vite, il devait ramener quatre ouvriers au maître charpentier; mais sa blessure l'a forcé d'envoyer à sa place l'un des hommes avec une lettre de recommandation... Nous avons acheté cette lettre, avec laquelle nous nous sommes présentés au maître charpentier, qui nous a reçus.

LE ROI.

Mais quel est votre espoir?

ARAMIS.

Votre Majesté dit qu'elle a vu le comte de la Fère?

LE ROI.

Oui.

ARAMIS.

Eh bien, le comte de la Fère perce le mur... Au-dessous de la fenêtre de Votre Majesté est un tambour pareil à un entresol... Le comte pénètre dans ce tambour, lève une planche du parquet, Votre Majesté passe par l'ouverture, on referme la planche, vous gagnez un des compartiments de l'échafaud... Un habit d'ouvrier est préparé, vous descendez avec nous, et en même temps que nous...

LE ROI.

Mais il vous faudra un temps énorme pour en arriver là.

ARAMIS.

Le temps ne nous manquera pas, sire.

LE ROI.

Vous oubliez que c'est pour huit heures.

ARAMIS.

Oui, pour huit heures ; mais l'exécuteur ne se trouvera point.

LE ROI.

Où est-il donc?

ARAMIS.

Dans une salle basse de l'hôtellerie de la *Corne-du-cerf*, gardé par nos trois laquais.

LE ROI.

En vérité, vous êtes des hommes merveilleux, et l'on m'eût raconté ces choses, que je ne les eusse pas crues. Mais, une fois hors de la prison, nos moyens de fuite?

ARAMIS.

Une felouque que nous avons frétée nous attend, étroite comme une pirogue, légère comme une hirondelle.

LE ROI.

Où cela?

ARAMIS.

A Greenwich. Trois nuits de suite, le patron et l'équipage se tiennent à notre disposition ; une fois à bord, nous profitons de la marée, nous descendons la Tamise, et, en deux heures, nous sommes en pleine mer.

LE ROI.

Et qui a fait ce plan?

ARAMIS.

Le plus adroit, le plus brave, et je dirais presque le plus dévoué de nous quatre, le chevalier d'Artagnan.

LE ROI.

Un homme que je ne connais pas! Oh! mon Dieu, vous ne voulez donc pas que je meure, puisque vous faites en ma faveur de pareils miracles?

ARAMIS.

Maintenant, sire, n'oubliez pas que nous veillons pour votre salut... Le moindre signe, le moindre geste, le moindre chant de ceux qui s'approchent de Votre Majesté, épiez tout, écoutez tout, commentez tout.

LE ROI.

Chevalier, que puis-je vous dire? aucune parole, vînt-elle du plus profond de mon cœur, n'exprimerait jamais ma reconnaissance. Si vous réussissez, je ne vous dirai pas que vous sauvez un roi. Non, vue du point où je la vois, la couronne, je vous le jure, est bien peu de chose... mais vous conservez un mari à sa femme, un père à ses enfants... Chevalier, touchez ma main.

ARAMIS.

Oh! sire!

LE ROI.

Et la reine... qu'est-elle devenue, pauvre femme, au milieu de ce malheur?

ARAMIS.

A l'instant même où Votre Majesté venait de quitter la place du Parlement, nous avons arraché la reine à ce funeste spectacle, et nous l'avons conduite à notre hôtellerie. A peine a-t-elle connu nos projets, qu'elle s'est éloignée précipitamment de nous, et, depuis ce moment, nous ne l'avons pas revue.

LE ROI.

Pauvre Henriette, qu'est-elle devenue?

GROSLOW, entrant.

Eh bien, est-ce fini, messieurs?

LE ROI.

Pourquoi cela, monsieur le colonel Groslow?

GROSLOW.

Parce qu'une femme, munie d'un laissez passer du général Cromwell, demande à vous parler.

LE ROI.

Une femme! qui cela peut-il être?... Faites entrer, monsieur.

GROSLOW.

Rappelez-vous que vous n'avez plus qu'une heure.

LE ROI.

C'est bien, colonel.

GROSLOW.

Entrez, madame.

(Il introduit la Reine, puis sort en refermant la porte.)

SCÈNE V

Les Mêmes, LA REINE.

LA REINE.

Mon Charles!

LE ROI.

Henriette! toi ici! C'est impossible, mon Dieu! ou mes yeux me trompent, ou je suis si malheureux, que je suis devenu fou.

LA REINE.

Non, mon roi, vos yeux ne vous trompent point; non, Charles, vous n'êtes pas devenu fou.

LE ROI.

Mais qui vous a permis de pénétrer jusqu'à moi?

LA REINE.

Le général Olivier Cromwell.

LE ROI.

Cromwell!

ARAMIS.

Cromwell!

LA REINE.

Oh! déjà il m'avait donné un laissez passer pour vous joindre au camp; mais mon guide s'est égaré et nous sommes arrivés trop tard.

LE ROI.

Cromwell! et vous n'avez pas craint d'aller demander une faveur à cet homme?

LA REINE.

Je ne craignais qu'une chose, mon Charles: de ne point te revoir. Instruite des projets de nos fidèles amis, il fallait aussi, moi, que j'arrivasse jusqu'à toi; et, pour y parvenir, je n'avais qu'un espoir, Cromwell. Puis, sois-en persuadé, cet homme n'est pas ce que tu crois, ou, du moins, mon Dieu, il y a donc des visages impénétrables! tout à l'heure, près de lui, l'œil attaché sur ses yeux, sondant tous les replis de cette âme, ton Henriette, dont tu es la vie, l'a interrogé, prié, conjuré... Eh bien, crois-moi, Charles, croyez-moi, chevalier, loin d'applaudir à cette mort publique, terrible, infamante, cette mort, il la repoussait!... et, la main sur le livre sacré pour lui comme pour nous, car ce livre, c'est la parole même de Dieu ! il m'a juré qu'il ne voulait que votre salut et votre liberté, qui, au compte même de son ambition, lui sont plus utiles que votre mort. Charles, mon Charles, ayons confiance en Dieu, et croyons qu'il nous a réunis pour que nous ne nous quittions plus et pour que je t'accompagne dans ta fuite ; pour que nous nous retrouvions loin de cette terre sanglante, libres, heureux, sur notre belle terre de France, qui est ma patrie et qui deviendra la tienne !

LE ROI.

Mais enfin que t'a-t-il dit ?

LA REINE.

Il m'a chargé de vous répéter, sire, ce qu'il vous a déjà fait savoir vingt fois, assure-t-il : c'est qu'il était, sinon le plus fidèle serviteur de Votre Majesté, du moins son plus loyal ennemi, et la preuve, c'est qu'il n'était pas au nombre de vos juges.

ARAMIS.

Mais, madame, il a signé la sentence cependant.

LA REINE.

Il a signé ?

ARAMIS.

Oui.

LA REINE.

Eh ! mon Dieu, pouvait-il faire autrement dans le poste qu'il occupe et sous les yeux qui l'enveloppaient ?

LE ROI.

Cet homme est un abîme... Mais n'importe, en attendant que la foudre éclaire cet abîme, vous voilà, Henriette... voilà un ami près de moi... tandis qu'un autre...

(On frappe au plancher.)

ARAMIS.

Sire, entendez-vous le comte de la Fère ?...

LE ROI.

Est-ce lui qui frappe ainsi sous mes pieds ?

ARAMIS.

C'est lui-même, et vous pouvez lui répondre.

(Le Roi frappe avec sa canne.)

LE ROI.

Que va-t-il faire ?

ARAMIS.

Il va passer la journée ainsi ; ce soir, il lèvera une lame de parquet ; Parry, de son côté, pourra l'aider.

PARRY.

Mais je n'ai aucun instrument.

ARAMIS.

Voici un poignard ; mais prenez garde de le trop émousser, vous pourriez en avoir besoin pour creuser autre chose que de la pierre.

LA REINE.

Ah ! l'heure sonne !

LE ROI, écoutant.

Huit heures !

ARAMIS.

Vous voyez bien, sire, que tout est remis à demain, puisque huit heures étaient le moment fixé.

LE ROI.

Oh ! chère Henriette, retiens bien ce que je vais te dire...

LA REINE.

Parle, mon roi !

LE ROI.

Prie toute la vie pour ce gentilhomme que tu vois, toute la vie pour cet autre que tu entends sous nos pieds, toute la vie pour ces deux autres encore qui, quelque part qu'ils soient, veillent à mon salut.

ARAMIS.

Maintenant, sire, permettez-moi de me retirer ; nos amis peuvent avoir besoin de moi ; si vous redemandez encore une fois M. Juxon, je reviendrai.

LE ROI.

Merci, chevalier ; recevez toute l'expression de ma reconnaissance.

LA REINE.

Chevalier, jamais je n'oublierai un seul instant que la vie de mon époux, je la dois à vous et à vos amis.

ARAMIS.

Ah ! madame !... Mais voilà le jour, je pourrais être reconnu ; ce n'est pas pour moi que je crains, c'est pour Votre Majesté ; ma présence avérée dénoncerait le complot.

LA REINE.

Oui, oui, allez !

LE ROI.

Au revoir, chevalier.

ARAMIS.

Dieu veille sur vous, sire!

LA REINE.

Encore un mot, chevalier; pardon, mais vous comprenez les angoisses d'une épouse et d'une mère... Cet homme... le bourreau, il est bien séduit... acheté... en notre puissance... prisonnier? il ne peut fuir, s'échapper, sortir, reparaître?

ARAMIS.

Je réponds de tout, madame.

(Il va au fond; on entend des pas dans le corridor.)

LA REINE.

Quel est ce bruit?

LE ROI.

On dirait celui d'une troupe d'hommes armés...

ARAMIS.

Ils viennent... ils se rapprochent!

LA REINE.

La porte s'ouvre... (Un Homme masqué apparaît sur le seuil.) Ah! mon Dieu!...

(On voit l'antichambre pleine de Gardes. Un Commissaire-greffier du parlement entre avec Groslow. Il déploie, en entrant, un parchemin.)

SCÈNE VI

Les Mêmes, le Commissaire-greffier du parlement, GROSLOW.

ARAMIS.

Que signifie cela?

LE GREFFIER.

Arrêt du parlement...

LE ROI.

Assez, monsieur; je tiens le jugement pour lu!

LA REINE.

Mais c'est donc pour aujourd'hui?

LE GREFFIER.

Le roi n'a-t-il pas été prévenu que c'était pour ce matin huit heures?

ARAMIS.

Sur mon âme, ont-ils laissé s'échapper le bourreau?

LA REINE, comme à elle-même.

Ce n'était qu'un sursis de quelques heures, je le sais bien; mais quelques heures le sauvaient; j'avais entendu dire... me suis-je donc trompée?... Quel est donc cet homme qui vient d'apparaître sur le seuil, terrible, sous son masque noir?

GROSLOW.

Le bourreau de Londres a disparu; mais, à sa place, un homme s'est offert... On ne retardera donc que du temps demandé par Charles Stuart pour mettre ordre à ses affaires temporelles... car les autres doivent être finies.

ARAMIS.

Ah! mon Dieu!

LE ROI, l'embrassant.

Courage!... (Au Colonel.) Monsieur, je suis prêt... Je ne désire qu'une chose, c'est d'embrasser mes enfants, que, depuis trois ans, je n'ai pas vus et que je ne reverrai qu'au ciel!

GROSLOW.

Ils attendent depuis un quart d'heure.

LA REINE, tombant à genoux.

Ah! mon Dieu!...

ARAMIS.

Où est Dieu, sire?... que fait Dieu?

LE ROI.

Ne te désole pas ainsi, mon enfant! Tu demandes où est Dieu? Tu ne le vois point parce que les passions de la terre te le cachent... Tu me demandes ce qu'il fait? Il regarde ton dévouement et mon martyre, et, crois-moi, l'un et l'autre auront leur récompense; prends-t'en donc de ce qui t'arrive aux hommes et non à Dieu; ce sont les hommes qui me font mourir, ce sont les hommes qui te font pleurer!

LA REINE, priant.

Ayez pitié! ayez pitié! ayez pitié!

LE ROI.

Henriette, ne brisez point ma force avec vos larmes, qui me déchirent le cœur; vous n'êtes plus la femme de Charles Stuart, vous êtes la reine d'Angleterre!

(On amène les Enfants du Roi.)

SCÈNE VII

Les Mêmes, le Fils et la Fille de Charles.

LA REINE.

Mes enfants!

LE ROI.

Mon fils, vous avez vu beaucoup de gens dans les rues et dans les salles de ce palais; vous voyez encore ceux qui nous entourent; ces gens vont tuer votre père... Ne me dites pas que vous ne l'oublierez jamais ; car ceux-là, peut-être, vous appelleront, un jour, à porter la couronne qu'ils arrachent en ce moment de ma tête; ne l'acceptez pas, mon fils, si vous deviez rentrer dans ce palais escorté de la haine et de la colère. Soyez alors bon, clément, oublieux, et détournez les yeux quand vous croirez voir passer mon ombre sous ces voûtes ; car, si vous aviez un règne de vengeance et de représailles, vous ne pourriez, même dans votre lit, mourir sans crainte et sans remords, comme je vais mourir, moi, sur un échafaud!... Et maintenant, votre main dans les miennes... Jurez, mon fils... (L'Enfant pousse un sanglot en se cachant dans le sein de son père.) Et vous, ma fille (il prend à son tour la jeune Henriette), toi, mon enfant, ne m'oublie jamais! (La jeune Princesse embrasse son père, qui la prend par la main et la remet dans les bras de la Reine.) Maintenant, Henriette, nos enfants n'ont plus que leur mère... Adieu!...

LA REINE.

Oh! vivant! vivant là, dans mes bras, là, sur mon cœur, et dans un instant... Non, non, messieurs, c'est impossible!... car enfin, cet homme, c'est votre roi, c'est celui qui était tout-puissant, c'est celui qui tenait la vie d'un peuple entre ses mains... celui-là, on ne peut pas le tuer, il est inviolable, sacré!... Mon Dieu, c'est votre image sur la terre... Mon Dieu, j'en appelle à vous!... c'est mon Charles, mon époux, c'est le père de mes enfants... Mes enfants, priez! mes enfants, à genoux!... (Les Enfants s'agenouillent; la Reine veut se mettre à genoux, les forces lui manquent.) Oh! à moi!... à moi!... je me meurs!...

(Elle tombe à genoux, les bras étendus et elle s'évanouit en poussant un cri.)

LE ROI.

Parry, je te confie la reine... (A Aramis.) Chevalier, un dernier service, votre bras... Messieurs, je vous suis... marchons!...

(Le Cortége se forme. On entend les tambours, la grande cloche de Westminster. Le Roi sort par la gauche.)

HUITIÈME TABLEAU (1)

La fenêtre de Whitehall. — L'échafaud, tendu de noir, s'appuie sur la fenêtre, ouverte à droite. Au lever du rideau, Athos, placé sous cet échafaud dont les tentures le cachent au Peuple, creuse un trou sous la fenêtre.

SCÈNE PREMIÈRE

ATHOS, frappant dans la muraille.

Encore quelques instants, et le passage secret sera complétement ouvert... D'Artagnan et Porthos doivent être à leur poste sur la place... Quant à Aramis, il a pu pénétrer jusqu'au roi, et l'instruire de nos projets... Mais d'où vient que je n'entends plus le signal convenu? Une fois seulement, on a frappé sur la dalle de la cheminée, et j'ai répondu!... mais, depuis un quart d'heure, nul bruit, nul avertissement ne sont parvenus jusqu'à moi... Ce silence est effrayant! cette immobilité me glace le cœur... Ils attendent, ces spectateurs sanguinaires... Oui, attachez bien vos yeux sur la fenêtre! quelques instants, et le signal va venir à mon oreille, et je vous enléve votre proie... Mais voilà un bruit d'armes, ce me semble! (Il entrouvre la tapisserie avec son poignard.) Que vois-je? des cavaliers, des pertuisaniers... et au delà, les premières rangées du peuple, qui, pareil à un sombre océan, bouillonne et mugit... Mon Dieu, qu'est-il donc arrivé? Parmi les spec-

(1) Ce tableau a été supprimé, par ordre, à la deuxième représentation.

tateurs qui tous ont les yeux fixés sur la fenêtre, n'aperçois-je pas d'Artagnan? Que regarde-t-il? Ah! quel est ce bruit? qui donc marche sur le funèbre chemin?

(Les Hallebardiers paraissent sur l'échafaud.)

LE PEUPLE, en dehors.

Le bourreau! le bourreau!

ATHOS.

Le bourreau!... Mais à la fin, c'est donc vrai?

(Le Roi s'avance, suivi d'Aramis.)

SCÈNE II

ATHOS, LE ROI, ARAMIS, GROSLOW, un Homme masqué, Gardes.

LE ROI, à Groslow.

Un moment, je vous prie.

ATHOS, en bas.

Cette voix!... c'est lui!... (Il s'essuie le front.) Mais pourquoi est-il sorti du palais?

LE ROI, regardant autour de lui.

Personne!... Tout est bien fini pour moi!... (Au Peuple, qu'on ne voit pas.) Anglais, et vous tous qui êtes les auteurs ou les complices de ma mort, je vous la pardonne... Sans doute, pendant le cours de ma vie, si courte qu'elle ait été, j'ai commis quelque injustice... Les rois ne peuvent être exempts d'erreur; que ceux-là qui en ont souffert viennent me voir mourir, et qu'ils me pardonnent à leur tour... (Le Colonel s'approche.) Attendez, je n'ai pas terminé.

ATHOS.

Oh! rien... rien pour le sauver.

LE ROI, continuant.

Peuple! tu comprendras un jour ma conduite; un jour, tu rendras justice à ma mémoire... En attendant, assouvis comme la mer ta fureur et ton aveugle ressentiment... Cela est juste, puisque le ciel l'a permis.

ATHOS.

Mon Dieu! mon Dieu!

LE ROI, tirant de sa poitrine une croix de diamants et la montrant à Aramis.

Monsieur, je garderai cette croix jusqu'au dernier moment ; vous me la reprendrez quand je serai mort.

ARAMIS.

Oui, sire, vous serez obéi.

ATHOS.

La voix d'Aramis !... Il a déjà un ami près de lui !

(Le Roi ôte son chapeau et le jette devant lui.)

LE ROI, au Bourreau.

Maintenant, toi, écoute ! Je ne veux pas que la mort me surprenne... Je m'agenouillerai pour prier : qu'on attende que j'ouvre les bras en disant : « Souviens-toi !... » Alors... (Aux Assistants.) Voici le moment de quitter le monde, messieurs ; je vous laisse au milieu de la tempête et vous précède dans cette patrie qui ne connait pas d'orage... Adieu !... (Il regarde Aramis et lui fait signe de la tête.) Maintenant, éloignez-vous et laissez-moi faire tout bas et librement ma prière... (Il s'agenouille comme s'il voulait baiser la plate-forme) Comte de la Fère, êtes-vous là, et puis-je parler ?

ATHOS, tremblant.

Oui, Majesté.

LE ROI.

Ami fidèle, cœur généreux, je n'ai pu être sauvé par toi... Je ne devais pas l'être... Maintenant, dussé-je commettre un sacrilége, je te dirai : Oui, j'ai parlé aux hommes, j'ai parlé à Dieu, je te parle à toi le dernier. Pour soutenir une cause que j'ai crue sacrée, j'ai perdu le trône de mes pères et diverti l'héritage de mes enfants... Vous les aimerez, n'est-ce pas, comte de la Fère ?

ATHOS.

Oh ! Majesté !

LE ROI.

Je te confie, ô mon dernier ami, je te confie le soin de porter mon suprême adieu, à la reine... Qu'elle espère ! qu'elle vive pour nos enfants... Comte, voici ma dernière volonté, tu m'entends ?

ATHOS.

Oui, Majesté.

LE ROI.

Tu parleras souvent de moi à mon fils ; tu lui diras que je

le bénis et que je l'aime... Toi aussi, je t'aime et je te bénis; remercie tes nobles amis, et ce que vous avez fait pour moi sur la terre, je vais prier Dieu de vous le rendre dans le ciel, où nous nous retrouverons. Maintenant, comte de la Fère, dites-moi adieu.

ATHOS, balbutiant, glacé de terreur.

Adieu, Majesté sainte et martyre !

(Le Roi se relève et part, appuyé sur Aramis.)

ATHOS.

On marche !... il s'éloigne !... Oh ! mon Dieu, mon Dieu !... Vous ne me parlez plus, sire !

(Il écoute à gauche et sort un moment.)

LE ROI, dans la coulisse.

Souviens-toi !

UNE VOIX, dans la coulisse.

Trois !

(Athos revient en scène en chancelant.)

ATHOS.

Mort ! le roi mort !... Oh !...

(Il tombe évanoui.)

ACTE QUATRIÈME

NEUVIÈME TABLEAU

Une maison isolée aux portes de Londres. A droite, avenue d'arbres bordant la maison; à gauche, muraille d'un cloître ruiné; au fond, la porte de la ville. Westminster à l'horizon. Il neige.

SCÈNE PREMIÈRE

UN HOMME, enveloppé d'un manteau; D'ARTAGNAN, GRIMAUD, BLAISOIS, MOUSQUETON.

Un Homme enveloppé d'un manteau noir, coiffé d'un large chapeau rabattu sur un masque, sort de la porte de la ville, et s'avance avec précaution vers la porte de la maison isolée. On distingue sous son masque une barbe grisonnante. Il regarde avec soin autour de lui, et se décide à ouvrir la porte de la maison; puis il regarde encore, et entre brusquement. A peine la porte se referme-t-elle, que d'Artagnan paraît à l'angle de la porte de la ville, et s'avance rapidement sur les traces de l'Inconnu qu'il a vu entrer.

D'ARTAGNAN, regardant la maison.

Il est là. (Il fait signe à Grimaud, Mousqueton et Blaisois, qui accourent sur ses pas.) C'est le chemin du port où nous nous étions donné rendez-vous. Blaisois, tu te rappelles la route que nous venons de suivre... Cours à l'hôtel, amène ces messieurs par ici, et pas un mot d'explication... sinon que je les attends... Cours vite !... (Il s'avance vers la maison.) Une porte par devant... Y a-t-il d'autres issues?

(Il fait le tour de la maison.)

GRIMAUD, regardant le ciel.

Noir !

MOUSQUETON.

Brrr !... quel froid !

D'ARTAGNAN, revenant.

Une autre porte donnant sur ce quai désert !... Grimaud, près de cette porte, tu trouveras une borne... cache-toi derrière.

(Il lui parle à l'oreille.)

GRIMAUD ouvre son manteau et montre un large coutelas.

Oui.

(Il sort.)

D'ARTAGNAN.

Mousqueton, de ce coin, tu peux tout voir, tout entendre... Laisse entrer dans la maison; mais, si l'on sort, appelle... Je vais donner un coup d'œil aux environs, et reconnaître les abords de la place... A propos !... (Il lui parle à l'oreille; Mousqueton relève son manteau et montre deux pistolets.) Bien !

(Mousqueton se place à l'angle de la maison, la tête en saillie, de façon à veiller sur la porte. D'Artagnan sort à droite.)

SCÈNE II

ATHOS, ARAMIS, PORTHOS, BLAISOIS.

ATHOS.

Mais quel chemin nous fais-tu prendre?

BLAISOIS.

Le bon chemin, messieurs.

ARAMIS.

Vaincus par la fatalité !

ATHOS.

Noble et malheureux roi ! Dieu nous a abandonnés.

PORTHOS.

Ne vous désolez pas, comte ; nous sommes tous mortels... Mais pourquoi diable d'Artagnan n'est-il pas rentré ?... pourquoi nous a-t-il envoyé Blaisois ?... pourquoi Blaisois ne veut-il rien dire ?... Est-ce qu'il serait arrivé quelque chose à ce cher d'Artagnan ?

ARAMIS.

Nous allons le savoir, puisqu'il nous envoie chercher.

PORTHOS.

C'est que je l'ai perdu, moi, dans cette bagarre, et, quelques efforts que j'aie faits, je n'ai pu le rejoindre.

ATHOS.

Oh ! je l'ai vu, moi ; il était au premier rang de la foule, admirablement placé pour ne rien perdre ; et, comme, à tout prendre, le spectacle était curieux, il aura voulu voir jusqu'au bout.

D'ARTAGNAN, qui, sur les derniers mots d'Athos, est entré à droite.

Ah ! comte de la Fère, est-ce bien vous qui calomniez les absents ?

TOUS.

D'Artagnan !

PORTHOS.

Enfin, le voilà donc !

ATHOS.

Je ne vous calomnie pas, mon ami ; on était inquiet de vous, et j'ai dit où je vous avais vu. Vous ne connaissiez pas le roi Charles... Ce n'était qu'un étranger pour vous... vous n'étiez pas forcé de l'aimer.

(En disant ces mots, il tend la main à d'Artagnan ; celui-ci feint de ne pas voir ce geste et garde sa main sous son manteau.)

PORTHOS.

Allons, puisque nous voilà tous réunis, partons.

ATHOS.

Oui, quittons cet abominable pays. La felouque nous attend,

vous le savez; partons ce soir; nous n'avons plus rien à faire en Angleterre.

D'ARTAGNAN.

Vous êtes bien pressé, monsieur le comte.

ATHOS.

Ce sol sanglant me brûle les pieds.

D'ARTAGNAN.

La neige ne me fait pas cet effet, à moi.

ATHOS.

Mais que voulez-vous donc que nous fassions ici, maintenant que le roi est mort?

D'ARTAGNAN, négligemment.

Ainsi, monsieur le comte, vous ne voyez pas qu'il vous reste quelque chose à faire en Angleterre?

ATHOS.

Rien... rien qu'à douter de la bonté divine, et à mépriser mes propres forces.

D'ARTAGNAN.

Eh bien, moi, chétif, moi, badaud sanguinaire, qui suis allé me placer à trente pas de l'échafaud pour mieux voir tomber la tête de ce roi que je ne connaissais pas, et qui, à ce qu'il paraît, m'était indifférent, je pense autrement que M. le comte : je reste.

PORTHOS.

Ah! vous restez à Londres?

D'ARTAGNAN.

Oui... Et vous?

PORTHOS, embarrassé.

Dame... si vous restez... comme je ne suis venu qu'avec vous, je ne m'en irai qu'avec vous; je ne vous laisserai pas seul dans cet affreux pays.

D'ARTAGNAN.

Merci, mon excellent ami... Alors, j'ai une petite entreprise à vous proposer, et que nous mettrons à exécution ensemble quand M. le comte sera parti, et dont l'idée m'est venue pendant que je regardais le spectacle que vous savez.

PORTHOS.

Laquelle?

D'ARTAGNAN.

C'est de savoir quel est cet homme masqué qui s'est offert si obligeamment pour couper la tête du roi.

ATHOS.

Un homme masqué... Vous n'avez donc pas laissé fuir le bourreau?

D'ARTAGNAN.

Le bourreau? Il est toujours enfermé dans la salle basse de notre hôtellerie.

ATHOS.

Quel est donc le misérable qui a porté la main sur son roi?

ARAMIS.

Un bourreau amateur, qui, du reste, manie la hache avec facilité; car il ne lui a fallu qu'un coup.

PORTHOS.

Je suis fâché de ne pas l'avoir suivi.

D'ARTAGNAN.

Eh bien, mon cher Porthos, voilà justement l'idée qui m'est venue, à moi.

ATHOS.

Pardonne-moi, d'Artagnan, j'ai bien douté de Dieu, je pouvais bien douter de toi; pardonne-moi.

D'ARTAGNAN.

Nous verrons cela tout à l'heure.

ARAMIS.

Eh bien?

D'ARTAGNAN.

Tandis que je regardais, non pas le roi, comme le pense M. le comte, — car je sais ce que c'est qu'un homme qui va mourir, et, quoique je dusse être habitué à ces sortes de choses, elles me font toujours mal, — mais bien le bourreau masqué, cette idée me vint, ainsi que je vous l'ai dit, de savoir qui il était. Or, comme nous avons l'habitude de nous compléter les uns par les autres, et de nous appeler à l'aide comme on appelle sa seconde main au secours de la première, je regardais autour de moi pour voir si Porthos ne serait pas là, car je vous avais reconnu près du roi, Aramis, et vous, comte, je savais que vous deviez être sous l'échafaud; ce qui fait que je vous pardonne, car vous avez dû bien souffrir. J'aperçus dans la foule Grimaud, Mousqueton et Blaisois; je leur fis signe de ne pas s'éloigner... Tout finit, vous savez comment... d'une façon lugubre... Le peuple s'éloigna peu à peu. Le soir venait, je m'étais retiré dans un coin de la place avec mes hommes, et je regardais de là le bourreau, qui, rentré dans la chambre royale, s'enveloppa d'un manteau et disparut; je devinai qu'il allait sortir, et je courus en face de la porte... En effet, cinq minutes après, nous le vîmes descendre l'escalier.

ATHOS.

Vous l'avez suivi?

D'ARTAGNAN.

Parbleu!... mais ce n'est pas sans peine, allez!... Enfin, après une demi-heure de marche à travers les rues les plus tortueuses de la Cité, il arriva à une petite maison isolée, où pas un bruit, pas une lumière n'annonçait la présence de l'homme... Sans doute, celui que nous poursuivions se croyait bien seul, car j'entendis le grincement d'une clef, une porte s'ouvrit, et il disparut.

ATHOS.

Mais cette maison?

TOUS.

Cette maison?...

D'ARTAGNAN, montrant la maison.

La voici!

TOUS.

Oh!

(Ils veulent s'élancer.)

D'ARTAGNAN, les arrêtant.

Attendez! (Il frappe dans ses mains; Mousqueton se lève. A Mousqueton.) Personne n'est sorti de la maison, j'espère?

MOUSQUETON.

Non, monsieur.

D'ARTAGNAN.

Quelqu'un y est-il entré?

MOUSQUETON.

Non, monsieur.

D'ARTAGNAN.

Et par l'autre porte?

MOUSQUETON.

Je ne sais pas; c'est Grimaud qui veille.

D'ARTAGNAN.

Va le relever... et qu'il vienne ici.

(Mousqueton sort; Grimaud entre un instant après.)

PORTHOS.

J'étais bien sûr, moi, que d'Artagnan n'avait pas perdu son temps.

ATHOS et ARAMIS, serrant la main de d'Artagnan.

Oh! merci! merci!

GRIMAUD, entrant.

Voilà!

D'ARTAGNAN.

Personne n'est entré par la porte que tu gardais?

GRIMAUD.

Non.

D'ARTAGNAN.

Personne n'est sorti?

GRIMAUD.

Non.

D'ARTAGNAN.

Alors, tout est comme lorsque je t'ai laissé?

GRIMAUD.

Oui.

ATHOS.

Il est dans cette chambre?

PORTHOS.

Effectivement, on voit de la lumière.

ARAMIS.

Il faudrait pouvoir regarder par le balcon.

D'ARTAGNAN.

Porthos, mon ami, placez-vous là, et, si cela ne vous humilie pas de servir d'échelle à Grimaud...

PORTHOS.

Comment donc!...

(Il se place; Grimaud monte sur ses épaules pour atteindre au balcon.)

D'ARTAGNAN.

Eh bien?

ATHOS.

Peux-tu voir?

GRIMAUD.

Je vois!

D'ARTAGNAN.

Quoi?

GRIMAUD.

Deux hommes.

D'ARTAGNAN.

Les connais-tu?

GRIMAUD.

Attendez!

D'ARTAGNAN.

Que font-ils?

GRIMAUD.

L'un écrit.

ATHOS.

Qui est-ce?

GRIMAUD.

C'est, je crois...

ATHOS.

Eh bien?

GRIMAUD.

Attendez...

D'ARTAGNAN.

Voyons!

GRIMAUD.

Le général Olivier Cromwell.

ATHOS, PORTHOS et ARAMIS.

Que dit-il!

D'ARTAGNAN.

Je m'en doutais!... Mais l'autre... celui que nous avons suivi?

GRIMAUD.

Il est dans l'ombre... il se lève... il s'approche du général... Ah!

(Il pousse un cri et saute à bas des épaules de Porthos.)

PORTHOS.

Eh bien, quoi donc?

D'ARTAGNAN.

Tu l'as vu? Parle vite!

GRIMAUD.

Mordaunt!

(Cri de joie des amis.)

ATHOS, à part.

Fatalité!

D'ARTAGNAN.

Un moment, messieurs; ceci devient intéressant... Allons, mon brave Grimaud, remonte à ton observatoire, et que le moindre mot, le moindre geste de ces hommes nous soient traduits... Vous, à la porte, Aramis; vous avec moi, Porthos; vous, Athos, veillez!...

DIXIÈME TABLEAU

L'intérieur de la maison de Cromwell. — Chambre fermée d'une porte à droite. On voit la fenêtre qui donne sur le balcon du même côté.

SCÈNE PREMIÈRE

CROMWELL, MORDAUNT.

MORDAUNT.

Votre Honneur m'avait donné deux de ces Français, alors qu'ils n'étaient coupables que d'avoir pris les armes en faveur de Charles Ier. Maintenant qu'ils sont coupables de complot contre l'Angleterre, Votre Honneur veut-il me les donner tous les quatre?

CROMWELL.

Prenez-les. (Mordaunt s'incline avec un sourire de triomphante férocité.) Mais revenons, s'il vous plaît, à ce malheureux Charles. A-t-on crié parmi le peuple?

MORDAUNT.

Fort peu, si ce n'est : « Vive Cromwell! »

CROMWELL.

Où étiez-vous placé?

MORDAUNT.

J'étais placé de manière à tout voir et à tout entendre.

CROMWELL.

Il paraît que l'homme masqué a fort bien rempli son office?

MORDAUNT, d'une voix calme.

En effet, un seul coup a suffi.

CROMWELL.

Peut-être était-ce un homme du métier.

MORDAUNT.

Le croyez-vous, monsieur?

CROMWELL.

Pourquoi pas?

MORDAUNT.

Cet homme n'avait pas l'air d'un bourreau.

CROMWELL.

Et quel autre qu'un bourreau eût voulu exercer cet affreux métier?

MORDAUNT.

Mais peut-être quelque ennemi personnel du roi Charles, qui aura fait vœu de vengeance et qui aura accompli ce vœu; peut-être quelque gentilhomme qui avait de graves raisons de haïr le roi déchu, et qui, sachant qu'il allait fuir et lui échapper, s'est placé ainsi sur sa route, le front masqué et la hache à la main, non plus comme suppléant du bourreau, mais comme mandataire de la fatalité.

CROMWELL.

C'est possible.

MORDAUNT.

Et, si cela était ainsi, Votre Honneur condamnerait-il son action?

CROMWELL.

Ce n'est point à moi de le juger; c'est une affaire entre lui et Dieu.

MORDAUNT.

Mais, si Votre Honneur connaissait ce gentilhomme?

CROMWELL.

Je ne le connais pas, monsieur, et je ne veux pas le connaître. Que m'importe, à moi, que ce soit celui-là ou un autre? Du moment que Charles était condamné, ce n'est point un homme qui lui a tranché la tête, c'est une hache.

MORDAUNT.

Et cependant, sans cet homme, le roi était sauvé. Vous l'avez dit vous-même : on l'enlevait.

CROMWELL.

On l'enlevait jusqu'à Greenwich. Là, il s'embarquait sur une felouque frétée hier par ses sauveurs. Mais, sur la felouque, au lieu du patron Crabbe qu'ils s'attendaient à trouver, étaient quatre hommes à moi, et quatre tonneaux de poudre à la nation. En mer, les quatre hommes descendaient dans un canot qui suit la felouque, abandonnant le roi et ses sauveurs dans le bâtiment; et vous êtes déjà trop habile en politique, Mordaunt, pour que je vous explique le reste.

MORDAUNT.

Oui, en mer, ils sautaient tous.

CROMWELL.

Justement! L'explosion faisait ce que la hache n'avait pas voulu faire. Le roi Charles disparaissait anéanti; on disait qu'échappé à la justice humaine, il avait été poursuivi et atteint par la vengeance céleste; nous n'étions plus que ses juges et c'était le ciel qui l'avait frappé!...

MORDAUNT.

Monsieur, comme toujours, je m'incline et m'humilie devant vous : vous êtes un profond penseur, et votre idée de la felouque minée est sublime.

CROMWELL.

Absurde, puisqu'elle est devenue inutile. Il n'y a d'idée sublime que celle qui porte ses fruits; toute idée qui avorte est folle et aride. Vous irez donc, ce soir, à Greenwich, Mordaunt; vous demanderez le patron de la felouque *l'Éclair*, vous lui montrerez un mouchoir blanc noué par les quatre bouts; c'était le signe convenu entre les Français et le patron Crabbe : vous direz à mes gens de reprendre terre, et vous ferez reporter la poudre à l'arsenal.

MORDAUNT.

A moins que cette felouque, telle quelle est, ne puisse servir à des projets utiles à la nation.

CROMWELL.

Je comprends.

MORDAUNT.

Ah! milord, milord! Dieu, en vous faisant son élu, vous a donné son regard auquel rien ne peut échapper.

CROMWELL, riant.

Je crois que vous m'appelez *milord!* c'est bien, parce que nous sommes entre nous; mais il faudrait faire attention qu'une pareille parole ne vous échappât point devant nos puritains.

MORDAUNT.

N'est-ce pas ainsi que Votre Honneur sera appelé bientôt?

CROMWELL, se levant et prenant son manteau.

Je l'espère, du moins; mais il n'est pas encore temps.

MORDAUNT.

Vous vous retirez, monsieur?

CROMWELL.

Oui, j'ai couché ici hier et avant-hier, et vous savez que ce n'est pas mon habitude de coucher trois fois dans le même lit.

MORDAUNT.

Ainsi, Votre Honneur me donne toute liberté pour la nuit?

CROMWELL.

Et même pour la journée de demain, si besoin est... Venez-vous avec moi, Mordaunt?

MORDAUNT.

Merci, monsieur; les détours que vous êtes obligé de faire en passant par le souterrain me prendraient du temps, et, d'après ce que vous venez de me dire, je n'en ai peut-être déjà que trop perdu. Je sortirai par l'autre porte.

CROMWELL appuie la main sur un bouton perdu dans la tapisserie, et sort par une porte secrète.

En ce cas, adieu!

Au moment où Cromwell disparaît par la porte secrète, Grimaud paraît sur le balcon. Pendant ce temps, Mordaunt a remis son manteau. Il prend la lampe sur la table et sort. La fenêtre s'ouvre; Porthos et Aramis viennent se placer dans la chambre. Aussitôt après, on voit revenir Mordaunt, pâle, épouvanté, reculant, sa lampe à la main, devant d'Artagnan, qui, chapeau bas, marche vers lui avec une exquisse politesse. Derrière d'Artagnan entre Athos.)

SCÈNE II

MORDAUNT, D'ARTAGNAN, PORTHOS, ATHOS, ARAMIS.

D'ARTAGNAN.

Monsieur Mordaunt, puisqu'après tant de jours perdus à courir les uns après les autres, le hasard nous rassemble enfin, causons un peu, s'il vous plaît.

MORDAUNT.

Je vous écoute, monsieur.

D'ARTAGNAN.

Il me paraît, monsieur, que vous changez de costume aussi rapidement que je l'ai vu faire aux mimes italiens que

M. le cardinal Mazarin fit venir de Bergame, et qu'il vous a sans doute mené voir pendant votre séjour en France?

ARAMIS.

Tout à l'heure vous étiez déguisé, je veux dire habillé en assassin, et maintenant...

MORDAUNT.

Et maintenant, au contraire, j'ai tout l'air d'être dans l'habit d'un homme qu'on va assassiner, n'est-ce pas?

PORTHOS.

Ah! monsieur, comment pouvez-vous dire de ces choses-là, quand vous êtes en compagnie de gentilshommes, et que vous avez une si bonne épée au côté?

MORDAUNT.

Il n'y a pas de si bonne épée, monsieur, qui vaille quatre épées et quatre poignards; sans compter les épées et les poignards de vos acolytes, qui vous attendent à la porte.

ARAMIS.

Pardon, monsieur, vous faites erreur. Ceux qui nous attendent à la porte ne sont point nos acolytes, ce sont nos laquais. Je tiens à rétablir les choses dans leur plus scrupuleuse vérité.

D'ARTAGNAN.

Mais ce n'est point de cela qu'il s'agit, et j'en reviens à ma question. Je me faisais donc l'honneur de vous demander, monsieur, pourquoi vous changiez d'extérieur?... Le masque vous était assez commode, ce me semble; la barbe grise vous seyait à merveille, et, quant à cette hache, dont vous avez fourni un si illustre coup, je crois qu'elle ne vous irait pas mal non plus en ce moment. Pourquoi donc vous en êtes-vous dessaisi?

MORDAUNT.

Parce qu'en me rappelant la scène d'Armentières, j'ai pensé que je trouverais quatre haches pour une, puisque j'allais me trouver entre quatre bourreaux.

D'ARTAGNAN, avec calme.

Monsieur, quoique profondément vicieux et corrompu, vous êtes jeune; ce qui fait que je ne m'arrêterai pas à vos discours frivoles... oui, frivoles, car ce que vous venez de dire à propos d'Armentières n'a pas le moindre rapport avec la situation présente. En effet, nous ne pouvions pas offrir une épée à madame votre mère, et la prier de s'escrimer contre nous. Mais, à vous, monsieur, à un jeune cavalier qui joue du poignard, du pistolet et de la hache comme nous vous avons vu faire, et qui porte au côté une épée de la taille de celle-ci, il n'y a personne qui n'ait le droit de demander la faveur d'une rencontre.

MORDAUNT.

Ah! ah! c'est donc un duel que vous voulez?

D'ARTAGNAN, avec sang-froid.

Pardon, pardon, ne nous pressons pas; car chacun de nous doit désirer que les choses se passent dans toutes les règles. Rasseyez-vous donc, cher Porthos, et vous, monsieur Mordaunt, veuillez rester tranquille. Nous allons régler au mieux cette affaire, et je vais être franc avec vous. Avouez, monsieur Mordaunt, que vous avez bien envie de nous tuer les uns ou les autres?

MORDAUNT.

Les uns et les autres.

D'ARTAGNAN, se tournant vers Aramis.

C'est un bien grand bonheur, convenez-en, Aramis, que M. Mordaunt connaisse si bien les finesses de la langue française; au moins, il n'y aura pas de malentendu entre nous. (Se retournant vers Mordaunt.) Cher monsieur Mordaunt, je vous dirai donc que ces messieurs payent de retour vos bons sentiments à leur égard, et seraient charmés de vous tuer aussi. Je dirai plus, c'est qu'ils vous tueront probablement; toutefois, ce sera en gentilshommes loyaux, et la meilleure preuve que j'en puisse fournir, la voici. (En disant ces mots, il jette son chapeau sur le tapis, recule sa chaise contre la muraille, et fait signe à ses amis d'en faire autant; puis, saluant Mordaunt avec grâce.) A vos ordres, monsieur; car, si vous n'avez rien à dire contre l'honneur que je réclame, c'est moi qui commencerai, s'il vous plaît.

PORTHOS.

Halte-là! je commence, moi, et sans rhétorique.

ARAMIS.

Permettez, Porthos...

D'ARTAGNAN.

Messieurs, messieurs, soyez tranquilles, vous aurez votre tour. Demeurez donc à votre place, comme Athos, dont je ne puis trop vous recommander le calme, et laissez-moi l'initiative que j'ai prise. (Tirant son épée avec un geste terrible.) D'ailleurs, j'ai particulièrement affaire à monsieur, et je commencerai, je le désire, je le veux ! (A Mordaunt.) Monsieur, je vous attends.

MORDAUNT.

Et moi, messieurs, je vous admire ! Vous discutez à qui commencera de se battre contre moi, et vous ne me consultez pas là-dessus, moi que cela regarde un peu, ce me semble. Je vous hais tous, c'est vrai, mais à des degrés différents... J'espère vous tuer tous, mais j'ai plus de chance de tuer le premier que le second, le second que le troisième, le troisième que le dernier. Je réclame donc le droit de choisir mon adversaire; si vous me déniez ce droit, tuez-moi, je ne me battrai pas.

PORTHOS et ARAMIS.

C'est juste.

MORDAUNT.

Eh bien, je choisis pour mon premier adversaire celui de vous qui, ne se croyant plus digne de se nommer le comte de la Fère, s'est fait appeler Athos.

ATHOS, secouant la tête.

Monsieur Mordaunt, tout duel entre nous est impossible; faites à quelque autre l'honneur que vous me destiniez.

MORDAUNT.

Ah ! en voilà déjà un qui a peur.

D'ARTAGNAN, bondissant.

Mille tonnerres ! qui a dit ici qu'Athos avait peur?

ATHOS, avec un sourire de tristesse et de mépris.

Laissez dire, d'Artagnan.

D'ARTAGNAN.

C'est votre décision, Athos ?

ATHOS.

Irrévocable.

D'ARTAGNAN.

C'est bien ! n'en parlons plus. (A Mordaunt.) Vous l'avez entendu, monsieur; M. le comte de la Fère ne veut pas vous faire l'honneur de se battre avec vous. Choisissez parmi nous quelqu'un qui le remplace.

MORDAUNT.

Du moment que je ne me bats pas avec lui, peu m'importe avec qui je me bats. Mettez vos noms dans un chapeau, et je tirerai au hasard.

D'ARTAGNAN.

Voilà une idée.

ARAMIS.

En effet, ce moyen concilie tout.

PORTHOS.

Je n'y eusse point pensé, et cependant c'est bien simple.

D'ARTAGNAN.

Voyons, Aramis, écrivez-nous cela de cette jolie petite écriture avec laquelle vous écriviez à Marie Michon pour la prévenir que la mère de monsieur voulait faire assassiner milord Buckingham. (Aramis s'approche du bureau de Cromwell, déchire trois morceaux de papier d'égale grandeur, écrit un nom sur chacun d'eux, puis les présente à Mordaunt. Celui-ci, sans les lire, lui fait signe qu'il s'en rapporte parfaitement à lui. Aramis roule les papiers, les met dans un chapeau et les présente à Mordaunt, qui en tire un qu'il laisse dédaigneusement retomber sans le lire.) Ah! serpenteau, je donnerais toutes mes chances au grade de capitaine des mousquetaires pour que ce bulletin portât mon nom!

ARAMIS, lisant le papier à haute voix.

« D'Artagnan ! »

D'ARTAGNAN.

Ah! il y a donc une justice au ciel! (Se retournant vers Mordaunt.) J'espère, monsieur, que vous n'avez aucune objection à faire?

MORDAUNT, tirant son épée et en appuyant la pointe sur sa botte.

Aucune, monsieur.

D'ARTAGNAN.

Êtes-vous prêt, monsieur?

MORDAUNT.

C'est moi qui vous attends, monsieur.

D'ARTAGNAN.

Alors, prenez garde à vous, monsieur! car je tire assez bien l'épée.

MORDAUNT.

Et moi aussi.

D'ARTAGNAN.

Tant mieux! cela met ma conscience en repos. En garde!

MORDAUNT.

Un moment. Engagez-moi votre parole, messieurs, que vous ne me chargerez que les uns après les autres.

PORTHOS.

C'est pour avoir le plaisir de nous insulter que vous nous demandez cela, monsieur?

MORDAUNT.

Non, c'est pour avoir, comme disait monsieur tout à l'heure, la conscience tranquille.

D'ARTAGNAN, regardant autour de lui.

Ce doit être pour autre chose.

PORTHOS et ARAMIS.

Foi de gentilhomme!

MORDAUNT.

En ce cas, messieurs, rangez-vous dans quelque coin, comme a fait M. le comte de la Fère, qui, s'il ne veut point se battre, me paraît au moins connaître les règles du combat, et livrez-nous de l'espace, nous allons en avoir besoin.

ARAMIS.

Soit!

PORTHOS.

Voilà bien des embarras.

D'ARTAGNAN.

Rangez-vous, messieurs; il ne faut pas laisser à monsieur le plus petit prétexte de se mal conduire; ce dont, sauf le respect que je lui dois, il me semble avoir grande envie... Allons, êtes-vous enfin prêt, monsieur?

MORDAUNT.

Je le suis.

(Ils croisent le fer.)

D'ARTAGNAN.

Ah! vous rompez, vous tournez!... Comme il vous plaira; j'y gagne quelque chose : je ne vois plus votre méchant visage. Me voilà tout à fait dans l'ombre, tant mieux! Vous n'avez pas d'idée comme vous avez le regard faux, monsieur, surtout lorsque vous avez peur. Regardez un peu mes yeux, et vous verrez une chose que votre miroir ne vous montrera jamais, c'est-à-dire un regard loyal et franc. (Mordaunt, en rompant, se trouve près de la muraille, à laquelle il appuie sa main gauche.) Ah! pour cette fois, vous ne romprez plus, mon bel ami! Messieurs, avez-vous jamais vu un scorpion cloué à un mur? (Au moment où, plus acharné que jamais, après une feinte rapide et serrée, il s'élance comme l'éclair sur Mordaunt, la muraille semble se fendre, Mordaunt disparaît par l'ouverture béante, et l'épée, pressée entre les deux panneaux, se brise. D'Artagnan fait un pas en arrière; la muraille se referme.) A moi, messieurs! enfonçons cette porte!

ARAMIS, accourant près de d'Artagnan.

C'est le démon en personne!

PORTHOS, appuyant son épaule contre la porte secrète.

Il nous échappe, sangdieu! il nous échappe!

ATHOS, sourdement.

Tant mieux!

D'ARTAGNAN.

Je m'en doutais, mordious! je m'en doutais; quand le misérable a tourné autour de la chambre, je prévoyais quelque infâme manœuvre, je devinais qu'il tramait quelque chose; mais qui pouvait se douter de cela?

ARAMIS.

C'est un affreux malheur que nous envoie le diable, son ami!

ATHOS.

C'est un bonheur manifeste que nous envoie Dieu!

D'ARTAGNAN.

En vérité, vous baissez, Athos! comment pouvez-vous dire des choses pareilles à des gens comme nous? Mordious!... vous ne comprenez donc pas la situation?... Le misérable va nous envoyer cent côtes de fer qui nous pileront comme grain dans ce mortier de M. Cromwell... Allons, allons, en route! Si nous demeurons seulement cinq minutes ici, c'est fait de nous.

ATHOS et ARAMIS.

Oui, vous avez raison, en route!

PORTHOS.

Et où allons-nous?

D'ARTAGNAN.

A l'hôtel, prendre nos hardes et nos chevaux; puis, de là, s'il plaît à Dieu, en France, où du moins je connais l'architecture des maisons. Notre felouque nous attend; ma foi, c'est encore heureux... En route!

TOUS.

En route!... en route!

(Ils sortent.)

ACTE CINQUIÈME

ONZIÈME TABLEAU

L'Éclair à l'ancre. — On voit le couronnement de la chambre de poupe avec une large fenêtre dans le pan coupé donnant sur la mer. A gauche, le pont. Au-dessous de la chambre de poupe, un compartiment rempli de gros tonneaux superposés, les premiers praticables, les autres peints. Un petit escalier correspond de ce compartiment avec le pont. A gauche, sous le pont, autre compartiment avec deux portes, l'une à droite, ouvrant sur le magasin aux tonneaux, l'autre à gauche. Hamacs, table suspendue. Il fait nuit.

SCÈNE PREMIÈRE

Une Sentinelle, sur le pont; GROSLOW, MORDAUNT.

LA SENTINELLE.
Hé! de la barque, halte là? Qui vive?...

(Groslow sort du côté gauche. Il est enveloppé d'un caban de pêcheur; barbe coupée.)

UNE VOIX; au fond.
Officier!... de la part du général Cromwell.

GROSLOW.
Avancez à l'ordre... M. Mordaunt!... Quoi donc! tout serait-il manqué?...

MORDAUNT, sur le pont, le regardant avec attention.
Vous, colonel?... Ah! fort bien... Tout tient, au contraire. Mais n'y a-t-il rien de nouveau sur *l'Éclair?* on n'a rien changé à bord?

GROSLOW.
Rien... Mais, puisque vous êtes ici, que s'est-il donc passé là-bas?...

MORDAUNT.
Tout s'est passé comme on devait s'y attendre.

GROSLOW.
Alors...?

MORDAUNT, montrant le mouchoir noué aux quatre bouts.
Alors, vous voyez que je sais tout.

GROSLOW.
C'est vrai...

MORDAUNT.

Ne perdons pas de temps, car ils vont bientôt arriver.

GROSLOW.

Qui donc?

MORDAUNT.

Ces quatre conspirateurs qui devaient enlever le roi, et qui n'ont pas réussi.

GROSLOW.

Ah! c'est à eux que M. Cromwell destine...? Bien... je comprends... Ils viennent, dites-vous?...

MORDAUNT.

Oui... Si rapide, si furieuse qu'ait été ma course, j'entendais toujours au loin derrière moi le hennissement de leurs chevaux. Ils viennent, vous dis-je!... mais... ils vous reconnaîtront... ils se défieront...

GROSLOW.

Impossible... sous ce caban... la nuit; et puis, vous voyez, selon l'ordre du général, j'ai coupé ma barbe, et je saurai déguiser ma voix.

MORDAUNT.

Oui... c'est vrai... Moi-même, j'ai eu peine à vous reconnaître... Vous les logerez?...

GROSLOW.

Dans la chambre de poupe... juste au-dessus de la cargaison de vins.

MORDAUNT.

Oui, mais ils ont leurs gens...

GROSLOW.

Leurs gens... dans l'entre-pont, avec des portes bien verrouillées.

MORDAUNT.

Et moi... car, s'ils m'apercevaient, tout serait perdu.

GROSLOW.

Dans ma cabine, derrière une fausse cloison qui semble être le mur du navire, il y a une cachette impénétrable, même aux douaniers qui poursuivent la contrebande. Je vous en réponds... D'ailleurs, vous verrez.

MORDAUNT, les yeux fixés sur la mer.

C'est une barque qui s'approche... Oh! enfin!...

GROSLOW.

Quelle vue vous avez!...

MORDAUNT, toujours regardant.

J'ai la vue d'un homme qui joue sa vie sur un regard! Je vous dis que c'est une barque qui se dirige vers le bâtiment.

GROSLOW.

En effet, je la vois, maintenant... Sentinelle, bonne garde, et rappelle-toi le mot d'ordre.

LA SENTINELLE.

Oui, commandant.

MORDAUNT.

Les voici... tous !... bien tous !

GROSLOW.

Allons, cachez-vous... jusqu'à ce qu'ils soient installés... Venez.

LA SENTINELLE.

Hé! de la barque... Holà! qui vive?...

D'ARTAGNAN.

Louis et France.

GROSLOW, revenant.

Laisse arriver.

SCÈNE II

GROSLOW, D'ARTAGNAN, ATHOS.

GROSLOW.

Entrez à bord, messieurs ; je vous attendais.

D'ARTAGNAN, arrêtant Athos.

Ce n'est pas la voix du patron Crabbe, ce n'est pas sa taille, ce n'est pas lui... Un moment, Athos !

ATHOS.

Qui êtes-vous, l'ami? et pourquoi dites-vous que vous nous attendiez?... On ne vous connaît pas.

GROSLOW.

Je sais, milord... Vous cherchez le patron Crabbe; mais vous ne pourrez le voir.

D'ARTAGNAN.

Plaît-il?... Pourquoi ne le verrons-nous pas?

GROSLOW.

Hélas! milord, mon pauvre beau-frère, le patron Crabbe, est tombé du mât de hune ce matin, et s'est presque cassé la jambe.

D'ARTAGNAN, soupçonneux.

Voilà un accident malencontreux... Tenez-vous sur vos gardes, Athos.

GROSLOW.

Mais, milord, ce mouchoir blanc, noué aux quatre bouts, que votre compagnon tient à sa main... et celui que je tenais tout noué dans ma poche, vous prouveront...

D'ARTAGNAN, à Athos.

C'est bien cela... (A Groslow.) Mais il y a encore quelque chose.

GROSLOW.

Oui, milord ; vous avez promis au patron Crabbe, mon beau-frère, soixante et quinze livres, si l'on vous débarque sains et saufs à Boulogne, ou sur tout autre point de la côte de France, à votre choix.

ATHOS, à d'Artagnan.

Eh bien, qu'en dites-vous?...

D'ARTAGNAN.

Je dis que...

(Il fait claquer sa langue en signe de dépit.)

ATHOS.

Nous n'avons pas le temps d'être défiants.

D'ARTAGNAN.

D'ailleurs, nous pouvons nous défier ; même en entrant dans le navire, nous surveillerons cet homme... et, s'il ne marche pas droit, gare à lui !

ATHOS.

Je puis donc appeler notre arrière-garde. Grimaud, dites à ces messieurs de monter à bord, et renvoyez la barque sur laquelle nous sommes venus.

GROSLOW.

Vos Seigneuries restent à bord?

ATHOS.

Oui.

D'ARTAGNAN.

Un moment... Combien avez-vous d'hommes ici?...

GROSLOW.

Dix, milord, sans me compter.

D'ARTAGNAN.

Dix?... Oh! je me rassure... Mais, dites-moi, où nous logez-vous?

GROSLOW.

Ici, milord, dans la chambre de poupe.

ATHOS.

Et nos gens?...

GROSLOW.

Dans l'entre-pont, milord. André, installez-les.

ANDRÉ.

Arrivez, vous autres.

D'ARTAGNAN.

Fort bien! Comment vous appelle-t-on?...

GROSLOW.

Roggers, milord... Par ici!

(Il désigne aux Laquais l'escalier de l'entre-pont. Mousqueton descend, puis Blaisois. Grimaud reste le dernier.)

D'ARTAGNAN, à ses amis.

Vous, mes amis, tâchez de vous loger du mieux possible, tandis que je vais faire un tour sur le bâtiment.

ATHOS.

Prenez Grimaud avec vous.

D'ARTAGNAN.

Pour quoi faire?...

ARAMIS.

On ne sait pas ce qui peut arriver; prenez Grimaud.

PORTHOS.

Et informez-vous, en passant, s'il y a quelque chose pour souper.

D'ARTAGNAN.

Grimaud, prenez cette lanterne!... Suivez-moi, patron Roggers... Dix minutes, mes amis, et je reviens.

(Ils descendent.)

MOUSQUETON, dans l'entre-pont.

Comme c'est bas ici! comme nous aurons froid cette nuit! comme nous serons durement couchés!... si par hasard le mal de mer... N'est-ce pas, Blaisois?

BLAISOIS.

Je suis familiarisé avec les inconvénients de cet élément.

D'ARTAGNAN, descendu dans la soute aux poudres, un pistolet derrière le dos.

Où sommes-nous ici?...

GROSLOW, sur l'échelle.

Vous le voyez, milord, c'est un magasin.

D'ARTAGNAN.

Que de tonneaux! on dirait la caverne d'Ali Baba... Qu'y a-t-il donc là dedans?

(Il prend la lanterne des mains de Grimaud et regarde.)

GROSLOW, vivement et se reculant.

Du vin de Porto, milord.

D'ARTAGNAN.

Ah! du vin de Porto, c'est toujours une tranquillité; voilà notre Porthos qui est sûr du moins de ne pas mourir de soif... Et tous ces tonneaux sont pleins?

(Il approche sa lanterne.)

GROSLOW, même jeu de frayeur.

Quelques-uns seulement, milord; les autres sont vides.

(D'Artagnan frappe du doigt sur les tonneaux, et introduit sa lanterne dans les intervalles des barriques.)

D'ARTAGNAN.

C'est bien, je réponds de ce compartiment... Passons, monsieur Roggers.

(Il passe dans la cabine.)

ARAMIS, dans la chambre de poupe.

Eh bien, Porthos, que dites-vous de l'Angleterre?

PORTHOS.

C'était beau d'y aller... mais c'est superbe d'en revenir.

ATHOS.

Hélas! nous revenons seuls.

ARAMIS.

Dormons.

PORTHOS.

Ah çà! mais vous n'avez donc pas faim, vous?

D'ARTAGNAN, dans la cabine des Laquais

Ah! voilà nos hommes logés... (Il passe en revue tout le compartiment.) Il faut vous coucher, mes braves... Grimaud, je n'ai plus besoin de toi; merci! (A part.) Rien encore ici. (A Groslow.) Patron, où conduit cette porte?...

GROSLOW.

Pardon, milord, j'en ai la clef; c'est ma chambre.

D'ARTAGNAN.

Voyons; et puis vous me montrerez la cale.

GROSLOW.

Entrez, milord; vous remonterez à votre chambre par l'escalier de ma cabine, qui conduit sur le pont.

MOUSQUETON, *regardant partir d'Artagnan.*

Voilà un officier qui sait faire des rondes!

BLAISOIS.

Avec des maîtres comme ceux-là, on peut goûter les douceurs du sommeil.

ATHOS.

D'Artagnan ne revient pas.

ARAMIS.

Si fait, j'entends sa voix ; il a fait le tour du bâtiment, et le voilà qui sort de l'écoutille là-bas.

D'ARTAGNAN, *reparaissant sur le pont avec sa lanterne.*

La cale est vide, rien de suspect dans la chambre du patron ; s'il y a une armée à bord, ça ne peut être qu'une armée de rats. Bien, patron Roggers, me voilà dans la chambre de poupe ; appareillez, veillez aux manœuvres et tâchez que nous allions vite.

GROSLOW, *de loin.*

Oui, milord!

PORTHOS.

Quelles nouvelles?

D'ARTAGNAN.

Excellentes ; nous pouvons dormir avec la même tranquillité que si nous logions à la *Chevrette*, rue Tiquetonne.

(Il tire son épée du fourreau, visite ses pistolets et se couche en travers de la porte.)

ATHOS.

Eh bien, que faites-vous donc?... Vous appelez cela de la tranquillité?... Vous craignez donc encore quelque chose?...

D'ARTAGNAN.

Le seul moyen d'être vraiment en sûreté, c'est d'avoir toujours peur de ne pas y être... Allons, mes amis, prenons des forces... Je vois bien ce qui vous afflige, cher Athos ; mais, vous l'avez dit souvent, accusons la fatalité... Aramis, vous allez revoir les duchesses, faites de bons rêves... Vous, cher Porthos, je sais bien ce qui vous manque ; mais je vous promets demain, à Boulogne, des huîtres, du vin d'Espagne, et un pâté d'Amiens... car, demain matin, nous serons en France!

ATHOS.

La patrie des cœurs loyaux!

ARAMIS.

Des femmes qu'on aime!

PORTHOS.

Du vin de Bourgogne!

TOUS.

A demain, en France... Bonsoir, amis!

(Ils se serrent les mains et s'endorment.)

SCÈNE III

GRIMAUD, MOUSQUETON, BLAISOIS.

GRIMAUD, faisant un calcul dans le fond de la cabine.

Vingt-trois louis.

BLAISOIS.

Que dit-il?

MOUSQUETON.

En sa qualité de trésorier, il met à jour les comptes de la société... Mais ne me faites pas causer, Blaisois.

BLAISOIS.

Il faut manger et boire, cela vous remettra.

GRIMAUD, toujours calculant.

Quarante et un, quarante-deux.

MOUSQUETON.

Manger du pain d'orge, boire de la bière noire?... Fi donc! j'aime mieux un verre de vin que toute leur bière.

GRIMAUD, toujours comptant.

C'est facile.

MOUSQUETON.

Plaît-il? Vous dites que c'est facile?

GRIMAUD, étendant la main vers la cloison.

Porto!

BLAISOIS.

C'est du porto qu'il y a dans ces barriques que nous avons aperçues lorsque M. d'Artagnan a ouvert la porte?

GRIMAUD.

Oui.

MOUSQUETON.

Bien! mais la porte est fermée... Ah! quel malheur! c'est si bon, du porto!

GRIMAUD.

La trousse!

MOUSQUETON.

Comment la trousse?... Ah! oui... la trousse aux outils!...
(Grimaud fait signe que oui. Mousqueton prend la trousse.)

GRIMAUD.

Le ciseau!

MOUSQUETON.

Voilà! (Il le lui donne. Grimaud soulève une des planches qui forment la cloison.) Quel homme! quel homme!...

GRIMAUD.

La vrille!

BLAISOIS.

Voilà!

GRIMAUD.

La cruche! (Mousqueton lui passe la cruche.) Guettez!
(Il lève la planche et entre dans le compartiment aux tonneaux; Blaisois et Mousqueton prêtent l'oreille.)

SCÈNE IV

Les Mêmes, GROSLOW, MORDAUNT, sur le pont.

GROSLOW.

Je crois qu'ils dorment.

MORDAUNT.

Voyez-vous encore de la lumière chez eux?

GROSLOW.

Oui, la petite veilleuse de la cabine; mais ils dorment.

MORDAUNT.

Il faut donc se hâter... Votre canot est préparé, n'est-ce pas?

GROSLOW.

Il est là... Voyez vous?

MORDAUNT.

Où sommes-nous, alors?

GROSLOW.

A l'embouchure de la Tamise.

MORDAUNT.

Il y a des vivres dans ce canot, et des armes?

GROSLOW.

Tout ce qu'il faut.

MORDAUNT.

Vous tiendrez prêt un coutelas bien affilé, pour que vos

hommes coupent la corde quand nous serons tous embarqués.

GROSLOW.

J'ai ma hache d'abordage.

MORDAUNT.

Il y a encore les gens de ces misérables dans l'entre-pont... Ceux-là dorment aussi ?

GROSLOW.

Nous le verrons en traversant leur chambre pour aller dans la sainte-barbe.

MORDAUNT.

Allons-y donc, j'ai hâte d'en finir!

(Ils redescendent.)

SCÈNE V

GRIMAUD, MOUSQUETON, BLAISOIS.

MOUSQUETON, à Grimaud.

Eh bien ?

GRIMAUD, près d'un tonneau.

Cela va.

MOUSQUETON.

Le tonneau est-il percé ?

GRIMAUD.

Ça coule.

MOUSQUETON.

Quel bonheur !

BLAISOIS.

Alarme ! on descend l'escalier, revenez !

MOUSQUETON.

Ah ! mon Dieu, que devenir?... Il n'aura pas le temps...

GRIMAUD.

C'est bon !

MOUSQUETON.

Cette planche, vite !

(Il repousse la planche enlevée et se place devant. Grimaud se cache derrière les tonneaux. La porte s'ouvre.)

SCÈNE VI

Les Mêmes, GROSLOW, MORDAUNT, enveloppés de manteaux. Mordaunt tient une lanterne.

GROSLOW.

Quoi! pas couchés encore?... C'est contraire au règlement.

MOUSQUETON.

Nous soupions, messieurs.

GROSLOW.

Que dans dix minutes le feu soit éteint, et que dans un quart d'heure on ronfle.

MORDAUNT, à Groslow.

Ouvrez la porte, je vous prie.

MOUSQUETON.

Ah! Jésus Dieu! ils vont le découvrir.

BLAISOIS.

Si nous prévenions nos maîtres?

(Groslow et Mordaunt passent dans le cabinet aux tonneaux et referment la porte.)

MORDAUNT, écoutant.

Oui, ils dorment profondément, et Dieu me les livre enfin... (Grimaud passe un peu sa tête derrière le tonneau.) Où sont les tonneaux pleins?

GROSLOW.

Celui-là et les deux au fond. Mais voici celui auquel vous pouvez attacher la mèche... Il a un robinet.

MORDAUNT, tirant une mèche de son manteau.

Vous dites que cette mèche dure environ huit minutes?

GROSLOW.

Huit minutes.

MOUSQUETON.

Est-ce que vous entendez ce qu'ils disent, vous?

BLAISOIS.

Pas du tout... Seulement, comme ils ne crient pas, c'est qu'ils n'ont pas trouvé M. Grimaud.

MORDAUNT.

Et, par ce trou qui correspond à la cale, je pourrai mettre le feu à cette mèche... sans rentrer ici?

GROSLOW.

Parfaitement! mais ne vous pressez pas, attendez que nous soyons bien embarqués; la besogne est périlleuse, laissez faire cette besogne à mon second.

(Mordaunt attache la mèche au-dessous du tonneau.)

MORDAUNT.

Je ne confie qu'à moi l'exécution de ma vengeance. Ne vous inquiétez pas; lorsque l'horloge du bord piquera le quart après minuit, je redescendrai dans la cale; vous, faites embarquer vos hommes dans le canot, et, à ce moment, avertissez-moi par un coup de sifflet.

GROSLOW.

Ce sera bientôt fait.

MORDAUNT.

Il me faut une minute pour vous rejoindre; en une seconde, le câble est coupé; nous faisons force de rames, et bientôt... oh! bientôt l'incendie... l'explosion effroyable... Ce sera un magnifique spectacle, n'est-ce pas, ma mère?...

(Il lève son chapeau en regardant vers le ciel.)

GRIMAUD, reconnaissant Mordaunt.

Ah!

GROSLOW.

Je cours donner le mot à mes gens.

MORDAUNT.

Non, pas un mot, pas un geste, pas un bruit... Ne réveillez pas nos ennemis!... Vous avez un quart d'heure; songez donc à tout ce qui peut arriver en un quart d'heure.

GROSLOW.

N'importe, ne perdons pas de temps...

(Ils vont à la porte.)

MOUSQUETON.

On n'entend plus rien; est-ce qu'il l'auraient tué?

BLAISOIS.

Il aurait crié... Mais on ouvre la porte; les voici qui reviennent.

GROSLOW, après avoir fermé la porte.

Ah! mes ordres sont suivis. Allons, vite, vite! (A Mordaunt.) Descendez à la cale; moi, je monte sur le pont.

MORDAUNT.

Au coup de sifflet, je mets le feu!

(A peine ont-ils refermé l'autre porte, que Grimaud se lève, pâle et tremblant.

Il tient à la main la cruche, et va heurter à la planche. Le vaisseau commence à marcher.)

MOUSQUETON, levant la planche.

Venez, ils n'y sont plus... Eh bien, en avez-vous tiré beaucoup?

GRIMAUD, s'approchant de la lumière.

Oh!

(Il recommande le silence aux Laquais et monte l'escalier de la chambre des Mousquetaires.)

MOUSQUETON.

Eh bien, il emporte le vin?

(Grimaud est à moitié passé hors du pont. D'Artagnan fait un mouvement et se réveille.)

GRIMAUD.

Chut!

D'ARTAGNAN.

Quoi donc?

GRIMAUD.

De la poudre!

(Il lui parle à l'oreille.)

D'ARTAGNAN.

Est-ce possible, mon Dieu! (Même jeu de Grimaud.) Horreur! (A l'oreille d'Aramis.) Chevalier! chevalier!... (Il lui met la main sur l'épaule.) Silence!... réveillez Athos.

(Aramis réveille Athos de la même façon.)

ATHOS.

Qu'y a-t-il?

ARAMIS.

Silence!

D'ARTAGNAN réveille Porthos, qui se relève brusquement et va parler quand d'Artagnan lui ferme la bouche.

Amis, amis, savez-vous qui est le patron de cette barque?... Le colonel Groslow... Chut!... Savez-vous ce qu'il y a dans ces barriques pleines de vin, disait-on? Tenez... (Il arrache la cruche des mains de Grimaud et leur montre de la poudre.) Savez-vous enfin quel est l'homme qui va, dans un quart d'heure, mettre le feu à cette poudre? C'est Mordaunt.

ATHOS.

Mordaunt! nous sommes perdus!

ARAMIS.

Défendons-nous!

PORTHOS.

Ventrebœuf, égorgeons tout!

D'ARTAGNAN.

Silence!... mais silence donc! Si Mordaunt se voyait découvert, il serait capable de se faire sauter avec nous... Ne désespérons pas, ne nous défendons pas, ne tuons pas... Avec des ennemis comme M. Mordaunt, pas de faux point d'honneur, mordious!... Grimaud, fais toujours monter tes camarades par le petit escalier... Voyons... (Il cherche.) Avez-vous confiance en moi?...

TOUS.

Oh! parlez! parlez!

D'ARTAGNAN.

Eh bien, il n'y a qu'un seul parti à prendre... pas d'épées, pas de grandes manières ici... Partons!...

PORTHOS.

Partons... et par où?...

D'ARTAGNAN, ouvrant le sabord par lequel on voit la mer.

Au-dessous de cette fenêtre est leur canot remorqué par un câble. (Il regarde.) Athos, Aramis, saisissons le câble, nous atteindrons la chaloupe, nous en couperons la corde avec votre poignard, et, une fois isolés, sur un terrain bien sûr, qu'ils nous attaquent s'ils l'osent... A la mer! à la mer!

(Il attache une échelle de corde, qu'il fait descendre jusqu'à la mer.)

PORTHOS.

Il fait bien froid.

D'ARTAGNAN.

Mordious! il fera trop chaud tout à l'heure... Nos gens, où sont-ils?...

GRIMAUD, MOUSQUETON, BLAISOIS.

Nous voici!

BLAISOIS.

Je ne sais nager que dans les rivières.

MOUSQUETON.

Et moi, je ne sais pas nager du tout.

PORTHOS.

Je me charge de vous deux.

(Il les saisit à la ceinture.)

D'ARTAGNAN.

En avant!... en avant!

(Athos descend à l'échelle de corde, puis Aramis, puis les autres. Le bateau continue à marcher.)

SCÈNE VII

Les Mêmes, s'enfuyant par l'échelle ; GROSLOW.

GROSLOW.

Il est temps. Aux échelles, vivement !

VOIX D'HOMMES.

Nous voici !

GROSLOW.

C'est bien !... Vous tenez le câble ?... Embarquez. (Il donne un coup de sifflet, le vaisseau disparaît dans la coulisse.) Le câble est coupé !

(On entend un grand cri de désespoir dans la coulisse, et l'on voit, dans le compartiment des tonneaux, monter peu à peu la lueur de la mèche à laquelle Mordaunt a mis le feu du fond de la cale.)

DOUZIÈME TABLEAU

La pleine mer. — Le navire a disparu tout entier dans la coulisse. Le théâtre représente la pleine mer éclairée par la lune. Au milieu de la scène, on voit la barque chargée des sept hommes. Athos achève de couper le câble avec son poignard.

SCÈNE UNIQUE

D'ARTAGNAN, PORTHOS, ARAMIS, ATHOS, GRIMAUD, MOUSQUETON, BLAISOIS, puis MORDAUNT, dans la mer.

D'ARTAGNAN.

Maintenant, mes amis, je crois que nous allons voir quelque chose de curieux.

(On voit dans le lointain reparaître le petit bâtiment avec des hommes sur le pont. L'explosion a lieu ; une vive clarté illumine toute la mer.)

ARAMIS.

C'est superbe !

PORTHOS.

Voilà ce que c'est !

D'ARTAGNAN.

Pour le coup, nous sommes débarrassés de ce serpent... Qu'en dites vous ?

ATHOS.

C'est horrible!... c'est horrible!

D'ARTAGNAN.

C'est horrible, si vous voulez, mais c'est consolant... Force de rames, mes amis!...

MORDAUNT, dans la mer.

A moi!... au secours!...

D'ARTAGNAN.

C'est la voix de Mordaunt!... Encore lui, le démon!

MORDAUNT, nageant.

Pitié! messieurs, pitié, au nom du ciel! je sens mes forces qui m'abandonnent.

ATHOS.

Le malheureux!... Arrêtez, mes amis...

D'ARTAGNAN.

Athos, je vous déclare que, s'il approche à dix pieds de la barque, je lui fends la tête d'un coup d'aviron.

MORDAUNT, nageant.

De grâce, ne me fuyez pas, messieurs!... de grâce, ayez pitié de moi!...

ATHOS.

Oh! cela me déchire!... D'Artagnan!... d'Artagnan!... mon fils... il faut qu'il vive.

D'ARTAGNAN.

Mordious! pourquoi ne vous livrez-vous pas tout de suite pieds et poings liés à ce misérable?... Ce sera plus tôt fait.

MORDAUNT,

Monsieur le comte de la Fère! c'est à vous que je m'adresse, c'est vous que je supplie, ayez pitié de moi!... Où êtes-vous, monsieur le comte de la Fère?... Je n'y vois plus... je me meurs... A moi!... à moi!...

ATHOS, se penchant et étendant le bras vers Mordaunt.

Me voici, monsieur, me voici; prenez ma main et entrez dans notre embarcation.

D'ARTAGNAN.

J'aime mieux ne pas le regarder; cette faiblesse me répugne.

ATHOS.

Bien! mettez votre autre main ici. (Il lui offre son épaule comme second point d'appui.) Maintenant, vous voilà sauvé, tranquillisez-vous.

MORDAUNT, avec rage.

Ah! ma mère, je ne peux t'offrir qu'une victime; mais ce sera du moins celle que tu eusses choisie!

(D'Artagnan pousse un cri, Porthos lève l'aviron, Aramis cherche une place pour frapper; une secousse donnée à la barque entraîne Athos dans l'eau.)

PORTHOS.

Oh! Athos! Athos! malheur sur nous qui t'avons laissé mourir!

ARAMIS.

Malheur!

D'ARTAGNAN.

Oh! oui, malheur!... Ah!... voyez!... ce cadavre qui monte lentement... C'est Mordaunt!

(On voit paraître à la surface des flots le cadavre de Mordaunt avec le poignard dans le cœur.)

ARAMIS.

Il a un poignard dans le cœur!

PORTHOS.

Le voilà flottant sur le dos des lames.

D'ARTAGNAN.

Ah! sangdiou!... c'est le Mordaunt!..

PORTHOS.

Le beau coup!

D'ARTAGNAN.

Mais Athos, Athos!... où est-il?...

ATHOS, reparaissant et s'attachant à la barque.

Me voici...

(Explosion de joie des amis, qui enlèvent Athos dans la barque.)

ARAMIS.

Enfin, Dieu a parlé!

D'ARTAGNAN.

Mort de la main d'Athos!...

ATHOS.

Ce n'est pas moi qui l'ai tué : c'est le destin.

D'ARTAGNAN.

Qu'importe, pourvu qu'il soit mort!... Et maintenant, amis, en France!

TOUS.

En France!... en France!...

FIN DU TOME QUATORZIÈME

TABLE

	Pages
LA JEUNESSE DES MOUSQUETAIRES...	1
LES MOUSQUETAIRES...	201

www.ingramcontent.com/pod-product-compliance
Lightning Source LLC
Chambersburg PA
CBHW070433170426
43201CB00010B/1077